Rainer Wenrich / Josef Kirmeier / Henrike Bäuerlein / Hannes Obermair (Hrsg.)

Zeitgeschichte im Museum

Kommunikation, Interaktion, Partizipation
Kunst- und Kulturvermittlung im Museum
am Beginn des 21. Jahrhunderts

Bd. 4

Rainer Wenrich / Josef Kirmeier / Henrike Bäuerlein / Hannes Obermair (Hrsg.)

ZEITGESCHICHTE IM MUSEUM

Das 20. und 21. Jahrhundert ausstellen und vermitteln

kopaed (München)
www.kopaed.de

Bibliografische Information Der Deutschen Nationalbibliothek Die Deutsche Nationalbibliothek verzeichnet diese Publikation in der Deutschen National bibliografie; detaillierte bibliografische Daten sind im Internet über http://dnb.dnb.de abrufbar.

In diesem Sammelband wurde Wert auf geschlechtergerechte Sprache gelegt. Soweit möglich wurden geschlechterneutrale Begriffe verwendet. Wo dies nicht möglich war, haben wir auf die geschlechterspezifischen Paarformen verzichtet und uns für die Verwendung der männlichen Form entschieden. In diesen Fällen gelten die Personenbezeichnungen für beide Geschlechter.

ISBN   978-3-96848-020-6
eISBN 978-3-96848-620-8

Druck: docupoint, Barleben

© kopaed 2021
Arnulfstraße 205, 80634 München
Fon: 089. 688 900 98 Fax: 089. 689 19 12
e-mail: info@kopaed.de Internet: www.kopaed.de

Inhaltsverzeichnis

Einführung

Rainer Wenrich/Josef Kirmeier/Henrike Bäuerlein/Hannes Obermair

Zeitgeschichte im Museum – das Thema scheint schon weithin diskutiert und behandelt worden zu sein. Warum widmet sich die Bayerische Museumsakademie diesem Thema also in Zeiten von Digitalisierung, Nachhaltigkeit, Inklusion oder Audience Development? Bei all diesen Themen geht es um Wege, Museen in der Mitte der Gesellschaft zu verankern, zu Orten des lebendigen Austauschs zu machen. In diesem Sammelband wird Zeitgeschichte nicht losgelöst davon behandelt, sondern dient sie vielmehr als Bindeglied. Wir sehen sie als Möglichkeit, relevante Themen in Museen zu behandeln und auf diese Weise inhaltlich neue Anreize für Besucher*innen[1] zu schaffen. Die Frage danach, wie man diese Inhalte -orientiert an den Anforderungen unserer Zeit- darstellen kann, führt unmittelbar zu der Frage, wie man sich als Institution zeitgemäß aufstellen möchte. Welches Publikum möchte man erreichen? Was kann man wem bieten? Hat die Institution die entsprechenden Ressourcen? Müssen vielleicht eigene Strukturen, der eigene Habitus und das eigene Verständnis als Kulturinstitution überdacht werden? Die Idee zu diesem Band entstand auf der Tagung der Bayerischen Museumsakademie „Das 20. Jahrhundert ausstellen. Beispiele, Vergleiche, Anregungen" in Südtirol am 18./19. Juni 2019, von der ein Großteil der Beiträge stammt. Es handelt sich jedoch nicht um eine reine Tagungspublikation, sondern um einen themenbasierten Sammelband, der die Ausführungen weiterer Autor*innen aufnimmt.

Die folgenden Fragestellungen bestimmen die inhaltliche Ausrichtung des vorliegenden Sammelbands:

- Welche Funktion/Rolle können Museen für Zeitgeschichte übernehmen?
- Wie können Museen das 20. und 21. Jahrhundert ausstellen?
- Können Museen durch die Darstellung von Zeitgeschichte neue Besucher erreichen? Wie kann man diese Themen einem breiten Publikum zugänglich machen?

---

1 Wir haben uns entschieden, in diesem Sammelband das genderfluide Sternchen * zu verwenden. Das Sternchen ermöglicht, Menschen im geschriebenen Text sichtbar zu machen, die sich nicht männlich oder weiblich zuordnen können oder wollen. Wir möchten so versuchen, eine gerechtere und gendersensible Sprache zu verwenden.

Die Publikation ist in drei Kapitel unterteilt: „Menschen ins Museum bringen. Barrieren abbauen" beinhaltet zwei Beiträge, die grundlegende Fragen aufwerfen. Der erste Beitrag erkundet, warum Menschen nicht ins Museum kommen, während der zweite am Beispiel von Bibliotheken zeigt, was Kulturinstitutionen tun können, um sich neu zu erfinden. „Das 20. und 21. Jahrhundert ausstellen. Relevanz erzeugen" stellt drei Projekte vor, die von den Erfahrungen berichten, Zeitgeschichte in den Kern einer Dauerausstellung zu stellen. Das dritte Kapitel „Das Publikum im Blick. Vermittlung und Partizipation" führt die Frage fort, wie Museen mit ihren Inhalten Menschen erreichen und emotional berühren können. Wie können Menschen einbezogen und begeistert werden? Die Artikel widmen sich den Fragen der Partizipation, Interaktion und Inklusion. Die Projektvorstellungen erzählen viel aus der Praxis des Alltags und dem direkten Austausch mit Besucher*innen jeden Alters. Diese Erfahrungen enthalten viele Erkenntniswerte, die sich auf zahlreiche Bereiche der Museumsarbeit übertragen lassen: auf Augenhöhe dem Gegenüber begegnen, einen persönlichen Bezug herstellen und nachhaltige Erlebnisse gestalten.

Wie mit einzelnen Objekten als historischen Belegen umzugehen ist, hat Christoph Stölzl in einem wegweisenden Text bereits 1998 ausgeführt. Stölzl zeigt darin auf, wie sich Ausstellungsmacher*innen an die Repräsentation von Geschichte annähern können. Ziel könnte ein Dialog zwischen den Objekten und den Betrachter*innen sein.[2]

Zeitgeschichte in Ausstellungen

Anke te Heesen plädiert für ein epistemologisches Etablieren der Objekte und dafür, die heuristische Arbeit am Objekt nicht zu vernachlässigen.[3] Insbesondere für Ausstellungen, die sich der Zeitgeschichte widmen, bedeutet dies, dass sich die Präsentation einzelner Objekte nicht in ihrer ästhetischen Überhöhung erschöpfen darf. Das Konzipieren und Umsetzen einer Ausstellung können dabei als eine besondere Form der Wissenskultur bezeichnet werden. Dabei geht es Karin Knorr-Cetina zufolge darum, Wissenskulturen als „Praktiken, Strategien und Technologien der Erzeugung und auch der Validierung von Wissen" zu begreifen.[4]

2 Stölzl, Christoph: Kann man Geschichte ausstellen?, in: Sauberzweig, Dieter/Wagner, Bernd/Röbke, Thomas (Hg.): Kultur als intellektuelle Praxis. Hermann Glaser zum 70. Geburtstag, Essen 1998, S. 329-335. URL: https://zeithistorische-forschungen.de/sites/default/files/medien/material/Stoelzl-GeschichteAusstellen.pdf, zuletzt aufgerufen am 23.05.2021.

3 te Heesen, Anke: 10 Jahre MUT - Vortrag Anke te Heesen (Museum der Universität Tübingen). URL: https://www.youtube.com/watch?v=SWE4-yJP_sM (Zuletzt aufgerufen am 23.05.2021); dies.: Theorien des Museums. Zur Einführung, Hamburg 2012.

4 Knorr-Cetina, Karin: Wissenskulturen. Von der Naturwissenschaft zur Musik, in: Brabec de Mori, Bernd/

Im Zusammenhang mit der Konzeption und Umsetzung von Ausstellungen zur Zeitgeschichte ist bedeutsam, dass Ausstellungen einen wichtigen Beitrag leisten können, Ereignisse der jüngeren Vergangenheit zu verstehen, ggf. dadurch gegenwärtige Zusammenhänge besser nachzuvollziehen und deren Bedeutung für künftige Entwicklungen zu erfassen.

Strukturen und Aufgaben von Bildungsinstitutionen haben sich in den vergangenen Jahrzehnten vehement verändert. Seit den späten 1960er Jahren vollzogen sich in formalen Bildungseinrichtungen wie Schule und Universität und non-formalen Einrichtungen, wie beispielsweise dem Museum, erhebliche Maßnahmen der Umstrukturierung im Kontext eines bundesrepublikanischen bildungspolitischen Reformklimas, die einerseits curriculare Grundlegungen und andererseits Neuformatierungen der Vermittlung im Sinne einer institutionalisierten Museumspädagogik[5] betrafen.

Für das Feld der Museen bedeutete die immer stärkere Berücksichtigung des Bereichs der Vermittlung auch den Schritt hin zu einer Hinwendung zu unterschiedlichen Gruppen von Besucher*innen und somit zu einer schrittweisen Öffnung der Museen. Für das „Museum der Zukunft"[6] bedeutete dies also bereits in den 1970er Jahren ein Neudenken der Einrichtung im Ganzen und deren Positionierung in der und für eine Gesellschaft im Wandel. Dieser Wandel zeigt sich inzwischen in Form heterogener Gruppen von Besucher*innen mit vielfältigen kulturellen Hintergründen, unterschiedlichen Interessenslagen, Anliegen und Bedürfnissen. Eine zunehmende Öffnung der Bildungseinrichtung zeichnet sich nicht nur dadurch aus, Ausstellungs- und Vermittlungsprogramme für unterschiedliche Bevölkerungsgruppen zu realisieren und für sie Zugänge zu ermöglichen, sondern auch die Ausstellungsformate als Bestandteile einer Stadt- und Regionalentwicklung[7] zu betrachten und somit an deren Entwicklung zu partizipieren.

Wenn man davon ausgeht, dass der Begriff der Zeitgeschichte den Zeitraum der vergangenen 100 Jahre umfasst, dann tangiert dieser sowohl den Kontext des

Winter, Martin (Hg.): Auditive Wissenskulturen. Das Wissen klanglicher Praxis, Wiesbaden 2018, S. 32.

5   Gemeint ist damit z. B. für das Bundesland Bayern die Begründung und Einrichtung des Kunstpädagogischen Zentrums in Nürnberg und des Museumspädagogischen Zentrums in München am Beginn der 1970er Jahre.

6   Vgl. dazu u. a.: Schnittpunkt/Baur, Joachim (Hg.): Das Museum der Zukunft. 43 neue Beiträge zur Diskussion über die Zukunft des Museums, Bielefeld 2020.

7   Dies gilt vor dem Hintergrund eines seit dem Jahr 2000 deutlich erkennbaren zahlenmäßigen Anstiegs der Museumseröffnungen (von ca. 20.000 zu gegenwärtig ca. 55.000 Museen weltweit und ca. 6.700 Museen in Deutschland) sowohl für den urbanen als auch für den ländlichen Raum. Vgl. auch: https://de.statista.com/themen/2680/museen-und-ausstellungen/, zuletzt aufgerufen am 23.05.2021.

historischen Gedächtnisses als auch die Lebenszeit von Zeitzeugen. Werden die Erlebnisse und Lebenserfahrungen der zuletzt Genannten miteinbezogen, so bereichern diese die Konzeption und Ausgestaltung von Präsentationen in Museen, welche sich der Dokumentation von Zeitgeschichte verschrieben haben. Zeitgeschichtliche Ausstellungen erfreuen sich nicht zuletzt auch deshalb so großer Beliebtheit, weil sie den Besucher*innen Gelegenheit geben, an den gezeigten Begebenheiten und repräsentierten Geschichten Anteil haben zu können. Aufgrund der relativen zeitlichen Nähe zu den Begebenheiten können Besucher*innen oft eine Beziehung zu den Exponaten herzustellen. Dies resultiert zum einen aus dem Bekanntheitsgrad der Exponate und zum anderen aus den in manchen Fällen vorhandenen persönlichen Erfahrungen. Mithilfe von analogen, digitalen oder hybriden Präsentationsformen und den Möglichkeiten eines blended learning wird Zeitgeschichte im Museum in immersiven Räumen dargestellt und auf den begleitenden Websites, Blogs und den Kanälen der sozialen Netzwerke weitergeführt. Was ermöglicht also Zeitgeschichte im Museum? Menschen können sich mit den Exponaten auf andere Weise identifizieren, die sie in der Ausstellung antreffen, weil sie Bezüge aus ihrer eigenen Lebenserfahrung herstellen können. Als Besucher*innen einer Ausstellung mit zeitgeschichtlichen Themen nehmen die Menschen den Raum des Museums als einen Ort wahr, der sich mit ihrer jeweiligen Geschichte und Herkunft befasst und diese in Bezug zu weiteren Kontexten und Aspekten des Ausstellungswesens stellt. Für das Museum und die Betrachter*innen stellt dies einen Zugewinn an wechselseitiger Anerkennung und Achtsamkeit im Umgang mit Zeitgeschichte und ihrer Bedeutung für die Individuen dar.

Ausstellungen zu und mit zeitgeschichtlichen Themen spielen im Zusammenhang mit den jüngeren Entwicklungen innerhalb des Museumswesens eine zentrale Rolle. Den Begriffen Kommunikation, Interaktion und Partizipation folgend hat sich der gesamte Kontext des Museums in den letzten Jahren immer deutlicher auf die Belange der Besucher*innen eingestellt und damit begonnen, deren Bedürfnisse immer mehr zu berücksichtigen. Der Bereich der Kommunikation bezieht sich hierbei auf alle zur Verfügung stehenden analogen und digitalen Medien, mit denen das Museum mit den Besucher*innen in Kontakt treten kann. Daraus resultiert eine Verbindung zu dem Begriff der Interaktion, welcher sich sowohl im Hinblick auf die Kommunikation bezieht als auch im Hinblick auf unterschiedliche Formen der Kunst- und Kulturvermittlung innerhalb des Museums eine Rolle spielt und die Passivität der Besucher*innen zugunsten eines (pro)aktiven Austauschs auflöst. Letztlich bedeutet Partizipation als Teilhabe die Möglichkeit, an der Konzeption von Ausstellungs- und

Vermittlungsformaten ebenso mitwirken zu können wie auch den Museumsraum als Ort der Begegnung und des Austauschs wahrnehmen zu können. Hierzu lassen sich zahlreiche Beispiele aus dem Umfeld des internationalen Museumswesens heranziehen.[8]

Zeitgeschichtliche Ausstellungen stellen in vielerlei Hinsicht eine besondere Herausforderung dar. Die Tatsache, dass darin Themen und Exponate präsentiert werden, die aus einer noch nicht allzu fernen Zeit stammen, bedeutet für die Ausstellungskonzeption eine ebenso wissenschaftlich präzise Erforschung wie auch Darstellung der Ergebnisse. Gleichzeitig wird deutlich, dass die Konzeption und Realisierung einer Ausstellung mit zeitgeschichtlichem Inhalt bedeutet, nicht nur Exponate wissenschaftlich zu erforschen, aufzubereiten und chronologisch zu präsentieren, sondern auch, diese im Hinblick auf Topografie, Inhalt und Dramaturgie, architektonischer und ästhetischer Interventionen zu kontextualisieren.

Die in diesem Band präsentierten Beiträge verstehen sich als Bestandteile eines anhaltenden Diskurses darüber, wie mit zeitgeschichtlichen Inhalten in unterschiedlichen Ausstellungskontexten umzugehen ist. Zwar existiert in der Forschung vergangener Jahre die Ansicht, dass Zeitgeschichte für sich nicht ausstellbar ist, weil es auch Geschichte nicht ist.[9] Gleichzeitig entwickeln Ausstellungsmacher*innen Präsentationskonzepte und setzen diese um, um der näheren Betrachtung unterschiedlicher Aspekte der Zeitgeschichte, „die Epoche der Mitlebenden"[10] Inhalt zu verleihen und Raum zu geben.

Ein bestimmter Teil der Menschen interessieren sich für „ihre Zeit", für das Leben ihrer Eltern und Großeltern und für diejenigen Momente, Begebenheiten oder Zäsuren, welche diese Zeit besonders machen oder sie herausragen lässt. Es geht darum, Aspekte der Zeitgeschichte zu präsentieren und dabei weitere sinn- und identitätsstiftende Aspekte zu berücksichtigen, die beispielsweise mit den theoretischen Ansätzen einer *New Museology* an Bedeutung gewonnen haben. Hierbei geht es um eine zunehmende Öffnung der Museen in die Gesellschaft hinein und dabei um die Berücksichtigung einer Vielzahl von sozial und politisch relevanten Anliegen und Bedürfnisse.

---

8   Vgl. dazu: Wenrich, Rainer/Kirmeier, Josef (Hg.): Kommunikation, Interaktion und Partizipation. Kunst- und Kulturvermittlung im Museum am Beginn des 21. Jahrhunderts, München 2016.

9   Zündorf, Irmgard: Zwischen Event und Aufklärung. Zeitgeschichte ausstellen Vorwort, in: Zeithistorische Forschungen/Studies in Contemporary History, Online-Ausgabe, 4 (2007), H. 1-2. URL: https://zeithistorische-forschungen.de/1-2-2007/4895, zuletzt aufgerufen am 23.05.2021.

10 Rothfels, Hans: Zeitgeschichte als Aufgabe, in: Vierteljahrshefte für Zeitgeschichte 1 (1953), S. 1-8. URL: https://www.ifz-muenchen.de/heftarchiv/1953_1_1_rothfels.pdf, zuletzt aufgerufen am 23.05.2021; zit. in: Metzler, Gabriele: Zeitgeschichte: Begriff - Disziplin – Problem. URL: https://docupedia.de/zg/Zeitgeschichte, zuletzt aufgerufen am 23.05.2021.

Die gewachsenen Aufgaben von Kulturinstitutionen am Beginn des 21. Jahrhunderts
Kulturinstitutionen wie z. B. Museen, Bibliotheken, Archive, historische Erinnerungs-orte und Dokumentationszentren haben das Ziel, Zugänge zu ihren Ausstellungen und Beständen zu ermöglichen und Barrieren abzubauen. Sie wollen zu Orten des Zusammentreffens und des Austauschs werden. Die Forschung zu Museums-Besucher*innen belegt, dass der Besuch eines Museums in direkter Konkurrenz zu weiteren Optionen der Freizeitbeschäftigung steht.

Jenseits der erkennbaren Bemühungen um die kulturelle Teilhabe in den einzelnen Kulturinstitutionen muss es künftig wohl noch stärker darum gehen, die Besonderheiten der einzelnen Einrichtungen einer spartenübergreifenden Untersuchung und Bewertung zu unterziehen. Nicht nur einzelne Kulturinstitution für sich gilt es also zu betrachten, sondern es ist notwendig, an den Schnittstellen und interdisziplinär zu forschen.[11]

Als öffentliche Kulturinstitutionen mit Bildungsauftrag sehen sich Museen in der Verpflichtung, ihre Sammlungen und deren Herkunft selbstkritisch zu hinterfragen, deren Bedeutung umfassend zu reflektieren und ihre Präsentationen einer vielfältigen Besucher*innenschaft darzubieten. Angesichts der zunehmenden Fülle an Aufgaben, denen sich Museen mit einer bislang häufig gleichbleibenden Personalausstattung[12] gegenübersehen, werden gleichzeitig Zielrichtungen erkennbar oder auch von außen an sie herangetragen, die darauf ausgerichtet sind, in der jeweiligen Kultureinrichtung nach innen und nach außen strukturelle und gesellschaftliche Entwicklungs- oder Veränderungsprozesse zu begleiten bzw. auch im eigenen Haus umzusetzen. Dabei geht es u. a. darum, diejenigen Anliegen zu berücksichtigen, welche aus einem dynamischen, globalen und transkulturellen Austausch aller im Museumswesen tätigen Menschen mit den Museumsbesucher*innen erwachsen. Daraus kann ein Dialog- und Ausstellungsangebot entstehen, das nicht nur auf einen erkenntnisreichen und sinn-stiftenden Diskurs reagiert, sondern daraus resultierende und für ein demokratisches Zusammenleben relevante Entwicklungen, zumindest in Ansätzen, auch antizipiert.[13]

11 Erkennbare Parallelstrukturen sind dabei sicherlich nicht unvermeidbar. Im besten Fall können sie sich wechselseitig unterstützen, z. B. in den Bereichen des Marketing, der Besucherforschung oder auch des Fundraising.

12 Damit sind u. a. die folgenden Bereiche gemeint: Leitung, Kuratorik, Sammlungspflege, Restaurierung, Öffentlichkeitsarbeit, Vermittlung. Seit geraumer Zeit schon formieren sich dazu weitere Tätigkeitsfelder, wie z. B. Kunst- und Kulturmanagement, Koordinierung und Programmierung im Feld der digitalen Medien, Rechtliche Angelegenheiten, Marketing.

13 Morat, Daniel/Zündorf, Irmgard: Geschichtspolitik im Museum. Einleitung, in: Zeithistorische Forschungen/Studies in Contemporary History, Online-Ausgabe, 16 (2019), H. 1. URL: https:// zeithistorische-forschungen.de/1-2019/5682, zuletzt aufgerufen am 23.05.2021.

Es gibt kaum ein gesellschaftlich bedeutsames Themen- und Aufgabenfeld (z. B. Partizipation, Inklusion, Digitalisierung, Nachhaltigkeit), das nicht auch in den vergangenen Jahren in den Tätigkeitsrahmen der Museen aufgenommen wurde und dort nun zu den bereits vorhandenen Verpflichtungen innerhalb der Führung eines Museums übernommen wird. Das Vertrauen in die Leistungsfähigkeit der Museen scheint ungebrochen. Die Motivation der Museen, die zahlreichen Herausforderungen auch meistern zu wollen, ist hoch. Erkennbar ist, dass sich die etablierten Tätigkeitsfelder und damit auch die Berufsbilder in den Museen längst gewandelt haben. Neu hinzugekommene Aufgabengebiete verlangen dies ebenso, wie auch das Verständnis für die Institution Museum als solche von Denkprozessen im Sinne einer Aktualisierung des institutionellen Rahmens geprägt ist.[14] Letztere Überlegungen haben das Museum von heute und morgen im Blick und befassen sich mit einer Kulturinstitution, die inmitten einer Dynamik agiert, die gesellschaftlich, politisch, historisch, technologisch, soziologisch und ethisch in die laufenden Prozesse einwirkt.[15]

Zeitgeschichte als Thema und Auftrag

Die Beschäftigung mit Zeitgeschichte als einer „historischen Teildisziplin [...]", die „durch besonders enge Gegenwartsbezüge gekennzeichnet [ist], vor allem durch einen hohen 'Gleichzeitigkeitskoeffizienten'"[16], ist als eine inhaltliche und konzeptuelle Herausforderung zu sehen. Der genannte zeitliche Bezug und die Dringlichkeit der Auseinandersetzung mit zeitgeschichtlichen Themen ist offenkundig.[17] Die

14 Vgl. dazu die seit dem Jahr 2019 anhaltende Diskussion zur Definition des Begriffs Museums im Internationalen Museumsrat (ICOM). Auffällig ist im Zusammenhang mit einer Beschäftigung mit Zeitgeschichte, dass häufig auf die Bezeichnung „Museum" zugunsten der Denomination „Haus" verzichtet wird.

15 Vgl. dazu ausführlich den Tagungsband von: Radonić, Ljiljana/Uhl, Heidemarie (Hg.): Das umkämpfte Museum. Zeitgeschichte ausstellen zwischen Dekonstruktion und Sinnstiftung, Bielefeld 2020.

16 Botz, Gerhard: Zeitgeschichte in einer politisierten Geschichtskultur: Historiographie zum 20. Jahrhundert in Österreich, in: Historical Social Research Supplement 28 (2016), S. 105-132, S. 105. URL: https://www.ssoar.info/ssoar/bitstream/handle/document/48407/ssoar-hsrsupp-2016-28-botz-Zeitgeschichte_in_einer_politisierten_Geschichtskultur.pdf?sequence=1&isAllowed=y&lnkname=ssoar-hsrsupp-2016-28-botz-Zeitgeschichte_in_einer_politisierten_Geschichtskultur.pdf, zuletzt aufgerufen am 23.05.2021.

17 Zu den zeitgeschichtlichen Themen zwischen 1933 und 1945, hier insbesondere die Beschäftigung mit dem Holocaust, sind inzwischen zahlreiche weitere inhaltliche Felder hinzugekommen, deren Signifikanz für eine intensive Auseinandersetzung in Form von wissenschaftlich aufbereiteten Ausstellungsformaten Berücksichtigung findet bzw. für die es gilt, wissenschaftlich fundierte Präsentationkonzepte zu entwickeln. Hierzu zählen u. a. Wiedervereinigung, Europäische Union, Bankenkrise, Geschlechtergerechtigkeit und Diversität, Migration, Klimawandel, Nachhaltigkeit.

gesellschaftlich-politischen Entwicklungen unserer Zeit erfordern es, dass wir in unseren Bildungsinstitutionen dafür Sorge tragen, dass es sich für ein demokratisches Zusammenleben in unserer Gesellschaft auszahlt, sich mit Zeitgeschichte, den Ereignissen und Begebenheiten jüngeren Datums und den daraus resultierenden Folgen zu befassen, diese reflektieren und verstehen zu lernen und unsere Schlüsse daraus zu ziehen.

Wenn eine Institution wie das Museum, die ihrerseits von einer Geschichte und einem Verständnis geprägt ist, welches über lange Zeit hin nur einem bestimmten Teil der Bevölkerung zugänglich war, sich im 21. Jahrhunderts mit dem Thema Zeitgeschichte befasst, dann geht es hierbei um zeitgemäße Ausstellungskonzepte, aber auch um ein Bewusstsein für die große Breite unserer gesellschaftlichen Anliegen und Problemlagen und wie diese mit den Möglichkeiten der Kulturinstitution Museum verhandelbar und diskutierbar werden.

„Hat nicht alle Geschichte es mit Zeitlichem zu tun?"[18]

Im Jahr 1953 begründet der Historiker Hans Rothfels den Begriff der Zeitgeschichte für die deutschsprachige Fachkultur und formuliert dazu, dass sie „unter besonderen Schwierigkeiten [stehe], aber auch unter einem besonderen Impuls. Sie teilt mit allen Formen geschichtlicher Betrachtung das Risiko des Irrens, ja mit dem menschlichen Leben selbst das eigentümliche Proportionsverhältnis von Wagnis und Gewinn. Je näher wir den Dingen sind, desto leichter mögen wir ihren Kern verfehlen und von vorgefaßten [sic!] abgezogen werden, um so eher aber verfügen wir auch über Möglichkeiten der Korrektur und des Zugangs zu den Gelenkstellen."[19]

Wenn also in den folgenden Ausführungen und den anschließenden Beiträgen die Rede von Zeitgeschichte ist, dann werden dabei im deutschsprachigen Raum die Zeiträume nach 1918 fokussiert. Es wird darauf Wert gelegt, dass die bedeutsamen Zäsuren des 20. Jahrhunderts und in Verbindung damit ein sich wandelndes Geschichtsbild bzw. ein sich veränderndes Geschichtsbewusstsein im Mittelpunkt stehen.[20] Die

---

18 Rothfels 1953, S. 1.

19 Ebd., S. 5.

20 Hauke-Hendrik Kutscher nennt als thematische Bezugspunkte für Zeitgeschichte „historische Umbrüche, Krisen, Revolutionen und Katastrophen". Kutscher verweist auf die für den Ausgangspunkt der Zeitgeschichtsschreibung in Deutschland relevanten Zäsuren und benennt den Ersten und Zweiten Weltkrieg, die Zeit des Nationalsozialismus. Als wesentliche Gelenkstelle für den Wandel des Geschichtsbildes sieht er die Herausgabe der „Vierteljahreshefte für Zeitgeschichte" ab dem Jahr 1953. Kutscher, Hauke-Hendrik: Zeitgeschichte und Gegenwartsbezug im Freilichtmuseum. Jahrestagung der Fachgruppe Freilichtmuseen im Deutschen Museumsbund, Detmold, 18.–19.9.2015. URL: https://www. museumsbund.de/wp-content/uploads/2018/02/kutscher-zeitgeschichte-1.pdf, zuletzt aufgerufen am

von Hans Rothfels angesprochene Nähe zu den Dingen, die von Beginn an auch als ein Manko der Zeitgeschichtsschreibung attestiert wurde, bedeutet gleichzeitig ein Übermaß und eine Unmittelbarkeit an verfügbaren Belegen, die der Betrachtung und Forschung zugänglich sind.

Bilder als zeitgeschichtliche Belege

Allein ein Blick auf die zu einer Dokumentation des Zeitgeschehens verwendeten visuellen Belege als gemalte, skulptierte, fotografierte oder gefilmte Bilder im 20. Jahrhundert macht dies deutlich. Bedeutsam in diesem Zusammenhang ist, wie visuelle Belege entstehen und wie diese in einem Ausstellungskontext eben nicht nur als Illustrationen, sondern vergleichbar den „Museumsdingen" (Gottfried Korff) als „eigenständige Realität des Visuellen"[21] präsentiert, rezipiert und vermittelt werden. Von Bedeutung ist es, ob eine visuelle Dokumentation ein gemaltes Bild oder eine Fotografie ist, ob es sich um eine analoge Fotografie mit aufwendiger Herstellung und Entwicklung oder um die spontane Momentaufnahme in Form einer digitalen Fotografie handelt. Die genannten Aspekte erlangen Signifikanz, wenn die visuellen Dokumentationen von Personen, Gegenständen oder Ereignissen zu Exponaten in zeitgeschichtlichen Ausstellungen werden und damit der Übermittlung von Informationen als historische Referenz dienen. Darüber hinaus wird unser Geschichtsbild im 21. Jahrhundert durch die Fülle von Serials oder Games mit historischen Inhalten beeinflusst.[22] Auch an dieser Stelle ist von Zäsuren zu sprechen, welche im Sinne der Zeitgeschichtsschreibung, ihrer Erforschung und der Präsentation von zeitgeschichtlichen Forschungsergebnissen in Form von Ausstellungen in Museen und vergleichbaren Einrichtungen wie Archiven, zeitgeschichtlichen Foren oder Bibliotheken von Relevanz sind.[23]

23.05.2021. Vgl. dazu auch: Rothfels 1953.

21 Paul, Gerhard: Visual History und Geschichtsdidaktik. Grundsätzliche Überlegungen, in: Zeitschrift für Geschichtsdidaktik 12 (2013), S. 9-26, S. 10. URL: https://www.vr-elibrary.de/doi/10.13109/ zfgd.2013.12.1.9, zuletzt aufgerufen am 23.05.2021.

22 Morat/Zündorf 2019.

23 Seit der Mitte des 19. Jahrhunderts wird die Fotografie als Mittel der Dokumentation eingesetzt. Entstand mit der Erfindung der Fotografie in den 1830er Jahren auch eine Konkurrenz zur Malerei, so etablierte sich die Fotografie gegen Ende des 19. Jahrhunderts bei Künstlern als Hilfsmittel für die Produktion von Gemälden, hinzu kamen die bewegten Bilder des Films. Gegen Ende des 20. Jahrhunderts wurde die analoge von der digitalen Fotografie abgelöst. Daraus resultierte die Möglichkeit der simultanen Dokumentation von Ereignissen und mithilfe des Internets und vor allem der sozialen Netzwerke die unmittelbare und weltweite Verbreitung von visuellen Belegen. Vgl. beispielhaft in diesem Zusammenhang: Berger, John: Sehen. Das Bild der Welt in der Bilderwelt, Frankfurt a. M. 20183; Mirzoeff, Nicholas: How to see the World. An Introduction to Images, From

War die Zeit nach 1945 geprägt von einer weitgehenden Abkehr, sich mit der Geschichte des eigenen Landes zu befassen, so änderte sich dies in den 1970er Jahren. Eine Reihe von historischen Ausstellungen in dieser Zeit legten dabei den Grundstein für den Aufbau von bedeutenden zeitgeschichtlichen Ausstellungshäusern. Deutsche Geschichte wurde darin entweder auf sich bezogen präsentiert oder kontextualisiert, d. h. auf der Basis geschichtswissenschaftlicher Erkenntnisse und im europäischen Zusammenhang präsentiert.[24] Die Konzeption und Einrichtungen von zeitgeschichtlichen Museen seit den 1980er Jahren waren nicht nur einem Prestigedenken einiger geschichtsbewusster Regierender geschuldet, sondern auch ein Beleg dafür, dass ein Geschichtsinteresse für die Zeit seit 1918 und nach 1945 in der Bundesrepublik Deutschland erwuchs, das bedient werden sollte. Inzwischen ist die Zahl derjenigen Museen und Einrichtungen, die sich mit zeithistorischen Themen befassen, weiter gestiegen. Könnte die große Zahl von Ausstellungen zur Zeitgeschichte ein Indikator dafür sein, dass das Geschichtsbewusstsein, oder zumindest die Sensibilität für vergangene Ereignisse und deren Bedeutung für das Heute und Morgen unter den Menschen noch weiter gewachsen ist?[25]

Die Präsentation von zeitgeschichtlichen Themenfeldern und gegenwärtige Konzeptionen von Ausstellungen berücksichtigen die enormen technologischen Entwicklungen der vergangenen Jahre und setzen analoge und digitale Medien, je nach Inhalt, Form und Aussage der jeweiligen Erzählung ein. Die Kontextualisierung von Themen und Exponaten orientiert sich dabei an den Referenzpunkten vergangener Ereignisse und der jeweiligen Herkunftskultur und referiert dabei immer häufiger globale Sichtweisen und Bedeutungen.[26] Bei der Präsentation von zeitgeschichtlichen Inhalten und Exponaten im Museum führt dies zu einer „immer dichteren Verschmelzung von Geschichtswissenschaft, Geschichtspolitik und Geschichts- oder Erinnerungskultur und damit auch zu fließenden Grenzen zwischen Archiven, Bibliotheken und Museen."[27]

Self-Portraits to Selfies, Maps to Movies, and More, New York 2016; Bredekamp, Horst: Theorie des Bildakts, Frankfurt a. M. 2010; Benjamin, Walter: Das Kunstwerk im Zeitalter seiner Reproduzierbarkeit, Frankfurt a. M. 1977.

24 Henker, Michael: Geschichtsmuseen im engeren Sinn, in: Walz, Markus (Hg.):
Handbuch Museum. Geschichte – Aufgaben – Perspektiven, Stuttgart 2016, S. 104 ff.

25 Boll, Monika: Zeitgeschichte im Museum. Zwischen Dokumentation und Inszenierung,
URL: https://www.deutschlandfunk.de/zeitgeschichte-im-museum-zwischen-dokumentation-und.1184.
de.html?dram:article_id=409080, zuletzt aufgerufen am 23.05.2021.

26 Hierbei ist zu berücksichtigen, dass sich die Vorgehensweisen bei der Konzeption und Umsetzung von Ausstellungen in kunst- und kulturgeschichtlichen Museen jeweils unterscheiden. Dies wird insbesondere bei zeitgeschichtlichen Inhalten deutlich.

27 Zit. aus: Janeke, Kristiane: Zeitgeschichte in Museen – Museen in der Zeitgeschichte. Version: 1.0, in: Docupedia-Zeitgeschichte, 08.03.2011. URL: https://zeitgeschichte-digital.de/doks/frontdoor/deliver/

Denn überall dort befasst man sich mit Zeitgeschichte, sammelt, je nach den vorhandenen Spezifika der Einrichtung, Relikte bestimmter Begebenheiten, Originaltöne von Zeitzeugen, Text-, Bild-, Film- oder Tonzeugnisse, die darüber Auskunft geben können, dass und wie sich ein bestimmtes Ereignis zugetragen hat.

Für die intensive Auseinandersitzung mit Zeitgeschichte im Museum gilt das, was ohnehin auch für Geschichte gilt. Beide sind nicht gleichzusetzen mit dem Vergangenen. Geschichte ist eine Konstruktion, eine Nacherzählung und im heutigen musealen Kontext noch viel mehr eine (zumeist multimediale) Inszenierung von Vergangenheit in der Gegenwart mit Bedeutung für die Zukunft. Thomas Thiemeyer spricht völlig zurecht davon, dass sich ein Narrativ aus vergangener Zeit im Museum vollzieht und dies „besteht aus zwei unterschiedlichen Kategorien: Vergangenheit als Inhalt und Geschichte als Ausdruck."[28]

Wenn Museen zeitgeschichtliche Themen dar- und ausstellen, ergeben sich also zahlreiche Herausforderungen. Die Frage danach, aus welchem Blickwinkel und mit welcher Konsequenz Narrative erzeugt werden, deren Kernbotschaften an Menschen adressiert werden, die die jeweiligen Zeiträume noch selbst erlebt haben bzw. über Eltern und Großeltern noch eine enge Verbindung dazu haben, lässt die Konzeption und Umsetzung von Ausstellungsprojekten zur einem Unterfangen anwachsen, das besondere Komplexität ausweist, die Übernahme von hoher Verantwortung voraussetzt und bei allen am Ausstellungsprozess Beteiligten Sensitivität einfordert. Eine im besten Sinne angelegte Mittelung von zeitgeschichtlichen Inhalten präsentiert sich als offenes Narrativ, das den Besucher*innen die Möglichkeit zur Mitsprache und zu seiner Weiterentwicklung im Ausstellungsraum ermöglicht. Hierfür bieten sich zeitgemäße Sammlungskonzepte (z. B. *rapid response collecting*) oder die Möglichkeit der Partizipation an der jeweiligen Ausstellung durch den kommunikativen Austausch vor Ort, via *Blog* oder *social media* an.

Museen für Zeitgeschichte entwickeln, präsentieren und transportieren Narrative. Sie tragen dabei auch zur politischen und demokratischen Bildung der gesamten Breite unserer Gesellschaft bei, indem sie auf der Basis einer geschichtswissenschaftlichen und geschichtsdidaktischen Forschung ihre Inhalte präsentieren und vermitteln. Hinzu kommt, dass gesellschaftlich hochrelevante Anliegen und Bedürfnisse, wie beispielsweise Partizipation und Inklusion in Museen und Einrichtungen

index/docId/309/file/docupedia_janeke_zeitgeschichte_in_museen_v1_de_2011.pdf, zuletzt aufgerufen am 23.05.2021.

28 Thiemeyer, Thomas: Geschichtswissenschaft: Das Museum als Quelle. 1. Koordinaten: Geschichte und Museum, in: Baur, Joachim (Hg.): Museumsanalyse. Methoden und Konturen eines neuen Forschungsfeldes, Bielefeld 2010, S. 74.

für Zeitgeschichte als Bestandteile eines integrativen Konzeptes gelten, die es nicht nur zu berücksichtigen gilt, sondern die von Beginn an mit Blick auf eine heterogene Breite von Besucher*innen bei der Konzeption von Ausstellungen mitbedacht werden muss. Dies gilt insbesondere in Zeiten, in denen wir die Dialogfähigkeit in unserer Gesellschaft sicherstellen und das Reflektieren der Ereignisse der jüngeren Geschichte als Verpflichtung erkennen müssen.

Als Herausgeber*innen danken wir vor allem den Autor*innen, die zum Gelingen dieses Bandes beigetragen haben. Ein weiterer Dank für die immerwährende Unterstützung gilt neben dem Museumspädagogischen Zentrum auch den weiteren Gründungspartner*innen der Bayerischen Museumsakademie, Ferdinand Kramer, dem Lehrstuhlinhaber für Bayerische Geschichte und Vergleichende Landesgeschichte mit besonderer Berücksichtigung der Neuzeit und der Landesstelle für die nichtstaatlichen Museen in Bayern. Ein herzlicher Dank gilt Ludwig Schlump und dem kopaed-Verlag in München, der unsere Publikation von Beginn an betreute. Henrike Bäuerlein danken wir besonders für das professionale Lektorat und Fabian Hofmann für die Gestaltung des Erscheinungsbildes und für das Layout unserer Publikationsreihe.

Rainer Wenrich, Josef Kirmeier, Henrike Bäuerlein, Hannes Obermair im Juli 2021

LITERATUR

Baur, Joachim (Hg.): Museumsanalyse. Methoden und Konturen eines neuen Forschungsfeldes, Bielefeld 2010.
Benjamin, Walter: Das Kunstwerk im Zeitalter seiner Reproduzierbarkeit, Frankfurt a. M. 1977.
Berger, John: Sehen. Das Bild der Welt in der der Bilderwelt, 3. Aufl., Frankfurt a. M. 2018.
Boll, Monika: Zeitgeschichte im Museum. Zwischen Dokumentation und Inszenierung. URL: https://www.deutschlandfunk.de/zeitgeschichte-im-museum-zwischen-dokumentation-und.1184.de.html?dram:article_id=409080, zuletzt aufgerufen am 23.05.2021.
Botz, Gerhard: Zeitgeschichte in einer politisierten Geschichtskultur: Historiographie zum 20. Jahrhundert in Österreich, in: Historical Social Research Supplement 28 (2016), S. 105-132. URL: https://www.ssoar.info/ssoar/bitstream/handle/document/48407/ssoar-hsrsupp-2016-28-botz-Zeitgeschichte_in_einer_politisierten_Geschichtskultur.pdf?sequence=1&isAllowed=y&lnkname=ssoar-hsrsupp-2016-28-botz-Zeitgeschichte_in_einer_politisierten_Geschichtskultur.pdf, zuletzt aufgerufen am 23.05.2021.
Bredekamp, Horst: Theorie des Bildakts, Frankfurt a. M. 2010. Janeke, Kristiane: Zeitgeschichte in Museen – Museen in der Zeitgeschichte. Version: 1.0, in: Docupedia-Zeitgeschichte, 08.03.2011. URL: https://zeitgeschichte-digital.de/doks/frontdoor/deliver/index/docId/309/file/docupedia_janeke_zeitgeschichte_in_museen_v1_de_2011.pdf, zuletzt aufgerufen am 23.05.2021.
Knorr-Cetina, Karin: Wissenskulturen. Von der Naturwissenschaft zur Musik, in: Brabec de Mori, Bernd/ Winter, Martin (Hg.): Auditive Wissenskulturen. Das Wissen klanglicher Praxis, Wiesbaden 2018, S. 31-51.
Kutscher, Hauke-Hendrik: Zeitgeschichte und Gegenwartsbezug im Freilichtmuseum. Jahrestagung der Fachgruppe Freilichtmuseen im Deutschen Museumsbund, Detmold, 18.–19.9.2015. URL: https://www.museumsbund.de/wp-content/uploads/2018/02/kutscher-zeitgeschichte-1.pdf, zuletzt aufgerufen am 23.05.2021.
Macdonald, Sharon (Hg.): A Companion to Museum Studies, Malden/Oxford 2011.
Macdonald, Sharon/Fyfe, Gordon (Hg.): Theorizing Museums, Oxford 1996.
Metzler, Gabriele: Zeitgeschichte: Begriff - Disziplin – Problem. URL: https://docupedia.de/zg/Zeitgeschichte, zuletzt aufgerufen am 23.05.2021.
Morat, Daniel/Zündorf, Irmgard: Geschichtspolitik im Museum. Einleitung, in: Zeithistorische Forschungen/Studies in Contemporary History, Online-Ausgabe, 16 (2019), H. 1. URL: https://zeithistorische-forschungen.de/1-2019/5682, zuletzt aufgerufen am 23.05.2021.
Paul, Gerhard: Visual History und Geschichtsdidaktik. Grundsätzliche Überlegungen, in: Zeitschrift für Geschichtsdidaktik 12 (2013), S. 9-26. URL: https://www.vr-elibrary.de/doi/10.13109/zfgd.2013.12.1.9, zuletzt aufgerufen am 23.05.2021.
Radonić, Ljiljana/Uhl, Heidemarie (Hg.): Das umkämpfte Museum. Zeitgeschichte ausstellen zwischen Dekonstruktion und Sinnstiftung, Bielefeld 2020.
Rothfels, Hans: Zeitgeschichte als Aufgabe, in: Vierteljahreshefte für Zeitgeschichte. 1. Jahrgang 1953, 1. Heft/Januar, S. 1-8. URL: https://www.ifz-muenchen.de/heftarchiv/1953_1_1_rothfels.pdf, zuletzt aufgerufen am 23.05.2021.
schnittpunkt/Baur, Joachim (Hg.): Das Museum der Zukunft. 43 neue Beiträge zur Diskussion über die Zukunft des Museums, Bielefeld 2020.

Stölzl, Christoph: Kann man Geschichte ausstellen?, in: Sauberzweig, Dieter/Wagner, Bernd/Röbke, Thomas (Hg.): Kultur als intellektuelle Praxis. Hermann Glaser zum 70. Geburtstag, Essen 1998, S. 329-335. URL: https://zeithistorische-forschungen.de/sites/default/files/medien/material/Stoelzl-GeschichteAusstellen.pdf, zuletzt aufgerufen am 23.05.2021.
te Heesen, Anke: 10 Jahre MUT - Vortrag Anke te Heesen (Museum der Universität Tübingen). URL: https://www.youtube.com/watch?v=SWE4-yJP_sM, zuletzt aufgerufen am 23.05.2021.
te Heesen, Anke: Theorien des Museums. Zur Einführung, Hamburg 2012.
Walz, Markus (Hg.): Handbuch Museum. Geschichte – Aufgaben – Perspektiven, Stuttgart 2016.
Wenrich, Rainer/Kirmeier, Josef: Kommunikation, Interaktion und Partizipation. Kunst- und Kulturvermittlung im Museum am Beginn des 21. Jahrhunderts, München 2016.
Wenrich, Rainer/Kirmeier, Josef: Migration im Museum. Kommunikation, Interaktion und Partizipation. Kunst- und Kulturvermittlung im Museum am Beginn des 21. Jahrhunderts, München 2017.
Wenrich, Rainer/Kirmeier, Josef/Bäuerlein, Henrike: Heimat(en) und Identität(en). Museen im politischen Raum. Kommunikation, Interaktion und Partizipation. Kunst- und Kulturvermittlung im Museum am Beginn des 21. Jahrhunderts, München 2018.
Zündorf, Irmgard: Zwischen Event und Aufklärung. Zeitgeschichte ausstellen Vorwort, in: Zeithistorische Forschungen/Studies in Contemporary History, Online-Ausgabe, 4 (2007), H. 1-2. URL: https://zeithistorische-forschungen.de/1-2-2007/4895, zuletzt aufgerufen am 23.05.2021.

Menschen ins Museum bringen. Barrieren abbauen

Rainer Wenrich

Warum ist es relevant, dass sich Kulturinstitutionen mit Zeitgeschichte auseinandersetzen? Eine Antwort könnte sein, dass dadurch Themen behandelt werden, welche
die Menschen unmittelbar berühren und gleichzeitig auch ihre Neugier wecken.
Vielleicht lassen sich auch so Menschen erreichen, die bisher noch nie im Museum
waren. Was aber bewegt diejenigen, die nicht ins Museum kommen? Wenig ist
bislang darüber bekannt und der Kulturwissenschaftler Thomas Renz befasst sich
in seinem Beitrag aus gutem Grund mit den „Nicht-Besucher*innen". Aktuelleren
Studien zufolge handelt es sich dabei um keine geringe Zahl. Diese steht in einem
gewissen Widerspruch zu den Anstrengungen der Kulturpolitik (Kultur für alle!) und
der Museen, insgesamt mehr Menschen den Zugang in das Museum zu ermöglichen.
Die Zahlen variieren, aber feststeht, dass nur ein Bruchteil der Bevölkerung regelmäßig ins Museum geht (etwa 5-10%). Die Suche nach den Gründen für diese Zahlen
beschäftigt die Forschung und die Praxis seit vielen Jahren. Liegt es an den Eintritts-
preisen? An den Zugangsmöglichkeiten? Oder interessieren sich manche Menschen
einfach nicht für Museen? Oder können sie mit dieser Einrichtungen an sich nichts
anfangen? Ein Blick auf die Bibliotheken zeigt, wie diese in den vergangenen Jahren
an ihrem Selbstverständnis gearbeitet haben und ihre Institution über die klassischen
Aufgaben hinausdenken. Christine Ott gibt einen Überblick über den Prozess dieser
Neudefinition. Ott versteht die Bibliothek im 21. Jahrhundert als Wissensraum, der
von einem Freizeitort stufenlos zu einem Diskussionsforum und einem Laboratorium
für Gedankenexperimente changiert. Hierbei spielen architektonische Innovationen
eine ebenso große Rolle wie der Einsatz von analogen und digitalen Medien bzw. inzwischen auch der Künstlichen Intelligenz zur Dokumentation des Nutzerverhaltens
oder einer Individualisierung der Angebote. Ziele der Bibliotheken sind soziale und
kulturelle Teilhabe und dazu gehört auch die Reduzierung des „Bildungsstättenhabitus". Hier werden Analogien zu den Museen und anderen Kulturinstitutionen deutlich,
denn auch bei diesen geht es darum, das eigene Handeln zu hinterfragen und daraufhin anzupassen, eine größere Breite der Nutzer*innen zu erreichen. Insgesamt lassen
sich strategische Parallelitäten zwischen Bibliotheken und Museen ausmachen mit
dem Ziel, die Einrichtungen zugänglicher zu machen.

Nicht-Besucher*innen im Fokus. Barrieren und Potenziale

Thomas Renz

„Kultur für alle" geht heute allen Museumsmacher*innen leicht über die Lippen. Schon lange ist das einst sozialdemokratische Ideal längst über Parteigrenzen hinweg etabliert. Öffentlich geförderte Kultureinrichtungen sind ihrem Selbstverständnis nach keine exklusiven Orte für eine gesellschaftliche Elite, sondern haben sich längst der ganzen Gesellschaft geöffnet. Doch nicht jedes Museum kann über zu viel Zuspruch klagen und müsste Maßnahmen gegen Überfüllung einleiten. Vor allem Einrichtungen abseits der beliebten touristischen Destinationen erleben in ihrem Tagesgeschäft eine Kluft zwischen dem Anspruch, einen repräsentativen Querschnitt der Gesellschaft erreichen zu wollen und dem tatsächlichen Status Quo nicht immer voller Häuser.

Für mehrere Milliarden Euro pro Jahr leistet sich die Gesellschaft in Deutschland eine öffentlich geförderte Museumslandschaft. Seit vielen Jahren scheint es aber so, dass vor allem bei der an Einrichtungen gebundenen Kultur ein gewisser Optimierungsbedarf existiert: Die großen Museen, aber auch Theater und Konzerthäuser haben an gesellschaftlicher Relevanz verloren, die Besucherzahlen sind nicht immer befriedigend, in Zeiten knapper öffentlicher Kassen schwebt die Angst vor Mittelkürzung über den freiwilligen Leistungen und es werden Legitimationsgründe für eine weitere Förderung gesucht. Daher wird in diesem Beitrag der Frage nachgegangen, weshalb im Gegensatz zum kulturpolitischen Anspruch von „Kultur für alle"[1] nur ein relativ kleiner Teil der Bevölkerung regelmäßig Museen besucht und welche Maßnahmen Kulturpolitik und Kulturmanagement entwickeln können, um diese Form kultureller Teilhabe zu fördern. Diesen Überlegungen liegt ein recht enger Kulturbegriff zu Grunde: Es geht um die öffentlich geförderten Kultureinrichtungen. Denn Theater, Konzerthäuser, Museen und Bibliotheken erhalten den Großteil der öffentlichen Fördergelder, wodurch „das verfügbare Budget durch die institutionelle Förderung weitgehend ausgeschöpft wird"[2].

Innerhalb des Kulturbetriebs scheint die Frage, wer weshalb diesem fern bleibt, beliebt zu sein: 2012 bezeichnet der Organisationsforscher Thomas Schmidt

---

1   Vgl. Hoffmann, Hilmar: Kultur für alle. Perspektiven und Modelle, Frankfurt/M 1981.

2   Mandel, Birgit: Kulturmanagementforschung. Ziele, Fragestellungen, Forschungsstrategien, in: Bekmeier-Feuerhahn, Sigrid et. al. (Hg.): Forschen im Kulturmanagement. Jahrbuch für Kulturmanagement 2009, Bielefeld 2009, S. 13-30, hier S. 26.

Nicht-Besucher*innen als „die momentan beliebteste Zielgruppe der Besucher-forschung".[3] Diese Beliebtheit zeichnet sich allerdings weniger durch tatsächlich existierende Forschungsaktivitäten aus. Vielmehr reiht sich die Aussage in eine Folge von Wünschen nach mehr Forschung ein. Seitdem das Publikum von Kultureinrichtungen einigermaßen systematisch untersucht wird,[4] stellen Forscher*innen regelmäßig ein Defizit fest, was an der Entwicklung der Museumsforschung skizziert werden kann. Bereits Anfang der 1980er Jahre schreibt der Sozialwissenschaftler und langjährige Museumsforscher Hans-Joachim Klein nach einer ersten großen Untersuchung des Museumspublikums in Deutschland:

„Wir wollen abschließend zu den Nichtbesucher-Studien feststellen, daß wir sie für dringend erforderlich und bislang vernachlässigt halten."[5]

Mitte der 1990er Jahre merkt sein Kollege Volker Kirchberg dann an, dass Kleins Feststellung „auch nach 15 Jahren noch nichts von ihrer Aktualität verloren hat".[6] In dieser Zeit weisen auch Vertreter des Museumsmanagements, wie z.B. der damalige Leiter des Hauses der Geschichte Hermann Schäfer auf „allergrößte Defizite" bei der „Erforschung der Nicht-Besuchergruppen"[7] hin. Und auch noch 2010 schickt Nora Wegner ihrer Zusammenfassung der bestehenden Erkenntnisse von Museumsbesucherstudien voraus, „dass wenige Studien bekannt sind", die sich mit „möglichen Barrieren"[8] und somit mit der Perspektive auf die Nicht-Besucher von Museen beschäftigen.

Ökonomische und politische Gründe für das Interesse an Nicht-Besuchern

Gründe für die Erforschung der Nicht-Besucher gibt es aber viele: Neben übergeordneten pädagogischen, anthropologischen und sozialen Wirkungsintentionen kultureller Praktiken führen seit den 1990er Jahren mehrere ökonomische Entwicklungen zu einer (sach-)zwangsläufigen Auseinandersetzung von öffentlich geförderten

3 Schmidt, Thomas: Theatermanagement. Eine Einführung, Wiesbaden 2012, S. 57.
4 Vgl. Glogner, Patrick/Föhl, Patrick S.: Das Kulturpublikum. Fragestellungen und Befunde der empirischen Forschung, Wiesbaden 2010.
5 Klein, Hans-Joachim/Bachmayer, Monika/Schatz, Helga: Museum und Öffentlichkeit. Fakten und Daten, Motive und Barrieren, Berlin 1981, S. 86.
6 Kirchberg, Volker: Besucher und Nichtbesucher von Museen in Deutschland, in: Museumskunde 61 (1996), S. 151-162, hier S. 152.
7 Haus der Geschichte (Hg.): Museen und ihre Besucher. Herausforderungen in der Zukunft. Bonn 1996, S. 281.
8 Wegner, Nora: Besucherforschung und Evaluation in Museen: Forschungsstand, Befunde und Perspektiven, in: Glogner, Patrick/Föhl, Patrick S. (Hg.): Das Kulturpublikum. Fragestellungen und Befunde der empirischen Forschung, Wiesbaden 2010, S. 97-152, hier S. 131.

Kulturveranstalter*innen mit ihrem potenziellen Publikum auf betrieblicher Ebene. Zum einen nahm die Zahl der öffentlich geförderten Einrichtungen bis heute stark zu, ohne dass die damit verbundenen notwendigen öffentlichen Mittel adäquat gestiegen sind. Verstärkt wird diese Entwicklung gegenwärtig durch die Installation einer ‚Schuldenbremse', wonach öffentliche Haushalte keine Schulden mehr aufnehmen können und eine einfache Konsequenz im Abbau von freiwilligen Leistungen liegen könnte. Die dadurch entstandene Konkurrenz zwischen öffentlich geförderten Kulturveranstalter*innen wurde zum anderen durch das Aufkommen privatwirtschaftlicher Konkurrenz auf dem Freizeitmarkt verschärft. Die Ausdifferenzierung der Gesellschaft und das Wegbrechen bestimmter bisher besuchsaktiver Milieus führte dann in den 1990er Jahren zu spürbaren Besucherproblemen in öffentlich geförderten Kultureinrichtungen.

Auf betrieblicher Ebene ergibt sich unabhängig übergeordneter Zielsetzungen dadurch das Problem, dass bei stagnierenden Fördermitteln sowie im Dienstleistungssektor und insbesondere bei Kulturveranstaltungen nur bedingt möglichen Rationalisierungsmaßnahmen letztlich nur über eine ökonomisch sinnvolle Vollauslastung der Platz- bzw. Besucherressourcen – wohlgemerkt bei zahlenden Besuchern – gegengesteuert werden kann.[9] Diese ökonomische Begründung für eine betriebliche Auseinandersetzung mit Nicht-Besucher*innen stößt allerdings an eine inhaltliche Grenze, da es allein quantitativ darum geht „das Haus voll zu kriegen", nicht aber darum, in einem qualitativen Sinne, wer kommt oder wer nicht. Die entscheidende politische Rechtfertigung einer Auseinandersetzung mit Nicht-Besucher*innen resultiert daher aus übergeordneten, also den ordnungs- und förderpolitischen Maßnahmen vorausgehenden Prämissen: Das Selbstverständnis als demokratisches Gemeinwesen führt zu einem Anspruch, eben diese Demokratie in allen gesellschaftlichen Subsystemen zu praktizieren. Denn „mit der Idee einer demokratischen Rechtssetzung ist [...] der Moderne ein Restideal geblieben, dass auf eine breite Zustimmung verweisen kann".[10] Das moderne Demokratieverständnis funktioniert nur, wenn alle Individuen an politischen Prozessen teilnehmen können. Sind wesentliche Teile von politischen Entscheidungsprozessen systembedingt ausgeschlossen, so wäre das wichtigste Kriterium von Demokratie nicht erfüllt und es würden andere Systeme wie z.B. Oligarchien oder Diktaturen entstehen. Ein demokratisches Gemeinwesen hat

---

9 Vgl. Baumol, William/Bowen, William: Performing Arts, The Economic Dilemma: a study of problems common to theater, opera, music, and dance, New York 1966.

10 Beer, Raphael: Demokratie als normative Prämisse der Ungleichheitsforschung, in: Berger, Peter/Schmidt, Volker H. (Hg.): Welche Gleichheit, welche Ungleichheit? Grundlagen der Ungleichheitsforschung, Wiesbaden 2004, S. 27-48, hier S. 42.

also ein Interesse daran, die Strukturen so zu gestalten, dass alle Teilnehmer*innen an systemkonstituierenden Prozessen teilhaben können. In Verbindung mit den auch in Deutschland ratifizierten Menschenrechten und der damit gegebenen Garantie, dass jeder Mensch „sich an den Künsten erfreuen" kann[11], geht also jedem staatlichen kulturpolitischen Handeln die Notwendigkeit voraus, das daraus resultierende Angebot möglichst allen Menschen zugänglich zu machen. Nicht-Besucherforschung wird unter diesen Gesichtspunkten zur sozialen Ungleichheitsforschung:

„Soziale Ungleichheit liegt dann vor, wenn Menschen aufgrund ihrer Stellung in sozialen Beziehungsgefügen von den „wertvollen Gütern" einer Gesellschaft regelmäßig mehr als andere erhalten."[12]

Es geht dann darum, das Nicht-Besuchen von Museen nicht ausschließlich als freie Entscheidung der Individuen zu verstehen, sondern eine ungleiche Verteilung der Teilhabe immer als abbauwürdigen sozialen Missstand, als Exklusion bestimmter Gruppen der Gesellschaft von demokratischen Prozessen zu begreifen. Daraus folgt der wesentliche Auftrag an die Akteur*innen im Kulturbetrieb, ein sozial diverses Publikum und *Kultur für alle* anzustreben.

Der Forschungsstand zur empirischen Publikumsforschung

Was ist nun der Forschungsstand zum Phänomen der Nicht-Besucher*innen? Welche Barrieren verhindern Besuche? Was schafft hingegen Motivation? Die Sekundäranalyse von knapp 100 quantitativen deutschsprachigen (Nicht-)Besucherstudien der letzten 25 Jahre[13] macht deutlich, dass der deutsche Kulturbetrieb noch weit von der Vision einer Kultur für alle entfernt ist. Die Bevölkerung kann in Bezug auf Besuche öffentlich geförderter Kulturveranstaltungen (wie beispielsweise Theater, Museen oder Konzerthäuser) grob in drei Gruppen unterteilt werden:

- Das Potenzial derjenigen, welche regelmäßig Kulturveranstaltungen besuchen, liegt zwischen 5 und 15% der Bevölkerung.
- Der Anteil der Gelegenheitsbesucher*innen, welche seltener als einmal pro Monat, aber mindestens einmal pro Jahr Einrichtungen besuchen, liegt zwischen 35 und 45% der deutschen Bevölkerung.
- Etwa 50% der Bevölkerung besucht überhaupt keine Kulturveranstaltungen.

---

11 Generalversammlung der Vereinten Nationen: Allgemeine Erklärung der Menschenrechte (2017 [III] A). Paris 1948, Art. 27.

12 Hradil, Stefan: Soziale Ungleichheit in Deutschland, Wiesbaden 2001, S. 30

13 Renz, Thomas: Nicht-Besucherforschung. Die Förderung kultureller Teilhabe durch Audience Development, Bielefeld 2016.

Die meisten quantitativen Nicht-Besucherstudien untersuchen Barrieren, welche potenzielle Besuche verhindern. Als einer der ersten verwendete Hans-Joachim Klein den Begriff im Kontext der Publikumsforschung und definierte Barrieren als „Mechanismen, die einen selektiven Besuchsausfall bewirken".[14] Dadurch entsteht ein prozessartiges Modell: Eine externe Intervention unterbricht einen bestehenden Motivationsprozess.

Nicht-Besucherforschung als Barrierenforschung

Barrieren, welche von Museen selbst ausgehen, sind forschungstechnisch am einfachsten identifizierbar. Das Vorhandensein einer Kultureinrichtung in einigermaßen erreichbarer Nähe ist grundsätzliche Voraussetzung für Kulturbesuche. Dementsprechend stellt eine mangelnde kulturelle Infrastruktur eine wichtige Barriere dar.[15] Neben verkehrstechnischen Fragen, z.B. der Problematik nach dem Besuch einer kulturellen Veranstaltung wieder nach Hause zu kommen, ist in diesem Kontext vor allem die in Deutschland existierende Diskrepanz in der kulturellen Infrastruktur zwischen ländlichen und urbanen Räumen relevant. Die Landbevölkerung besucht entsprechend seltener Kulturveranstaltungen, allerdings ist die bloße Existenz einer Kultureinrichtung noch lange keine Garantie für Besuchsaktivitäten der ansässigen Bevölkerung.[16]

Von allen Studien wird der Eintrittspreis als relevante, oft auch als primäre Barriere benannt.[17] Von Seiten der Einrichtungen wären kostenlose Angebote oder zumindest Preisvergünstigungen denkbar. Immerhin wünschen sich über 80% der Europäer*innen kostenlose Kulturangebote.[18] Auf internationaler Ebene existieren bereits Studien, welche das Besuchsverhalten bisher kulturferner Zielgruppen vor, während und nach preispolitischen Maßnahmen untersucht haben. Eine schwedische Studie kommt für Museen zum Schluss, dass durch entsprechende Preisreduktion bisher museumsferne Zielgruppen erreicht werden konnten.[19] Allerdings wird dabei auch

14 Klein/Bachmayer/Schatz 1981, S. 194.

15 Vgl. Europäische Kommission: Eurobarometer Spezial. Werte der europäischen Kultur, in: Eurobarometer Spezial 278 / Welle 67.1 – TNS Opinion & Social 2007.

16 Vgl. Renz, Thomas: Kulturelle Teilhabe als Programm. Theaterpolitik für Partizipation, in: Schneider, Wolfgang/Schröck, Katharina M./Stolz, Silvia (Hg.): Theater in der Provinz. Künstlerische Vielfalt und kulturelle Teilhabe als Programm, Berlin 2019, S. 28-40.

17 Z.B. Kirchberg, Volker: Gesellschaftliche Funktionen von Museen. Makro-, meso- und mikrosoziologische Perspektiven, Wiesbaden 2005, S. 292.

18 Vgl. Europäische Kommission 2007, S. 57.

19 Nickel, Susanne: ABM, Acces und freier Eintritt. Ein Blick auf schwedische Museumsprojekte, in: Museumskunde 73/1 (2008), S. 101-107.

immer wieder deutlich, dass der Anstieg der Besucherzahlen vor allem auf eine intensivierte Besuchsaktivität derjenigen zurückzuführen ist, welche als Gelegenheits- oder Kernbesucher ohnehin schon zum Publikum gehören.

Ebenfalls interessant ist die vor allem bei Nicht-Besucher*innen verbreitete Unkenntnis der Eintrittspreise öffentlich geförderter Museen und anderer Kultureinrichtungen. Bereits in den 1980er Jahren wurde empirisch bewiesen, wie stark der Subventionsbetrag für Kultureinrichtungen von der Bevölkerung unterschätzt wird.[20] Deshalb führt eine bloße Preisreduzierung nicht automatisch zur Aktivierung dadurch anvisierter Zielgruppen mit niedrigem Einkommen. Die Kultursoziologin Susanne Keuchel kommt daher zum Schluss, dass „attraktive Preisvergünstigungen [...] vor allem von den schon erreichten Zielgruppen sehr positiv aufgenommen"[21] werden. Sollen Preisbarrieren abgebaut werden, um bisherige Nie-Besucher*innen zu aktivieren, so sollte dies mit einer offensiven Kommunikationspolitik verbunden werden.

Dementsprechend kann auch bereits eine unpassende Kommunikation der kulturellen Angebote eine besuchsverhindernde Barriere darstellen. Eine der wenigen verbandspolitisch intendierten Nicht-Besucherstudien vom Deutschen Bühnenverein zeigt zum Beispiel, dass gerade einmal 16% der dort befragten Jugendlichen dem Satz zustimmen, „das Theater bemüht sich aktiv, mich über das Programm zu informieren".[22] Damit die Kommunikationspolitik von Theatern oder Museen Einfluss auf die Entscheidungsfindung dieser Zielgruppen nehmen kann, müsste das Informationsverhalten von Nie-Besucher*innen berücksichtigt werden. Bei Nie-Besucher*innen überwiegt tendenziell „ein situativ, spontanes Informationsverhalten"[23] und die Mund-Propaganda hat einen noch höheren Stellenwert als bei der Gesamtbevölkerung. Nicht-Besucher*innen mit niedriger Schulbildung können durch die klassische Medienarbeit, z.B. im Kulturteil von Tageszeitungen nicht erreicht werden.

Das Kunstwerk bzw. das historische Artefakt selbst war bislang selten im Sinne einer Barriere Gegenstand der empirischen Publikumsforschung. Zum einen ist das auf die grundgesetzlich geschützte Kunstfreiheit und die daraus resultierende Konsequenz für das Management öffentlich geförderter Kultureinrichtungen zurückzuführen, sich

---

20 Vgl. Dollase, Rainer/Rüsenberg, Michael/Stollenwerk, Hans J.: Demoskopie im Konzertsaal, Mainz 1986.

21 Keuchel, Susanne: Rheinschiene - Kulturschiene. Mobilität - Meinungen – Marketing, Bonn 2003, S. 227.

22 Deutscher Bühnenverein (Hg.): Auswertung und Analyse der repräsentativen Befragung von Nichtbesuchern deutscher Theater. Eine Studie im Auftrag des Deutschen Bühnenvereins, Köln 2003, S. 4.

23 Frank, Bernward/Maletzke, Gerhard/Müller-Sachse, Karl H.: Kultur und Medien. Angebote - Interessen – Verhalten. Eine Studie der ARD/ZDF-Medienkommission, Baden-Baden 1991, S. 217.

zum Beispiel im Rahmen der Marketingaktivitäten nicht in die „Kunst an sich" einzu-
mischen. Zum anderen ist die Kunstrezeption im Rahmen quantitativ-standardisier-
ter Erhebungen auch methodisch schwer und in Bezug auf die Komplexität solcher
Prozesse nur bedingt zu erforschen. Tendenziell schrecken Nicht-Besucher*innen vor
Verständnisschwierigkeiten zurück und lehnen moderne Ästhetik beispielsweise im
Museum ab.[24] Allerdings beruhen diese Zuschreibungen vor allem bei Nicht-Besu-
cher*innen weniger auf dem tatsächlichen Kulturangebot und mehr auf subjektiven
Imagezuschreibungen.

Ein negatives Image bildet sich „aus der Summe aller positiven und negativen
Einstellungen gegenüber den einzelnen Leistungsbestandteilen"[25] eines Museums
heraus. Museen wird mehrheitlich ein Image als Bildungseinrichtung zugeschrieben,
ohne dass dies positiv konnotiert wird.[26] Vor allem stellt die Zuschreibung von „lang-
weilig"[27] eine besuchsverhindernde Barriere dar. Ausgehend vom hohen Stellenwert
von Kulturbesuchen als soziale Aktivität, stellt auch fehlende Begleitung, die auf
mangelndes Interesse im eigenen Freundes- und Bekanntenkreis zurückzuführen
ist, eine relevante Barriere dar. Vor allem bei Nie-Besucher*innen spielt die soziale
Funktion eine bedeutende Rolle in der Freizeitgestaltung.[28]

Einfacher standardisiert messbar, allerdings auch sehr subjektiv in der Bewertung
ist der Faktor Zeit. Fehlende Zeit ist als besuchsverhindernde Barriere in allen Sparten relevant. Der Umfang von Freizeit steht dabei nicht zwingend im Zusammenhang
mit der Intensität des Interesses und der Nutzung.[29] Fehlende Zeit für potenzielle
Kulturbesuche entsteht auch durch alternative Freizeitaktivitäten. Wenn also z.B.
der neueste Blockbuster im Multiplex-Kino, der abendliche Besuch im Fitness-Studio
oder einfach ein gemütlicher Fernsehabend wichtiger als der Besuch einer öffentlich
geförderten Kultureinrichtung ist, dann kann das Barrierenmodell vielleicht gar nicht
greifen. Denn wenn keine Motivation existiert, kann diese auch nicht durch Barrieren
unterbrochen werden.

---

24 Ebd.

25 Butzer-Strothmann, Kristin/Günter, Bernd/Degen, Horst: Leitfaden für Besucherbefragungen durch
Theater und Orchester, Baden-Baden 2001, S. 62.

26 Vgl. Mandel, Birgit/Institut für Kulturpolitik: Einstellungen zur Kultur und ihr Einfluss auf kulturelle
Partizipation. Ergebnisse einer Bevölkerungsumfrage in Hildesheim, Hildesheim 2005.

27 Keuchel, Susanne: Das 1. Jugend-KulturBarometer. „Zwischen Eminem und Picasso ..."; mit einer
ausführlichen Darstellung der Ergebnisse des Jugend-KulturBarometers sowie weiteren Fachbeiträgen
zur empirischen Jugendforschung und Praxisbeispielen zur Jugend-Kulturarbeit, Bonn 2001, S. 87.

28 Vgl. Renz 2016.

29 Vgl. Frank et al. 1991, S. 197.

Nicht-Besucherforschung als soziale Ungleichheitsforschung

Die in den hier ausgewerteten Studien aufgeführten, vom Objekt wie auch vom Subjekt ausgehenden Barrieren verbindet der Umstand, dass sie alle einen bestehenden Motivationsprozess unterbrechen. Es wird also theoretisch davon ausgegangen, dass grundsätzlich ein Interesse an Besuchen von Theatern, Konzerten und Museen besteht, welches dann – aus welchen Gründen auch immer – unterbrochen wird. Diese Perspektive ist vermutlich auch auf die Anwendungsorientiertheit vieler Studien zurückzuführen: (Nicht-)Besucherstudien bauen dann auf einem Erkenntnisinteresse auf, das nicht primär sozialwissenschaftlich motiviert ist, sondern eher von zukünftigen ökonomischen Existenzsorgen der institutionalisierten Kultur ausgeht.

Woran liegt es aber, dass viele Menschen überhaupt keine Grundmotivation haben, das öffentlich bereit gestellte Kulturangebot und die Museumslandschaft zu besuchen? Bei solchen Fragen kann auch an das oben erläuterte theoretische Konzept der sozialen Ungleichheitsforschung angeknüpft werden: Es werden Merkmale untersucht, welche kulturelle Teilhabe gesellschaftlich bedingt fördern oder verhindern. Zum anderen kann auf der Ebene der politischen Konsequenzen überlegt werden, wie Kulturpolitik und Kulturmanagement mit ihrem Instrumentarium zukünftig positiven Einfluss auf diese Motivationsprozesse haben können oder an welchen Stellen dieses Thema ihren Handlungsspielraum übersteigt. Die relevanten Studien zeigen, dass (formal messbare) Bildung der wichtigste Einflussfaktor auf kulturelles Interesse ist und ein hohes Kulturinteresse meist mit den formal höchsten Bildungsabschlüssen einhergeht.[30] Im Umkehrschluss verfügen formal bildungsferne Menschen auch über wenig Wissen bezüglich der Rahmenbedingungen und des Ablaufs von Museumsbesuchen. Die Motivation zum Besuch kultureller Veranstaltungen entsteht am ehesten in Kindheit und Jugend, wobei die Hinführung zu Kunst, Geschichte und Kultur durch die Eltern nachhaltigere Konsequenzen auf das Kulturinteresse hat als die Aktivitäten der Schulen. Die Motivation kann sich im Verlauf des Lebens ändern, vor allem Berufseintritt oder eine Veränderung der familiären Situation kann zu einem Rückgang der Motivation führen. Spätestens hier wird deutlich, dass die Motivation auf unterschiedliche Bedürfnisse zurückgehen kann: Museumsbesuche können auf dem Wunsch nach sozialer Interaktion, nach ästhetischem oder inhaltlichem Nutzen oder auch nach einer symbolischen Aufwertung basieren. Die Motivation, Museen zu besuchen, kann aber auch dann entstehen, wenn ein wie auch immer initiierter Besuch die

---

30 Vgl. Mandel, Birgit: Theater in der Legitimationskrise? Interesse, Nutzung und Einstellungen zu den staatlich geförderten Theatern in Deutschland – eine repräsentative Bevölkerungsbefragung, Hildesheim 2020.

eigenen Bedürfnisse nach einer sinnvollen Freizeitgestaltung erfüllte und somit eine Relevanz für das eigene Leben erfahren wurde. Nicht-Besucher*innen haben dabei andere Präferenzen als das Stammpublikum: Sie bevorzugen soziales Miteinander im Familienkreis und aktives Mitmachen.[31]

Konsequenzen für Kulturpolitik und Museumsmanagement

Wie war das noch mit ‚Kultur für alle‘? Trotz des ehrenwerten Anspruchs ist der öffentlich geförderte Kultur- und Museumsbetrieb noch weit vom Zustand wirklicher kultureller Teilhabe in Deutschland entfernt. Welche praktischen Konsequenzen können Kulturpolitik und Kulturmanagement nun aus diesem Wissen ziehen? Mit welchen Strategien und Instrumenten kann mehr und sozial diversere kulturelle Teilhabe forciert werden? Auf Ebene der Kulturpolitik kann der bereits geführte Diskurs über neues Publikum für öffentlich geförderte Kultureinrichtungen auf eine Diskussion konkreter Instrumente einer zielorientierten und evidenzbasierten Politik gelenkt werden. Dazu zählen beispielsweise Steuerungsinstrumente wie Zielvereinbarungen, die zum Beispiel (noch) nicht in allen Bundesländern genutzt werden.[32] Ziel könnte es sein, dass die Ansprache neuer oder bestimmter Zielgruppen als selbstverständlicher Teil der öffentlichen Kulturpflege verstanden werden würde und nicht – wie bisher – nur in zusätzliche und temporär beschränkte Extraprogramme ausgelagert oder gar an Stiftungen und Sponsoren delegiert wird.

Auf betrieblicher Ebene kann es in Kulturmarketingprozessen darum gehen, zukünftig (noch) kleinteiligere Zielgruppen zu definieren, um mit einem intensiven Segmentmarketing diese individuell anzusprechen. Manchmal scheint hier der Anspruch von ‚Kultur für alle‘ ein modernes Zielgruppenmarketing zu verhindern. In der Aufteilung des potenziellen Publikums in Segmente und in einer durch die eigenen Ressourcen notwendig begrenzt zu bearbeitenden Auswahl dieser Segmente, wird die Gefahr gesehen, dass dadurch nicht mehr „alle" Menschen in gleicher Weise willkommen wären. Eine Aufteilung des potenziellen Publikums einer Kultureinrichtungen muss vor dem Hintergrund solcher Überlegungen kritisch hinterfragt werden, ob dadurch – trotz bester Absichten – die soziale Teilung nicht noch manifestiert wird. Auf der anderen Seite zeigt die Marketingforschung, dass der Anspruch „one site fits all" aufgrund der Ausdifferenzierung der Gesellschaft in verschiedene Lebensstile schon lange nicht mehr funktioniert[33] und „alle" schlichtweg keine sinnvolle Zielgruppe ist. Im Rahmen

---

31 Hood, Marilyn: Staying away. Why people choose not to visit Museums, in: Museum News 61 (1983), S. 50-57.

32 Vgl. Renz 2016.

33 Vgl. Klein, Armin: Kulturmarketing, München 2001.

betrieblicher Marktforschung könnten also zielgruppenspezifische Barrieren individuell für die einzelnen Museen erforscht und abgebaut werden. Allerdings kann es dabei nur um Barrieren gehen, welche auch im Handlungsfeld des Marketings liegen. Somit dürfte die Konsequenz solcher Bemühungen maximal in der erfolgreichen Ansprache von Gelegenheitsbesucher*innen liegen.

Entscheidet sich eine Kultureinrichtung jedoch für die Bearbeitung neuer Zielgruppen, zu denen auch bisher nicht kulturaffine Nicht-Besucher*innen zählen, so muss dies auch von der Ebene der Führung der Organisation ausgehen. Mit Audience Development ist ein betriebliches Instrumentarium bekannt, dass verschiedene Ansätze aus Kulturmarketing, Kulturvermittlung und künstlerischer Produktion verbindet und sich insbesondere für die Ansprache bisher nicht besuchsaktiver Zielgruppen eignet.[34] Zum einen können durch individuelle Nicht-Besucherforschung offensichtliche Barrieren (wie z.B. zu hohe Eintrittspreise bei Menschen mit geringem Einkommen oder unpassende Öffnungs- bzw. Aufführungszeiten bei berufstätigen Zielgruppen) erkannt und abgebaut werden. Zum anderen können Kooperationen mit Multiplikator*innen gesucht werden. Um diese neuen Zielgruppen auch nachhaltig an die eigene Einrichtung anzubinden, ist eine positive Rezeptionserfahrung unumgänglich. Kulturvermittelnde Angebote – mit welcher Zielsetzung auch immer – können diese unterstützen. Solche Aktivitäten werden auch Einfluss auf die Programme der Museen haben. Allein die Veränderung der Kommunikation wird vermutlich nicht zu einer dauerhaften Integration neuer Zielgruppen führen. Denn bestimmte Sparten und künstlerische Formate sind insofern populärer als andere, da sie den wahrgenommenen Rezeptionsansprüchen der Nichtbesucher*innen eher entsprechen.

Es stellt sich also die Frage für öffentlich geförderte Museen, ob und wie sie auf diese Herausforderungen nach Ansprache neuer Zielgruppen im Sinne eines sozial ausgewogeneren Publikums reagieren und inwiefern sie bereit sind, sich selbst und ihre Angebote in Auseinandersetzung mit neuen Besucher*innen kritisch zu hinterfragen. Kultureinrichtungen können sich bewusst dafür entscheiden, Brücken zu bisherigen Nicht-Besucher*innen zu bauen. Dann ginge es darum, die Diskrepanz zwischen dem bewusst und berechtigt anstrengend, komplex und mehrdeutig gestalteten Kunstwerk oder historischen Artefakt auf der Seite der Produzent*innen und den ebenfalls berechtigten Ansprüchen nach Unterhaltung und Erholung auf der Seite der Nicht-Besucher*innen zu überbrücken. Dafür müssten sich beispielsweise Museen in ihrem Selbstverständnis weiterentwickeln. Denn die grundsätzlichen Probleme einer Programmpolitik, welche nicht mit den erlernten Rezeptionserfahrungen

---

34 Vgl. Mandel, Birgit: Audience Development, Kulturmanagement, Kulturelle Bildung, München 2008.

und Freizeitansprüchen von Nichtbesucher*innen zusammenpasst, lassen sich nur bedingt im Rahmen von Marketing- und Vermittlungsmaßnahmen lösen.

LITERATUR

Baumol, William/Bowen, William: Performing Arts, The Economic Dilemma: a study of problems common to theater, opera, music, and dance, New York 1966.
Beer, Raphael: Demokratie als normative Prämisse der Ungleichheitsforschung, in: Berger, Peter/Schmidt, Volker H. (Hg.): Welche Gleichheit, welche Ungleichheit? Grundlagen der Ungleichheitsforschung, Wiesbaden 2004, S. 27-48.
Butzer-Strothmann, Kristin/Günter, Bernd/Degen, Horst: Leitfaden für Besucherbefragungen durch Theater und Orchester, Baden-Baden 2001.
Deutscher Bühnenverein (Hg.): Auswertung und Analyse der repräsentativen Befragung von Nichtbesuchern deutscher Theater. Eine Studie im Auftrag des Deutschen Bühnenvereins, Köln 2003.
Dollase, Rainer/Rüsenberg, Michael/Stollenwerk, Hans J.: Demoskopie im Konzertsaal, Mainz 1986.
Europäische Kommission: Eurobarometer Spezial. Werte der europäischen Kultur, in: Eurobarometer Spezial 278 / Welle 67.1 – TNS Opinion & Social 2007.
Frank, Bernward/Maletzke, Gerhard/Müller-Sachse, Karl H.: Kultur und Medien. Angebote - Interessen – Verhalten. Eine Studie der ARD/ZDF-Medienkommission, Baden-Baden 1991.
Glogner, Patrick/Föhl, Patrick S. (Hg.): Das Kulturpublikum. Fragestellungen und Befunde der empirischen Forschung, Wiesbaden 2010.
Haus der Geschichte (Hg.): Museen und ihre Besucher. Herausforderungen in der Zukunft. Bonn 1996.
Hoffmann, Hilmar: Kultur für alle. Perspektiven und Modelle, Frankfurt/M 1981.
Hood, Marilyn: Staying away. Why people choose not to visit Museums, in: Museum News 61 (1983), S. 50-57.
Hradil, Stefan: Soziale Ungleichheit in Deutschland, Wiesbaden 2001.
Keuchel, Susanne: Rheinschiene - Kulturschiene. Mobilität - Meinungen – Marketing, Bonn 2003.
Keuchel, Susanne: Das 1. Jugend-KulturBarometer. „Zwischen Eminem und Picasso …"; mit einer ausführlichen Darstellung der Ergebnisse des Jugend-KulturBarometers sowie weiteren Fachbeiträgen zur empirischen Jugendforschung und Praxisbeispielen zur Jugend-Kulturarbeit, Bonn 2001.
Kirchberg, Volker: Gesellschaftliche Funktionen von Museen. Makro-, meso- und mikrosoziologische Perspektiven, Wiesbaden 2005.
Kirchberg, Volker: Besucher und Nichtbesucher von Museen in Deutschland, in: Museumskunde 61 (1996), S. 151-162.
Klein, Armin: Kulturmarketing, München 2001.
Klein, Hans-Joachim/Bachmayer, Monika/Schatz, Helga: Museum und Öffentlichkeit. Fakten und Daten, Motive und Barrieren, Berlin 1981.

Mandel, Birgit: Theater in der Legitimationskrise? Interesse, Nutzung und Einstellungen zu den staatlich geförderten Theatern in Deutschland – eine repräsentative Bevölkerungsbefragung, Hildesheim 2020.

Mandel, Birgit: Kulturmanagementforschung. Ziele, Fragestellungen, Forschungsstrategien, in: Bekmeier-Feuerhahn, Sigrid et. al. (Hg.): Forschen im Kulturmanagement. Jahrbuch für Kulturmanagement 2009, Bielefeld 2009, S. 13-30.

Mandel, Birgit: Audience Development, Kulturmanagement, Kulturelle Bildung, München 2008.

Mandel, Birgit/Institut für Kulturpolitik: Einstellungen zur Kultur und ihr Einfluss auf kulturelle Partizipation. Ergebnisse einer Bevölkerungsumfrage in Hildesheim, Hildesheim 2005.

Nickel, Susanne: ABM, Acces und freier Eintritt. Ein Blick auf schwedische Museumsprojekte, in: Museumskunde 73/1 (2008), S. 101-107.

Renz, Thomas: Kulturelle Teilhabe als Programm. Theaterpolitik für Partizipation, in: Schneider, Wolfgang/Schröck, Katharina M./Stolz, Silvia (Hg.): Theater in der Provinz. Künstlerische Vielfalt und kulturelle Teilhabe als Programm, Berlin 2019, S. 28-40.

Renz, Thomas: Nicht-Besucherforschung. Die Förderung kultureller Teilhabe durch Audience Development, Bielefeld 2016.

Schmidt, Thomas: Theatermanagement. Eine Einführung, Wiesbaden 2012.

Von Bibliotheken lernen? Eine rekonstruktiv-vergleichende Untersuchung zu Strategien für eine höhere Zugänglichkeit

Christine Ott

Lohnt der Blick auf die Institution Bibliothek, wenn Museen ihre Zugänglichkeit erhöhen wollen? Der vorliegende Beitrag schafft hierfür eine Bewertungsgrundlage, indem er zunächst aktuelle Entwicklungen in der nationalen wie internationalen öffentlichen Bibliothekslandschaft vorstellt und, ausgehend von einer rekonstruktiv-vergleichenden Untersuchung zu Strategien von öffentlichen Bibliotheken für eine möglichst hohe soziale Inklusivität, auf mögliche Anschlüsse für die Institution Museum eingeht.

Konzeptbausteine der öffentlichen Bibliothek des 21. Jahrhunderts

Die öffentliche Bibliothek im 21. Jahrhundert versteht sich nur (noch) in Teilen als kulturelles Archiv. Wenn heute Bibliotheken gebaut oder neukonzipiert werden, finden sich folgende Konzeptbestandteile:

Die Bibliothek als externes Wohnzimmer, als Freizeitort, als Erlebnisort, als Bühne, als Experimentierraum, als Diskussionsplattform, als Lernort, als externes Arbeitszimmer, als Info-Tankstelle, als Wissensforum usw.

Die räumliche Diversifizierung von Funktionsbereichen

Das Erscheinungsbild der öffentlichen Bibliothek verändert sich entsprechend: Räumlich-gestalterisch vereinen Bibliotheken Ruhebereiche mit Räumen des Austausches, sei es zum gemeinsamen Lernen, Experimentieren, Debattieren oder zur Unterhaltung.[1]

Hierfür werden u.a. Lounge- und Schmöker-Bereiche integriert (s. Abb. 1). Zum Verweilen einladende Sessel, Couches und Lesekojen erzeugen intime Kleinsträume und Wohnzimmerflair (s. Abb. 2). Ein Café in der Bibliothek oder ein leistungsfähiger Kaffeeautomat können die Aufenthaltsqualität und -dauer erhöhen. Ein Flüstergebot gilt an öffentlichen Bibliotheken meist nur eingeschränkt.

---

1 Zur institutionsgeschichtlichen Entwicklung vgl. Umlauf, Konrad/Stang, Richard: Zur Relevanz physischer Verortung. Raum- und Zonierungskonzepte für Öffentliche Bibliotheken, in: Stang, Richard/ Umlauf, Konrad (Hg.): Lernwelt Öffentliche Bibliothek. Dimensionen der Verortung und Konzepte, Berlin/Boston 2018, S. 107-120, hier S. 107-109.

Abb. 1: Kinder- und Jugendbereich der
Stadtbibliothek Stuttgart
© C. Ott (2017)

Abb. 2: Wohnzimmerflair in der
Stadtteilbibliothek Köln-Kalk
© M. Heyda, A. Voss (2019)

Um als Erlebnis- und Freizeitort wahrgenommen zu werden, legen Bibliotheken
Gaming-Zones an, bieten Musikinstrumente zum Ausprobieren und Ausleihen und
binden sonstige vielfältige Spielgelegenheiten ins Raumkonzept ein (s. Abb. 3 und 4),
steigerbar zu innenliegenden Turnhallen und Spielplätzen, wie in Dokk1 in Aarhus.

Abb. 3: Gaming-Zone der Münchner
Stadtbibliothek am Gasteig
© C. Ott (2018)

Abb. 4: Spielbereiche neben Ausstellungsflächen, Dokk1 in Aarhus
© C. Ott (2017)

Flexible Möblierung ermöglicht die rasche Umgestaltung von Stell- zu Freiflächen,
z.B. zum Zweck von Veranstaltungen. Oder es werden eigene Veranstaltungsräume
vorgesehen – separiert oder integriert, wie in Amsterdam in Form eines Amphithea-
ters mit Bühne, das lautlich durch Glaswände von anderen Funktionsbereichen ab-
geschirmt, aber zugleich sichtbar und zugänglich ist (s. Abb. 5).

Durch die Aufteilung in Zonen und Raum-in-Raum-Lösungen werden laute und lei-
se Bereiche voneinander getrennt (s. Abb. 6). Lernlandschaften tragen insbesondere

konzentrierten und kooperativen Arbeitsmodi Rechnung: Sowohl Einzel- als auch Gruppenarbeitsplätze sind vorzufinden, diese wiederum in offener, halboffener (z.B. als Carrel) oder geschlossener Form (z.B. als eigener Raum). Einige Bibliotheken sehen Experimentalräume (oder: „Labs") vor, in denen gebastelt sowie handlungs- und produktionsorientiert mit neuester Technik umgegangen werden kann. Solche Räume und dazugehörige Angebote firmieren zunehmend unter dem Begriff „Makerspace".

Abb. 5: Das integrierte Amphitheater in der OBA Oosterdok Amsterdam
© C. Ott (2018)

Abb. 6: Lese- und Hörinsel als Raum im Raum, Dokk1 in Aarhus
© C. Ott (2017)

Physisch gerahmt werden die unterschiedlichen Funktionsbereiche durch das Medienangebot der Bibliothek – z.B. klassisch in Regalen geordnet oder in Vitrinen und Aufstellern exponiert. Dabei stehen Medienflächen durchaus in einem Konkurrenzverhältnis zu weiteren Funktionsflächen, sofern sich beim Um- oder Neubau die Grundfläche der Bibliothek nicht entsprechend erweitert. In manchen Fällen werden Teile des bisherigen Freihand-Medienangebots ins Magazin ausgelagert. Vor allem in qualitativer Hinsicht verändert sich das Medienangebot, d.h. unterschiedlichere Medien halten Einzug in die Bibliothek: Neben den beinahe schon als etabliert geltenden Erweiterungen um CDs, Musiknoten oder Computerspiele stellen Bibliotheken heute auch Nähmaschinen, VR-Brillen, 3D-Drucker, Miniroboter u.Ä. bereit.

Die Klammer: Was Bibliotheken leisten wollen

Zusammengehalten wird diese räumlich-konzeptionelle und mediale Diversifizierung durch eine neu akzentuierte Aufgaben(selbst)zuschreibung: Bibliotheken sehen es zunehmend als ihre Aufgabe, disparate soziale Gruppen jeden Lebensalters zusammen- sowie zu umfassender Bildung und Teilhabe zu führen – die Bibliothek als konsumfreier und politisch wie weltanschaulich neutraler Ort des demokratischen

Miteinanders und der Selbstbildung.[2] Zugleich hat ein funktionalistisches Bildungsverständnis Einzug in den Bibliotheksdiskurs gehalten, der die ökonomische Verwertbarkeit von Bibliotheksangeboten akzentuiert, dies insbesondere im Kontext von *maker education* und *digitaler Bildung*.[3]

Dem Medienangebot der Bibliothek kommt für Bildungs- und Teilhabezwecke/ –ziele die Aufgabe zu, das hierfür nötige Wissen zugänglich zu machen.[4] Das kann Begriffs- und Faktenwissen (sog. deklaratives Wissen) über ein Thema des Interesses sein, über welches sich anhand von Bibliotheksmedien oder auch durch Vorträge in der Bibliothek informiert wird; dies kann ebenso Handlungswissen (sog. prozedurales Wissen) sein zur Frage, wie verlässliche Informationen recherchiert werden können oder wie eine Nähmaschine zu bedienen ist, um einen Wunschgegenstand herzustellen. Mittelbar ist durch diese Aufgabenbestimmung auch das Postulat der Bibliothek als Ort des sozialen Austauschs, der sozialintegrativ wirken soll, erfasst: Im Aufeinandertreffen verschiedener sozialer Gruppen kommt es zu einem Meinungs- und Positionsaustausch, d.h. Wissen über Meinungen, Wertesysteme, Interessen anderer wird zugänglich.

Theoretischer Rahmen der konzeptionellen Neuausrichtung

Zu den jüngeren wirkmächtigen Leitkonzepten für funktional qualitätsvolle Bibliotheken zählen die bibliotheksbaulichen „Zehn Gebote" von Faulkner-Brown (engl. *ten commandments*, i.e.: flexibel, kompakt, zugänglich, erweiterungsfähig, veränderbar, gut organisiert, bequem, konstant gegenüber Umwelteinflüssen, sicher, wirtschaftlich),[5] das soziologische Konzept des „dritten Orts" von Ray Oldenburg (engl. *third*

---

2 Vgl. z.B. Deutscher Bibliotheksverband: Bericht zur Lage der Bibliotheken. Zahlen und Fakten 2019/2020, o.O. 2019, S. 2f., 5 u. 11, URL: https://www.bibliotheksverband.de/fileadmin/user_upload/ DBV/publikationen/Bericht_zur_lage_2019__2020_web.pdf, zuletzt aufgerufen am 20.02.2020; vgl. ferner die Beiträge in: Hauke, Petra (Hg.): Öffentliche Bibliothek 2030. Herausforderungen – Konzepte – Visionen, Bad Honnef 2019.

3 Das funktionalistische Bildungsverständnis findet sich dabei prominent im noch weiter unten vorgestellten „Four-Space-Model" der öffentlichen Bibliothek; vgl. hierzu Ott, Christine: Literacy im 21. Jahrhundert – die Bibliothek als zukunftsweisende Bildungsinstitution?, in: Jungwirth, Martin et al. (Hg.): Forschen.Lernen.Lehren an öffentlichen Orten – The Wider View. Tagungsband, Münster 2020, S. 227-232.

4 Vgl. z.B. IFLA: Die Dienstleistungen der Öffentlichen Bibliothek. IFLA/UNESCO Richtlinien für die Weiterentwicklung, o.O. 2001, S. 1, URL: https://www.ifla.org/files/assets/hq/publications/archive/the-public-library-service/pg01-g.pdf, zuletzt aufgerufen am 20.02.2020.

5 Auch als „Faulkner-Brown'sche Gesetze" bezeichnet, vgl. einführend Naumann, Ulrich: Grundsätze des Bibliotheksbaus. Von den „Zehn Geboten" von Harry Faulkner-Brown zu den „Top Ten Qualities" von Andrew McDonald, in: Hauke, Petra/Werner, Klaus Ulrich (Hg.): Bibliotheken bauen und ausstatten, Bad Honnef 2009, S. 14-37, hier i.B. S. 17.

space) oder das sozialintegrative Konzept der Bibliothek als *low intensive meeting place* von Ragnar Audunson.[6]

Mindestens in Skandinavien und Mitteleuropa prägt das nordische „Four-Space-Model" seit den 2010er Jahren den Diskurs um eine zukunftsfähige, den Herausforderungen des 21. Jahrhunderts begegnende Bibliothek.[7] Zu diesen Herausforderungen werden insbesondere die Digitalisierung und soziale Separationstendenzen gezählt; erstere betrifft auch die Existenzfrage der Bibliothek: Braucht es die Bibliothek als physischen Ort, wenn Wissen zunehmend digital verfügbar ist? Das Modell gibt hierauf eine Antwort (s. Abb. 7). Dazu führt es Diskussionen um Aufgaben, Ziele und Funktionen öffentlicher Bibliotheken zusammen.[8]

---

6 Vgl. Fansa, Jonas: Die Bibliothek als physischer Raum, in: Umlauf, Konrad/Gradmann, Stefan (Hg.): Metzler Handbuch Bibliothek. Geschichte, Aufgaben, Perspektiven, Stuttgart/Weimar 2012, S. 40-72; *low intensive meeting places* sind Orte des Zusammenkommens, an denen man mit Werten und Interessen konfrontiert ist, die von den eigenen abweichen; diese Orte können potentiell zwischen Menschen mit unterschiedlichen Werten und kulturellen Zugehörigkeiten Brücken schlagen, übersetzt nach: Audunson, Ragnar Andreas et al.: Public libraries, social capital, and low intensive meeting places, in: Information Research 12 (2007) 4, URL: http://informationr.net/ir/12-4/colis/colis20.html, zuletzt aufgerufen am 20.02.2020.

7 Vgl. Jochumsen, Henrik/Skot-Hansen, Dorte/Hvenegaard, Casper: A new model for the public library in the knowledge and experience society, University of Copenhagen 2010, URL: https://curis.ku.dk/ws/files/173562136/A_new_model_for_the_public_library.pdf, zuletzt aufgerufen am 20.02.2020; Jochumsen, Henrik/Skot-Hansen, Dorte/Hvenegaard Rasmussen, Casper: Erlebnis, Empowerment, Beteiligung und Innovation. Die neue Öffentliche Bibliothek, in: Eigenbrodt, Olaf/Stang, Richard (Hg.): Formierungen von Wissensräumen. Optionen des Zugangs zu Information und Bildung, Berlin/Boston 2014, S. 67-80.

8 I.e. u.a.: Erlebnisorientierung und „experience society", selbstbestimmtes Lernen, dritte Orte, sozialintegrative Kontaktmöglichkeiten, vgl. Jochumsen, Henrik/Hvenegaard Rasmussen, Casper/Skot-Hansen, Dorte: The four spaces – a new model for the public library, in: New Library World 113 (2012) 11/12, S. 586-597, hier S. 590-593.

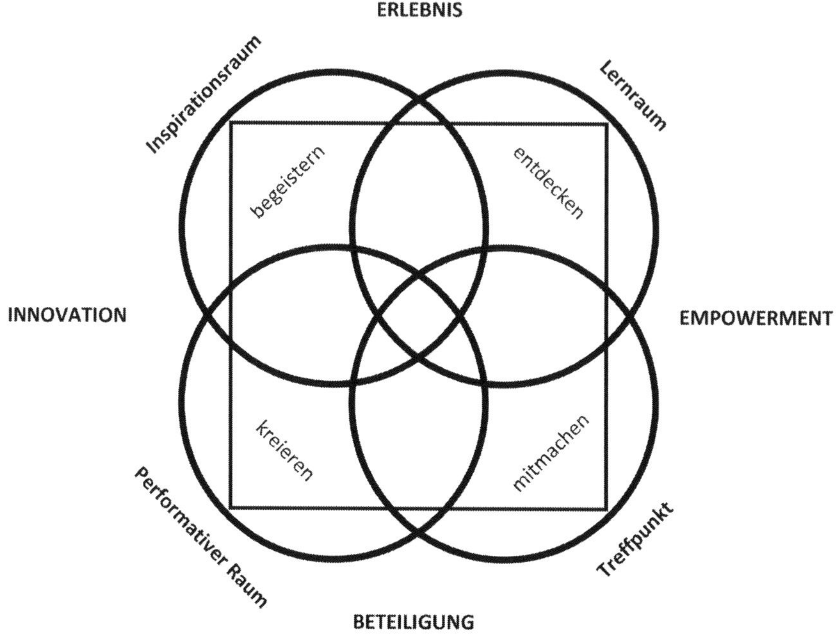

Abb. 7: Das „Four-Space-Model" für die öffentliche Bibliothek[9]

Das Modell nimmt folgende Aufgaben/Ziele öffentlicher Bibliothek zum normativen Ausgangspunkt:

- Erlebnisse und Erfahrungen (engl. *experience*) ermöglichen, insbesondere im Umgang mit neuen Medien – hierzu sollen Bibliotheken Inspirations- und Lernräume offerieren;
- Empowerment leisten, insbesondere die Befähigung zu sozialer und kultureller Teilhabe, dies auch mit dem Ziel ökonomischer Verwertbarkeit des Gelernten – Voraussetzung hierfür ist, dass Bibliotheken als Treffpunkt und Lernraum genutzt werden können;
- Beteiligung ermöglichen (engl. *involvement*), dies nicht nur in der Rezeption/ Nutzung von Angeboten, sondern auch in aktiver Mitgestaltung des Orts Bibliothek – wieder bedarf es hierfür Räume des Zusammenkommens sowie außerdem performative Räume;
- Innovationen anstoßen, d.h. dort sollen neue Ideen entstehen und umgesetzt werden können – Bibliotheken sollen hierzu inspirieren und Entwicklungsräume bieten.

9 In der Übersetzung von Jochumsen/Skot-Hansen/Hvenegaard Rasmussen 2014, S. 70; eigene Darstellung.

Aus den vier Hauptaufgaben ergeben sich die vier Funktionen Begeistern, Entdecken, Mitmachen und Kreieren, die den vier Räumen zugeordnet sind, welche Bibliotheken konzeptionell eröffnen sollen: Inspirationsraum, Lernraum, Treffpunkt, performativer Raum.[10] Die Bibliothek als Ort der Kreativität und ‚des Machens' zu perspektivieren, stellt im Modell die bibliothekswissenschaftsgeschichtlich neueste Akzentuierung dar.

Die abgeleiteten Aufgaben ergeben sich aus traditionellen normativen Setzungen an die öffentliche Bibliothek (z.B. als Ort des Selbststudiums), sind Konzessionen an gesellschaftliche Veränderungen (z.B. Erlebnisorientierung) und ökonomische Anforderungen (z.B. Innovativität) oder weisen eine gouvernementalistische Stoßrichtung auf (z.B. Demokratieerhalt).[11] Sie mögen sich zwar auf die Klammer zurückführen lassen, Wissen zugänglich zu machen (und damit die Grundlage für die Produktion neuen Wissens legen – insofern ist die Funktion des Kreierens so neu nicht). Dennoch wirft das Modell die Frage auf, warum gerade die Institution Bibliothek die darin genannten Aufgaben und Funktionen übernehmen soll und kann (und nicht andere z.B. Kultur- und Bildungsinstitutionen, zu denen vergleichbare Entgrenzungsdiskurse geführt werden). Zugleich wäre zu diskutieren, ob eine Orientierung an diesem Modell nicht zu einem institutionellen Hybrid aus traditioneller Bibliothek, politischer Bildungsstätte, Bürgerhaus, Jugendkulturhaus, Theater und Science Lab führt, wodurch die Institution Bibliothek in anderen aufgeht, bzw. ob eine solche Hybridisierung in bibliothekstheoretischer, gesellschaftlicher, kommunalpolitischer etc. Hinsicht wünschenswert wäre.

Die institutionenspezifische Aufgabe öffentlicher Bibliotheken scheint mit diesem heute maßgeblichen Modell jedenfalls nicht hinreichend geklärt werden zu können. Das macht es einerseits attraktiv für verwandte Disziplinen und multifunktionale Institutionen, wie die Museologie/Museumswissenschaft und Museen, da es in dieser Unterspezifiziertheit leichter übertragbar ist. Andererseits mag es Vorbehalte erzeugen, dass dessen Übernahme zum institutionellen Profilverlust führen könnte. Als Impulsgeber für konkrete Museumskonzepte und als Bewertungsgrundlage kann es dennoch allemal dienen, um Strategien öffentlicher Bibliotheken zu höherer Zugänglichkeit daraufhin zu bewerten, ob und in welcher Umsetzungstiefe sie für das Museum in Betracht zu ziehen sind.

---

10 Nicht zwingend müssen alle Räume des Modells in einer Bibliothek physisch manifest werden, auch soll das Modell keineswegs zu Retortenbibliotheken führen, sondern versteht sich als Rahmenkonzept, dessen Konzeptbausteine jeweils individuell an den konkreten Bibliotheksstandort angepasst werden sollen, vgl. Jochumsen/Hvenegaard Rasmussen/Skot-Hansen 2012, S. 590 u. 594f.

11 Es sei in diesem Zusammenhang ergänzt, dass das Modell im Auftrag der dänischen Regierung entwickelt wurde, vgl. Jochumsen/Hvenegaard Rasmussen/Skot-Hansen 2012, S. 586.

Die Zugänglichkeit erhöhen: Strategien öffentlicher Bibliotheken

Wie spricht die öffentliche Bibliothek möglichst viele Mitglieder einer Gesellschaft an, d.h.: Welche Rahmenbedingungen mögen sich auf die Inklusivität der Institution positiv auswirken? Die vorgeschlagenen Strategien ergeben sich aus der vergleichenden Betrachtung von Bibliotheken im Schwerpunkt Nord- und Mitteleuropa. Ausgangspunkt sind Feldstudien (2017-2019) zu sog. Leuchtturmbibliotheken (i.B. Köln, Stuttgart, Würzburg, Aarhus, Amsterdam). Der Zugang ist somit ein qualitativ-rekonstruktiver, eine quantitative nutzungsorientierte Validierung steht noch aus.

Inklusivität wird akzentuiert untersucht als soziale Zugänglichkeit. Es werden folglich Strategien abgeleitet, die Menschen mit insbesondere unterschiedlichem kulturellen und sozialen Kapital (nach Bourdieu) erreichen sollen.[12] Diese liegen auf unterschiedlichen Ebenen: I., II. und III. setzen an räumlich-gestalterischen und/oder infrastrukturell-organisatorischen Gegebenheiten an. IV. und V. betreffen das konkrete Bibliotheksangebot und somit die inhaltliche Seite von Bibliotheksarbeit.

I. Zurückgenommener Bildungsstättenhabitus

Eine zum – durchaus zweckfreien – Aufenthalt einladende Bibliothek gilt als ein wesentliches Idealmerkmal, auch unter Befragten, welche die Einrichtung aktuell nicht nutzen.[13] Viele jüngere Bibliotheksbauprojekte in Nord- und Mitteleuropa vereint, dass ihr Bildungsstättenhabitus gestalterisch und konzeptionell zurückgenommen ist und beispielsweise eine hohe Aufenthaltsqualität unmittelbar sichtbar gemacht werden soll. Betritt man beispielsweise die Stadtteilbibliothek am Hubland in Würzburg, dominieren nicht Bücherregale das Blickfeld, sondern Verweilflächen zum Ausruhen, Spielen, sich Austauschen (s. Abb. 8): rechts eine Sitzecke und ein Kleinkindspielbereich, gestaltet als Korb eines Heißluftballons, links ein zur Bar und zum Spielgerät umfunktioniertes Fahrzeug, weiter hinten im Raum eine Lesetreppe, im Vordergrund die Informationstheke.

---

12 Zu Einflussfaktoren auf die Bibliotheksnutzung vgl. grundlegend: Institut für Demoskopie Allensbach (Hg.): Die Zukunft der Bibliotheken in Deutschland. Eine Repräsentativbefragung der Bevölkerung ab 16 Jahre, o.O. 2016, S. 5, URL: https://www.ekz.de/fileadmin/ekz-media/unternehmen/Zukunftsstudie/2016_Studie_Zukunft_Bibliotheken_in_Deutschland.pdf, zuletzt aufgerufen am 20.02.2020.
13 71% aller Befragten und 75% der Nicht-Nutzer*innen (Nov. 2015) gaben dies an, vgl. IfD Allensbach 2016, S. 9 u. 27.

Abb. 8: Der erste Eindruck beim Betreten der Stadtteilbibliothek Hubland in Würzburg
© C. Ott (2020)

Oftmals sind nicht nur Medien, sondern verschiedene Funktionsbereiche einer Bibliothek auf einen Blick zu erfassen. So erscheint eine Bibliothek nicht allein als Lernort oder Archiv. Im Außenbereich und/oder im Innenbereich einer Bibliothek integrierte Spielbereiche – z.T. von außen einsehbar – sind ebenfalls Ausdruck dessen.

Häufig locken im Eingangsbereich – ähnlich wie im Buchhandel – thematische oder Bestseller-Büchertische und -pyramiden in den Raum; hier werden Marketingstrategien angewendet, die ebenfalls einen gänzlich anderen als den Bildungs- und Kulturkontext aufrufen.

Die Theke rückt mitunter stark in den Hintergrund, wird eher als Informationsstelle wahrgenommen denn als Kasse oder Diebstahlkontrolle (diese Aufgaben übernehmen zunehmend elektronische Hilfsmittel). Der institutionelle Charakter des Orts ist hierdurch insgesamt zurückgenommen.

II. Institutionelle Mehrfachnutzung

Auch ein zurücktretender Bildungsstättenhabitus kann nicht aushebeln, dass sich verschiedene Bevölkerungsgruppen *intentional* an den (virtuellen) Ort öffentliche Bibliothek begeben müssen. Eine administrativ-infrastrukturelle Weichenstellung, durch die auch konsequent Bibliotheks-Abstinente mit der Institution in Kontakt kommen können, stellt es dar, andere, z.B. öffentliche Einrichtungen im gleichen Gebäude wie die Bibliothek unterzubringen.

In Aarhus befindet sich beispielsweise der Bürgerservice, den jede*r Bewohner*in mindestens bei der Zuzugsanmeldung aufsucht, unter dem gleichen Dach. In britischen *Idea Stores* hat die Verbindung aus Bibliothek und Einrichtungen aus dem

Gesundheitsbereich sowie der Erwachsenenbildung integratives Potential. Vielerorts sind Volkshochschulen und Bibliotheken vereint (z.B. in Linz und Bayreuth). Oder die Bibliothek ist Teil eines Kultur- oder Bildungszentrums, z.B. im Alvar-Aalto-Kulturhaus in Wolfsburg, das die Kreativwerkstätten mitbeherbergt, oder im *südpunkt* in Nürnberg, wo u.a. Kurse zur betrieblichen Weiterbildung angeboten werden. Restaurants tragen ebenfalls zu einem erhöhten Publikumsaufkommen in (Bibliotheks-)Gebäuden bei; je nach Preissegment des Restaurants werden unterschiedlich finanzstarke Bevölkerungsgruppen erreicht.

Teilen sich diese verschiedenen Nutzungen nicht nur ein Treppenhaus, sondern einen gemeinsamen Eingangs- oder Aufenthaltsbereich (z.B. ein Café), welcher als Bindeglied zwischen den Nutzungen fungiert sowie zugleich räumlich-gestalterisch niedrigschwellige Übergangsbereiche schafft und welcher die anderen als die gerade eigentlich benötigten Nutzungen sichtbar macht, erhöht sich die Chance, dass auch Bibliotheks-Abstinente die Bibliothek erkunden.

Besonderes Potential kommt dabei Einrichtungen zu, die einen hohen Publikumsverkehr aufweisen (wie z.B. Bürgerservice, Berufsinformationszentrum, Jugendzentrum) und die Breite der Bevölkerung sowie insbesondere in der Bibliothek unterrepräsentierte Gruppen erreichen.

III. Mobilität

Die fahrende Bibliothek ist keine Neuheit – es gibt sie als Bücherbus oder Lastenfahrrad für Kitas, Schulen, Krankenhäuser und Alteneinrichtungen. So ist die Institution an anderen Orten einer Stadt oder einer Region sichtbar, als es ihr durch ihre baulichen Gegebenheiten möglich wäre.

Unter dem Begriff der Pop-Up-Bibliothek stellt die zeitlich begrenzte Präsenz einer Mini-Bibliothek inzwischen eine eigene mobile Variante der Bibliothek dar.[14] Die Pop-Up-Bibliothek kann eine Stadt- oder Dorfentwicklungsmaßnahme sein, bei der leerstehende Räume zwischengenutzt werden oder toter öffentlicher Raum temporär bespielt wird, um das Umfeld zu beleben. Mit ihr kann – wie z.B. in Bremerhaven – auch das Ziel verbunden sein, für Irritation in der neuen Umgebung zu sorgen, aus der heraus es zu einem Austausch mit der neugierig gemachten lokalen Bevölkerung kommt.

Das Angebot zur Zielgruppe zu bringen, geschieht noch auf anderem Weg. So führen einige Bibliotheken Veranstaltungen an anderem Ort durch, z.B. in einer Jugend- oder

---

14 Vgl. zu internationalen Beispielen: http://popuplibraries.com/pop-up-libraries/, zuletzt aufgerufen am 20.02.2020.

beruflichen Weiterbildungseinrichtung. Die unter III. genannten Kooperationen müssen folglich nicht monodirektional funktionieren (und sollten dies auch nicht, wenn der Forderung nach regionalen/kommunalen Bildungslandschaften[15] Rechnung getragen werden will). Sie verschaffen Bibliotheken eine größere Sichtbarkeit und eröffnen Bibliotheks-Fernen in anderem Umfeld als üblich eine Kontaktmöglichkeit mit der Institution.

IV. Inhaltliche Öffnung und niedrigschwellige Mitgestaltungsmöglichkeiten

Öffentliche Bibliotheken wollen partizipativ gestaltete Orte sein, müssen dies angesichts begrenzter personeller Ressourcen und eines umfasenderen Aufgabenspektrums auch sein. Ein Teil des kostenpflichtigen wie kostenfreien Angebots, insbesondere an Veranstaltungen in der Bibliothek, wird entsprechend von Externen unterbreitet. Hierzu gehen Bibliotheken vielfältige, mitunter diskussionswürdige Kooperationen mit Vereinen, NGOs, z.T. auch Unternehmen ein. Werden dezidiert Anbieter von kulturellen Angeboten eingebunden, die Bibliotheks-Ferne in ihrem regulären Kontext nutzen, kann dies im besten Fall zu einem Erst- oder Neukontakt mit der Bibliothek führen. Einer repräsentativen Umfrage[16] zufolge weisen in Deutschland vergleichsweise viele derer, die Bibliotheken nicht nutzen, eine Sportaffinität auf (als Sporttreibende oder ehrenamtlich Aktive) oder besuchen regelmäßig Gottesdienste[17] – hier ließe sich beispielsweise ansetzen.[18]

Daneben stellen Bibliotheken auch Räume bereit, die kostenfrei für eine bestimmte Zeit gebucht werden können, z.B. für das einmalige Treffen eines Elternbeirats, für den monatlichen Leseclub oder eine Programmiergruppe. Gerade in Städten, in denen es an konsumfreien Räumen des sozialen und kulturellen Austauschs mangelt, stoßen Bibliotheken hier in eine strukturelle Lücke und leiten die Bedürfnisse der Nutzer*innen die inhaltliche Ausgestaltung des Bibliotheksangebots.

15 Vgl. z.B. Weiß, Wolfgang W.: Kommunale Bildungslandschaften: Chancen, Risiken und Perspektiven, Weinheim 2011.

16 Vgl. Deutscher Bibliotheksverband/Stiftung Lesen: Ursachen und Gründe für die Nichtnutzung von Bibliotheken in Deutschland, o.O. 2012, F. 17, URL: https://www.bibliotheksverband.de/fileadmin/user_upload/DBV/projekte/2012_04_26_Ursachen_und_Gr%C3%BCnde_zur_NN_lang.pdf, zuletzt aufgerufen am 20.02.2020; vgl. zur Kritik an dieser Studie Hoffmann, Dagmar/Werder, Martina: Bibliotheken für „Nichtnutzer" – eine kritische Sicht auf die Studie „Ursachen und Gründe für die Nichtnutzung von Bibliotheken in Deutschland" vom Deutschen Bibliotheksverband (dbv) und der Stiftung Lesen, HTWK Leipzig 2013.

17 Welcher Denomination ist in der Umfragedokumentation nicht aufgeführt.

18 Denkbar wäre z.B.: eine Fußball-Bibliothek(secke) einrichten, mit einer Jugendgruppe Fußballgeschichten erarbeiten und zur Aufführung bringen, einen ehemaligen Fußballstar auf Lesereise einladen.

Ist bürgerschaftliches Engagement beispielsweise in Form eines Repair-Cafés im offenen Bibliotheksbereich angesiedelt oder findet die Ergebnispräsentation eines Filmprojekts mitten im Alltagsbetrieb der Bibliothek und für alle zugänglich statt, erhalten die einzelnen Mitwirkenden (zusammen mit ihrem Anliegen) eine größere Sichtbarkeit und erfahren sich womöglich als selbstverständlichen Teil der Institution und ihres Angebots.

V. Lokale Passung

Das Medien- und Veranstaltungsangebot einer Bibliothek an denjenigen auszurichten, die sie nutzen und die in ihrem geographischen Einzugsbereich liegen, ist naheliegend. In einem Quartier mit ausgeprägter Mehrsprachigkeit wird entsprechend stärker als anderswo ein mehrsprachiges Bibliotheksangebot unterbreitet. Auch eingegangene Kooperationen verleihen Bibliotheken ein lokales Profil, je nachdem, um welche Institutionen, Organisationen oder Gruppen es sich handelt. Die Bibliothek agiert im Kooperationsmanagement durchaus aktiv und wirbt um Mitgestaltung des Programms durch die Gemeinschaft vor Ort, um eine lokale Passung herzustellen.

Für den Bibliotheksbereich liegt ein differenziertes Methodenrepertoire bereit, dessen man sich für die nutzerbasierte lokale Passung einer Institution bedienen kann.[19] Derzeit hat sich „Design Thinking" als Trendmethode im Bibliotheksbereich etabliert, um Wünsche (potentieller) Nutzer*innen zu ermitteln.[20] Die Design Thinking-Methode gehört zu den nutzerorientierten Forschungsmethoden und „fordert eine stetige Rückkopplung zwischen dem Entwickler einer Lösung und seiner Zielgruppe. Design Thinker stellen dem Endnutzer Fragen, nehmen seine Abläufe und Verhaltensweisen genau unter die Lupe."[21] Design Thinking wird zugleich als Instrument zur Bibliotheksentwicklung genutzt, mithilfe dessen konkrete sowie konzeptionelle Szenarien

---

19 Vgl. z.B. zu Methoden der Nutzerforschung die Beiträge in Umlauf, Konrad/Fühles-Ubach, Simone/ Seadle, Michael (Hg.): Handbuch Methoden der Bibliotheks- und Informationswissenschaft, Berlin u.a. 2013.

20 Zur Methode vgl. die Praxishandreichung „Design Thinking for Libraries" von 2015, URL: http://designthinkingforlibraries.com/, zuletzt aufgerufen am 20.02.2020; vgl. zu ihrer Anwendung in Deutschland z.B. Flicker, Anja: Inspiration, Partizipation, Kreativität – innovative Ansätze bei der Entwicklung einer neuen Stadtteilbibliothek in Würzburg (03.05.2018), URL: https://agile-verwaltung. org/2018/05/03/inspiration-partizipation-kreativitaet-innovative-ansaetze-bei-der-entwicklung-einer-neuen-stadtteilbibliothek-in-wuerzburg/ sowie Stadtbücherei Würzburg: Design Thinking für Dummies (05.04.2017), URL: https://blog-stadtbuecherei-wuerzburg.de/design-thinking-fuer-dummies/, zuletzt aufgerufen am 20.02.2020; Scheurer, Bettina/Vogt, Hannelore: Bibliotheksplanung mit Design Thinking und Design Planning, in: BuB – Forum Bibliothek und Information 69 (2017) 10, S. 512-515.

21 Hasso-Plattner-Institut: Was ist Design Thinking, URL: https://hpi-academy.de/design-thinking/was-ist-design-thinking.html, zuletzt aufgerufen am 20.02.2020.

entwickelt werden, wie die Bibliothek von morgen aussehen soll.[22] Vor allem durch Befragungen werden Bedürfnisse unterschiedlicher Zielgruppen an die Bibliothek erhoben.

Grundsätzlich werden die drei Prozesse „Inspiration", „Ideation"/„Ideenfindung" und „Iteration"/„Testphase" unterschieden. Nach einer ersten Sondierungsphase, in der sich über das zu lösende Problem oder zu erreichende Ziel verständigt wird und bei umfangreichen Projekten (z.B. einem Bibliotheksneubau) eine Aufteilung nach Themenfeldern vorgenommen wird (z.B. die Bibliothek als „Dritter Ort", „Ort der Partizipation"), erfolgt die Inspirationsphase.

Abb. 9: Design Thinking Prozesse, aus: „Design Thinking an einem Tag"[23]

22 Nach der Chicago Public Library, Dokk1 in Aarhus oder auch der Central Library in Helsinki haben in Deutschland zuerst Würzburg und Köln-Kalk bei der Entwicklung eines Stadtteilbibliothekskonzepts auf diese Methode zurückgegriffen. Vgl. zur Kritik am Potential von Design Thinking, tatsächlich *prospektiv* gerichtete Ergebnisse zu erhalten: Iskander, Natasha: Design Thinking Is Fundamentally Conservative and Preserves the Status Quo, in: Harvard Business Review vom 05.09.2018, URL: https://hbr.org/2018/09/design-thinking-is-fundamentally-conservative-and-preserves-the-status-quo, zuletzt aufgerufen am 20.02.2020; vgl. grundlegend zur wissenschaftlichen Zukunftsforschung Lauster, Michael/Hansen-Casteel, Stephanie: On some fundamental methodological aspects in foresight processes, in: European Journal of Futures Research 6 (2018) 11, S. 1-8.
23 IDEO/Bergmann, Julia: Design Thinking an einem Tag, o.O. 2015, S. 3, URL: http:// designthinkingforlibraries.com/translations/2018/10/16/deutsch, zuletzt aufgerufen am 20.02.2020.

Im Prozess der „Inspiration" gilt es, die Ausgangsfrage oder das Ausgangsproblem detaillierter aufzufächern. So werden konkrete Heraus- und zielgruppenspezifische Anforderungen nach dem Muster „Wie könnten wir …?" (engl. *How might we …?*) formuliert, z.B.: „Wie könnten wir die Bibliotheksarbeit gestalten, damit die Bücherei für junge Familien auf der Suche nach Kontakt und Kommunikation zum bevorzugten Anlaufpunkt wird?"[24] Mit diesen Fragen geht es ins Feld, um Wünsche und Bedürfnisse der Zielgruppe zu ermitteln. Hierzu bieten sich reaktive sowie non-reaktive Verfahren an, z.B. Fußgängerzonen-Gespräche, Interviews in der Bibliothek oder mit Expert*innen sowie Nutzerbeobachtungen an.

Die Analysearbeit der so erhobenen, möglichst umfangreichen Daten erfolgt im Prozess der „Ideation", der die Formulierung sowie Visualisierung von Ideen zur Problemlösung zum Ziel hat. Die Antworten aus den Befragungen werden kleinteilig z.B. auf Klebezetteln erfasst, typisiert (d.h.: zu Clustern systematisiert) und interpretiert. So kommt man u.a. auf die Ideen, Parkplätze für Kinderwägen im Raumkonzept vorzusehen und einen geschützten und abgrenzbaren Bereich für Kleinkinder einzurichten, so dass diese nicht beständig von den Eltern eingefangen werden müssen. Aus den gesammelten Ideen werden dann sog. Prototypen entwickelt, worunter eine baulich-gestalterische Repräsentation der Idee verstanden wird.

Im nächsten Prozessschritt, dem der „Iteration", erfolgt die öffentliche Präsentation der Prototypen, z.B. geframt als „Ideen-Labor", das den vorläufigen und Entwurf-Charakter dieser Prototypen unterstreichen soll. Eltern werden beispielsweise gezielt angesprochen, ein Feedback zu Prototypen zum Familienbereich abzugeben. Überarbeitungen und Weiterentwicklungen sowohl der Ideen als auch der Prototypen sind hier explizit vorgesehen, d.h. der Forschungsprozess ist iterativ angelegt und hat den Anspruch, die Bevölkerung frühzeitig sowie in die verschiedenen Entwicklungsphasen (als Korrektiv) einzubinden.

Von Bibliotheken lernen? Ankerpunkte für Museen

Wie Bibliotheken keine reinen Aufbewahrungs- oder Ausleihorte für Bücher sind und insbesondere nicht prospektiv sein wollen, so sind auch Museen nicht bloß Orte passiver Betrachtung von Objekten. Um beide Institutionen werden vergleichbare Diskurse geführt: Die Bibliothek/das Museum als Ort für alle, als partizipativer Ort, als an den Interessen und Bedürfnissen ihrer Nutzer*innen orientierter Ort, als Ort der Wissensvermittlung und -aneignung etc. Auch wenn Unterschiede zwischen beiden Institutionen – z.B. hinsichtlich der sowie im Umgang mit den dort vorzufindenden

---

24 Beispiel nach Flicker 2018.

Gegenständen – einen unmittelbaren Übertrag der rekonstruierten Strategien, welche öffentliche Bibliotheken zur Erhöhung der Zugänglichkeit anwenden, auf Museen erschweren; und auch wenn im Bibliotheksdiskurs vorgenommene Entgrenzungen des eigenen Zuständigkeitsbereichs aus Sicht von Museen kritisch gesehen werden mögen (diese Stimmen gibt es durchaus auch innerhalb des Institutionenfelds Bibliothek):[25] Die Strategien bieten mindestens *Anknüpfungspunkte* für Museen.

Aufenthaltsqualität am Museumsort zu schaffen, den Ort nicht (zu) ehrfurchtsvoll von seinen beherbergten und ausgestellten Objekten her zu denken, sondern durch die Brille unterschiedlicher und insbesondere bildungsferner Zielgruppen zu perspektivieren und funktional divers sowie alltagsnäher zu gestalten, wären Ansätze bis hin zu Maßnahmen, die den Bildungsstättenhabitus, der als Hemmschwelle angesetzt wird, reduzieren könnten.

Die institutionelle Mehrfachnutzung aus Museum und anderen kulturellen Einrichtungen wird bereits praktiziert und ließe sich womöglich unter Berücksichtigung der oben vorgeschlagenen Gelingensbedingungen (insbesondere die funktionale Verbindung von Räumen verschiedener Nutzungen im Gebäude) zu einem erfolgversprechenden Leitprinzip für eine höhere Zugänglichkeit weiterentwickeln.

Nicht nur das Format Ausstellung, sondern die Institution Museum mobiler, temporärer, interventionistischer zu denken, ließe sich ferner als Strategie ableiten, die ein anderes Publikum als das mehrheitlich vertretene erreichen kann. Ein Mini-Museum auf dem Marktplatz, das z.B. einige wenige Exponate aus der Dauerausstellung – es müssen ja nicht die Originale sein – unkonventionell kontextualisiert und Interaktionsmöglichkeiten bietet, kann bereits beim Ausstellungsmachen durch die veränderte räumliche Situation andere Optionen des Vermittelns und andere Wege der Wissensaneignung eröffnen.

In welchem Maß eine breitere Öffentlichkeit an der inhaltlichen Arbeit beteiligt werden soll, mag für die Institution Museum zurückhaltend diskutiert werden. Im Beitrag wurden weitere Substrategien vorgestellt, welche die institutionelle Präsenz unterschiedlicher Bevölkerungsgruppen steigern können, unter denen die Strategie, Räume am Ort Museum auch für museumsferne Nutzungen bereitzustellen, womöglich am voraussetzungsärmsten ist.

Nutzerorientierte Forschung ist inzwischen auch Teil der musealen Arbeit.[26] Mit

---

25 Vgl. z.B. Thorhauge, Jens: Identitätsfindung zwischen Literathek, Aktivithek und Online-Bibliothek – Szenarien für die Öffentliche Bibliothek im digitalen Zeitalter am Beispiel Dänemarks, in: Hauke 2019, S. 41-52, hier S. 47; Bleyl, Henning: Bibliotheksentwicklung – Vom Wie zum Wohin, in: Hauke 2019, S. 7-15, hier S. 10f.

26 Vgl. Fackler, Guido: Contextual Design als Weg zur publikumsorientierten Kulturvermittlung im

Design Thinking ist eine weitere Methode verfügbar gemacht, um eine bessere Passung zwischen Publikum und Angebot herzustellen.[27] Im deutschsprachigen Raum wird über Möglichkeiten und Grenzen des Einsatzes dieser und ähnlicher Methoden im musealen Bereich immerhin diskutiert.[28]

Der Diskussionsraum ist damit eröffnet, ob der Blick auf die Bibliothek lohnt, wenn Museen Strategien oder Leitlinien für eine höhere Zugänglichkeit zu identifizieren bzw. aufzustellen versuchen. Der Betrag liefert für diese Diskussion Gesprächsfäden, die es nun von museumswissenschaftlicher wie -praktischer Seite aufzugreifen und ggfs. weiterzuspinnen gälte.

LITERATUR

Audunson, Ragnar Andreas et al.: Public libraries, social capital, and low intensive meeting places, in: Information Research 12 (2007) 4, URL: http://informationr.net/ir/12-4/colis/colis20.html, zuletzt aufgerufen am 20.02.2020.
Bleyl, Henning: Bibliotheksentwicklung – Vom Wie zum Wohin, in: Hauke, Petra (Hg.): Öffentliche Bibliothek 2030. Herausforderungen – Konzepte – Visionen, Bad Honnef 2019, S. 7-15.
„Design Thinking for Libraries" von 2015, URL: http://designthinkingforlibraries.com/, zuletzt aufgerufen am 20.02.2020.
Deutscher Bibliotheksverband: Bericht zur Lage der Bibliotheken. Zahlen und Fakten 2019/2020, o.O. 2019, URL: https://www.bibliotheksverband.de/fileadmin/user_upload/DBV/publikationen/Bericht_zur_lage_2019__2020_web.pdf, zuletzt aufgerufen am 20.02.2020.
Deutscher Bibliotheksverband/Stiftung Lesen: Ursachen und Gründe für die Nichtnutzung von Bibliotheken in Deutschland, o.O. 2012, URL: https://www.bibliotheksverband.de/fileadmin/user_upload/DBV/projekte/2012_04_26_Ursachen_und_Gr%C3%BCnde_zur_NN_lang.pdf, zuletzt aufgerufen am 20.02.2020.
Fackler, Guido: Contextual Design als Weg zur publikumsorientierten Kulturvermittlung im Museum, in: Ott, Christine/Wrobel, Dieter (Hg.): Öffentliche Literaturdidaktik. Grundlegungen in Theorie und Praxis, Berlin 2018, S. 223-239.
Fansa, Jonas: Die Bibliothek als physischer Raum, in: Umlauf, Konrad/Gradmann, Stefan (Hg.): Metzler Handbuch Bibliothek. Geschichte, Aufgaben, Perspektiven, Stuttgart/Weimar 2012, S. 40-72.

Museum, in: Ott, Christine/Wrobel, Dieter (Hg.): Öffentliche Literaturdidaktik. Grundlegungen in Theorie und Praxis, Berlin 2018, S. 223-239, hier S. 224.

27 Eng damit verwandt ist die Methode „Contextual Design", das für den Museumsbereich bereits erprobt ist, vgl. Fackler 2018.

28 Vgl. z.B. Wehrstedt, Sebastian: Design Thinking im Museum? (01.02.2018), URL: https://www.museums-blog.de/design-thinking/, zuletzt aufgerufen am 20.02.2020.

Flicker, Anja: Inspiration, Partizipation, Kreativität – innovative Ansätze bei der Entwicklung einer neuen Stadtteilbibliothek in Würzburg (03.05.2018), URL: https://agile-verwaltung. org/2018/05/03/inspiration-partizipation-kreativitaet-innovative-ansaetze-bei-der-entwicklung-einerneuen-stadtteilbibliothek-in-wuerzburg/, zuletzt aufgerufen am 20.02.2020.

Hasso-Plattner-Institut: Was ist Design Thinking, URL: https://hpi-academy.de/design-thinking/wasist-design-thinking.html, zuletzt aufgerufen am 20.02.2020

Hauke, Petra (Hg.): Öffentliche Bibliothek 2030. Herausforderungen – Konzepte – Visionen, Bad Honnef 2019.

Pop-Up Libraries, http://popuplibraries.com/pop-up-libraries/, zuletzt aufgerufen am 20.02.2020.

Hoffmann, Dagmar/Werder, Martina: Bibliotheken für „Nichtnutzer" – eine kritische Sicht auf die Studie „Ursachen und Gründe für die Nichtnutzung von Bibliotheken in Deutschland" vom Deutschen Bibliotheksverband (dbv) und der Stiftung Lesen, HTWK Leipzig 2013.

IDEO/Bergmann, Julia: Design Thinking an einem Tag, o.O. 2015, URL: http://designthinkingforlibraries.com/translations/2018/10/16/deutsch, zuletzt aufgerufen am 20.02.2020.

IFLA: Die Dienstleistungen der Öffentlichen Bibliothek. IFLA/UNESCO Richtlinien für die Weiterentwicklung, o.O. 2001, URL: https://www.ifla.org/files/assets/hq/publications/ archive/the-public-library-service/pg01-g.pdf, zuletzt aufgerufen am 20.02.2020.

Institut für Demoskopie Allensbach (Hg.): Die Zukunft der Bibliotheken in Deutschland. Eine Repräsentativbefragung der Bevölkerung ab 16 Jahre, o.O. 2016, URL: https://www. ifd-allensbach.de/fileadmin/studien/11048_Bericht_ekz_Bibliotheken.pdf, zuletzt aufgerufen am 20.02.2020.

Iskander, Natasha: Design Thinking Is Fundamentally Conservative and Preserves the Status Quo, in: Harvard Business Review vom 05.09.2018, URL: https://hbr.org/2018/09/ design-thinking-is-fundamentally-conservative-and-preserves-the-status-quo, zuletzt aufgerufen am 20.02.2020.

Jochumsen, Henrik/Hvenegaard Rasmussen, Casper/Skot-Hansen, Dorte: The four spaces – a new model for the public library, in: New Library World 113 (2012) 11/12, S. 586-597.

Jochumsen, Henrik/Skot-Hansen, Dorte/Hvenegaard Rasmussen, Casper: A new model for the public library in the knowledge and experience society, University of Copenhagen 2010, URL: https://curis.ku.dk/ws/files/173562136/A_new_model_for_the_public_library.pdf, zuletzt aufgerufen am 20.02.2020.

Jochumsen, Henrik/Skot-Hansen, Dorte/Hvenegaard Rasmussen, Casper: Erlebnis, Empowerment, Beteiligung und Innovation. Die neue Öffentliche Bibliothek, in: Eigenbrodt, Olaf/Stang, Richard (Hg.): Formierungen von Wissensräumen. Optionen des Zugangs zu Information und Bildung, Berlin/Boston 2014, S. 67-80.

Lauster, Michael/Hansen-Casteel, Stephanie: On some fundamental methodological aspects in foresight processes, in: European Journal of Futures Research 6 (2018) 11, S. 1-8.

Naumann, Ulrich: Grundsätze des Bibliotheksbaus. Von den „Zehn Geboten" von Harry Faulkner-Brown zu den „Top Ten Qualities" von Andrew McDonald, in: Hauke, Petra/Werner, Klaus Ulrich (Hg.): Bibliotheken bauen und ausstatten, Bad Honnef 2009, S. 14-37.

Ott, Christine: Literacy im 21. Jahrhundert – die Bibliothek als zukunftsweisende Bildungsinstitution?, in: Jungwirth, Martin et al. (Hg.): Forschen.Lernen.Lehren an öffentlichen Orten – The Wider View. Tagungsband, Münster 2020, S. 227-232.

Scheurer, Bettina/Vogt, Hannelore: Bibliotheksplanung mit Design Thinking und Design Planning, in: BuB – Forum Bibliothek und Information 69 (2017) 10, S. 512-515.
Stadtbücherei Würzburg: Design Thinking für Dummies (05.04.2017), URL: https://blog-stadtbuecherei-wuerzburg.de/design-thinking-fuer-dummies/, zuletzt aufgerufen am 20.02.2020.
Thorhauge, Jens: Identitätsfindung zwischen Literathek, Aktivithek und Online-Bibliothek – Szenarien für die Öffentliche Bibliothek im digitalen Zeitalter am Beispiel Dänemarks, in: Hauke, Petra (Hg.): Öffentliche Bibliothek 2030. Herausforderungen – Konzepte – Visionen, Bad Honnef 2019, S. 41-52.
Umlauf, Konrad/Fühles-Ubach, Simone/Seadle, Michael (Hg.): Handbuch Methoden der Bibliotheks- und Informationswissenschaft, Berlin u.a. 2013.
Umlauf, Konrad/Stang, Richard: Zur Relevanz physischer Verortung. Raum- und Zonierungskonzepte für Öffentliche Bibliotheken, in: Stang, Richard/Umlauf, Konrad (Hg.): Lernwelt Öffentliche Bibliothek. Dimensionen der Verortung und Konzepte, Berlin/Boston 2018, S. 107-120.
Wehrstedt, Sebastian: Design Thinking im Museum? (01.02.2018), URL: https://www.museums-blog.de/design-thinking/.
Weiß, Wolfgang W.: Kommunale Bildungslandschaften: Chancen, Risiken und Perspektiven, Weinheim 2011.

Das 20. und 21. Jahrhundert ausstellen. Relevanz erzeugen

Rainer Wenrich

Hannes Obermair befasst sich in seinem Beitrag mit der geplanten neuen Dauerausstellung zur Geschichte Südtirols in der Franzensfeste. Das vorliegende Grobkonzept möchte dem Komplex der Franzensfeste eine zeithistorisch-museale Nutzungsfunktion für die kommenden Jahre und Jahrzehnte zuweisen. Eine solche Bestimmung kann vorwiegend auf vier Ebenen erfolgen. Mit diesen Kartografien der Erinnerung sollen Bezüge zu Vergangenheit und Gegenwart geknüpft und die Inhalte mit zeitgeschichtlichen Wegmarken verbunden werden. Hierzu gilt es, die signifikante Architektur der Franzensfeste als gebautes Narrativ und ästhetisch erfahrbare Informationsübermittlung gleich einem Sprechakt zu erschließen.

Das im Jahr 2018 eröffnete Haus der Geschichte Österreich steht im Zentrum der Ausführungen von Stefan Benedik, Eva Meran und Monika Sommer. In ihren Ausführungen verbinden sie ein doppeltes konzeptuelles Anliegen: einerseits zeitgeschichtliche Inhalte, konkret geht es um die österreichische Geschichte seit dem Jahr 1918 und andererseits eine Ausrichtung an der Idee eines Museums im 21. Jahrhundert im Sinne museologischer Debatten, zeitgenössischer Theorien des Kuratierens und Vermittelns sowie sich ständig erweiternder Möglichkeiten digitaler Vermittlung. Die Autor*innen verstehen den Museumsraum als Geschichtslabor. Die flexible Form der Präsentation wird mit dem *rapid response collecting* von Gegenständen verknüpft, deren Unmittelbarkeit und emotionale Aufladung das Narrativ eine Nähe zu den Menschen ideal umsetzbar macht. Wer spricht? Wer kommt zu Wort und wer nicht? Wessen Geschichte wird erzählt und wer bleibt unsichtbar?

Mit dem Museo9 (M9) in Mestre wird die Geschichte Italiens im „novecento", im 20. Jahrhundert erzählt. Livio Karrer stellt in seinem Beitrag das im Jahr 2018 eröffnete Haus vor. Das architektonische Konzept des M9 passt sich in das urbane Umfeld Mestres ein und bildet ein eigenes Viertel. Karrer betont, dass in diesem zeitgeschichtlichen Museum die Geschichte für die Generation Z erzählt wird. Auf sie wurde die Präsentation in über 60 Multimedia-Installationen ausgerichtet. Objekte, die in der Erinnerung der Menschen noch lebendig sind, sollen so präsentiert werden, dass sie auch der jüngeren Generation und ihren Familien etwas erzählen können. Persönliche Erinnerung und emotionale Verbundenheit verknüpfen sich mit dem Erkunden und Aneignen von Geschichte des Landes, in dem man lebt oder in dem man einen neuen Lebensraum gefunden hat.

Kartographien des Regionalen – ein Dauerausstellungsmodul für das Landesmuseum der Franzensfeste in Südtirol

Hannes Obermair

> *„Eine Generation nimmt am selben Abschnitt*
> *des kollektiven Geschehens parallel teil."*
> *(Karl Mannheim)*[1]

Das in diesem Beitrag nur in seinen Umrissen zu erläuternde Grobkonzept für ein künftiges Südtiroler Landesmuseum versucht, für die ehemalige Militärfestung der Franzensfeste einen historisch-politischen Parcours vorzuschlagen, der die Zeit- und Gegenwartsgeschichte Südtirols auf attraktive Weise mit globalen Themen verknüpft.[2] Die Festungsanlage aus der ersten Hälfte des 19. Jahrhunderts bildet ein weitläufiges, über mehrere Höhenlagen gezogenes, auch raumgeografisch dominantes Wehrensemble, das allen Durchreisenden ins Auge fällt, die sich entlang der Brennerroute bewegen und den Raum Brixen über die ehemalige Unterauer Talenge erreichen.[3]

Als Ausstellungsräume sind auf der Franzensfeste zwei Baukörper des Areals vorgesehen, die ehemaligen Schlafsäle bzw. Kasematten im Talwerk der Festung. Sie sind über zwei Stockwerke verteilt und mit einer modernen, über den Unterauer Stausee führenden Doppelbrücke verbunden. Die für eine Dauerausstellung bereitstehende Fläche umfasst an die 1300 m², wird aber durch die Kleinteiligkeit der Gebäudestruktur und die widrigen raumklimatischen Verhältnisse massiv konditioniert.

Die Räumlichkeiten müssen daher behutsam saniert werden, ohne freilich die besondere historische Patina des Baues zu beeinträchtigen. Zugleich verbietet sich von

1   Wörtlich: „Verwandt gelagert ist eine Generation zunächst dadurch, daß sie am selben Abschnitt des kollektiven Geschehens parallel teilnimmt." Mannheim, Karl: Das Problem der Generationen (1928), in: Wolff, Karl H. (Hg.): Karl Mannheim, Wissenssoziologie. Auswahl aus dem Werk, Berlin/Neuwied 1964, S. 535.

2   Das Konzept wurde im Auftrag der Südtiroler Landesmuseen erstellt und auf der Franzensfester Tagung im Juni 2019 öffentlich präsentiert. Das Projekt wurde inzwischen von der Museumsabteilung in Eigenregie übernommen und wird selbständig fortentwickelt, so dass dieser Beitrag nur die Konturen bzw. die Kontextbedingungen der geplanten Ausstellung skizzieren kann. – Henrike Bäuerlein bin ich für wertvolle Anregungen dankbar.

3   Eine grandiose Charakterisierung der Franzensfeste bietet Heiss, Hans: Der globale Ort. Franzensfeste/Fortezza: Festung, Dorf, Metapher, in: Jahrbuch zur Geschichte des ländlichen Raumes 9 (2012), S. 155–173.

vornherein das Zeigen von sensiblen Artefakten, so dass das Konzept ein Museum ohne Originale vorsieht. Die Präsentation dieses „Museums ohne Originale" muss dementsprechend neuen und ungewöhnlichen, auch technisch innovativen Mustern folgen.

Kern des thematischen Entwurfs ist der Versuch, auf das kulturell Fremde und die Absurdität des monumentalen Militärbaues auf kreative Weise zu reagieren, die schiere Widerständigkeit der Festung und ihre besondere Semantik also inhaltlich ernstzunehmen. Dies macht einen intellektuellen Ansatz notwendig – etwas anderes, Konventionelleres würde den „globalen Ort" gleichsam plattmachen und seine entschiedene Verquertheit negieren.

Diese prinzipiellen Überlegungen haben dazu geführt, für die Ausstellungsräume ein modulares, flexibles und veränderbares System in der Form eines Alphabets der Festung vorzuschlagen. Damit wird vermieden, ein dem Bau unangemessenes lineares Narrativ aufzunötigen, zugleich aber auch die sinnliche Erfahr- und Erlebbarkeit des Dargestellten gewährleistet. Grundthemen sind hierbei das Dreigestirn Angst/Sicherheit – Grenze(n) – Migration. Es zieht sich durch alle Ebenen der Darstellung, sei diese nun beispielsweise dem „Atlas verschwundener Territorien", dem „Brenner" oder dem „Pariser Vertrag" gewidmet. Damit ergibt sich ein Netzwerk an Informationen, das beliebig neu verknüpft und alternativ gruppiert, ergänzt oder ausgetauscht werden kann.

Das Dauerausstellungsmodul der Franzensfeste zielt demnach auf die Realisierung eines offenen Museums ab, das mehr Fragen stellt als Antworten bietet und dessen dramaturgische Umsetzung nach einer herausragenden grafischen Einbettung verlangt. In seinem Zentrum soll ein nicht-identitäres, zukunftsoffenes Südtirol in seinen multiperspektivischen historischen Bezügen stehen.

Zur Genese einer künftigen Dauerausstellung

Das Bauwerk der Franzensfeste war bis in das späte 20. Jahrhundert gemäß der ursprünglich geplanten Nutzung ein abgesperrtes, nicht zugängliches Militärgelände. Von der österreichischen Monarchie errichtet, ging die fortifikatorische Monumentalanlage infolge der österreichisch-ungarischen Niederlage im Ersten Weltkrieg und der Abtrennung Südtirols 1919/20 an den staatsrechtlichen Nachfolger, das italienische Königreich, bzw. nach dem Zweiten Weltkrieg an die Republik Italien über. Erst im Zuge der Ost-West-Entspannung nach 1989 wurde das Areal demilitarisiert. Infolge der Autonomiebestimmungen von 1972/73 wurde nun eine Bestimmung wirksam, wonach nicht mehr in Anspruch genommenes Militärgelände des Staates umstandslos an die Südtiroler Landesverwaltung abgetreten werden könne.[4] Die letzten verbliebenen Militäreinheiten wurden 2003 aus der Franzensfeste abgezogen; seit 2005 ist die Festung erstmals seit der Fertigstellung des Baues vor über 180 Jahren (1838) zum Teil öffentlich zugänglich und mit mehreren zivilen, großteils kulturellen Nutzungen belegt.

Mit der Übernahme durch die Landesverwaltung setzte ein Prozess der Neu- und Nachnutzung ein: Die Landesausstellung von 2009 unter dem sinnfälligen Titel „Labyrinth Freiheit" führte zu einer nachhaltigen ideellen Konversion der Militäranlage und begann diese im Sinne eines regionalen Settings „Schwerter zu Pflugscharen" (Mi 4,1–4) zu repolitisieren.

Ziel der Südtiroler Landesmuseen ist es, im geplanten Dauerausstellungsmodul der Franzensfeste (DAM) jene vielschichtigen historisch-politischen Bezugsfelder zu schaffen, die derzeit in Südtirols öffentlichen musealen Einrichtungen und Dokumentationsorten nur verstreut und vereinzelt zu finden sind. Die Aufgabe des neuen Ausstellungsmoduls wäre also, die kulturelle Vielfalt des regionalen historischen Materials auf kompakte Weise zu bündeln und zu vermitteln. Dies hat freilich zu erfolgen, ohne ein neues verbindliches und damit affirmatives Großnarrativ zu schaffen, das bestenfalls der aktuellen Politik bzw. der Tourismuswerbung dienstbar sein könnte. Vielmehr sollen die Ratlosigkeit und Unübersichtlichkeit der Gegenwart kaleidoskopartig mit Impulsen und Themenpluralität beantwortet werden. Darüber hinaus sind gesellschaftspolitische Fragen im Zusammenhang mit dem kulturell Fremden anzusprechen, um eine der aktuellen Hauptrouten der innereuropäischen Migration mit den historisch-politischen Vergangenheiten zu verknüpfen sowie eine Art „Campus der Demokratie" zu schaffen. Dabei gilt es, jahrelange und kostenintensive Projektvorbereitungen zu vermeiden und die Magie des Baus und seiner schroffen Widerständigkeit zu erhalten.

Schließlich soll es mit der weiteren Ausgestaltung des zehnten Südtiroler Landesmuseums auch darum gehen, den Ort als Kontaktzone noch besser zu erschließen und unterschiedlichste Besuchergruppen anzusprechen, um das bislang bescheidene Zielpublikum der Franzensfeste deutlich zu erweitern. Leitvorstellung ist hierbei die

---

4 Art. 11 der „Durchführungsbestimmungen zum Sonderstatut für Trentino-Südtirol" vom 20. Januar 1973 bezieht sich auf Güter, die „für die Verteidigung des Staates oder für Dienste gesamtstaatlichen Charakters nicht mehr notwendig" sind; Autonomiestatut 2004, S. 106. Formalrechtlich erfolgte der Übergang vom italienischen Staat auf das Land Südtirol im Juli 2013. Mit Stichdatum 1. Januar 2017 übernahm der Betrieb Südtiroler Landesmuseen die Festung in seine Verwahrung und trat in der Folge einen Teil des Areals dem KOBE (Konsortium Beobachtungsstelle für Umwelt- und Arbeitsschutz des Brennerbasistunnels) zur Weiternutzung ab.

Vorstellung eines „Museums ohne Gewähr", einer Dauerausstellung also, die kein kompaktes, harmonisierendes oder rein resümierendes Narrativ bietet, sondern Fragen über Fragen aufwirft und zu frei flottierenden Antwortgebungen herausfordert.

Grundintentionen: Chronologien, Eigensinn und Subalternität

Das vorliegende Grobkonzept möchte dem Komplex der Franzensfeste[5] eine zeithistorisch-museale Nutzungsfunktion für die kommenden Jahre und Jahrzehnte zuweisen. Eine solche Bestimmung kann vorwiegend auf vier Ebenen erfolgen:

Chronologie: Diachron angelegte Themenstellungen greifen über die Entstehungszeit der Festung in der ersten Hälfte des 19. Jahrhunderts in doppelter Weise aus: Die durch die Baugeschichte der Festung vorgegebenen Zeitachsen werden in die Vor- und Nachgeschichte der Franzensfeste hinein deutlich ausgeweitet und schaffen einen Teppich an Erzählungen und Eindrücken.

Topographie: Der besondere Ort der Franzensfeste im Fadenkreuz von Verkehrswegen, politischen Grenzen und ideologischen wie geologischen Bruchlinien fordert das Nachdenken über Überschneidungs- und Übergangszonen heraus. Die geronnene Gewalt des gouvernementalen Gebäudes muss mit subversiven Strategien ästhetisch dekonstruiert werden.

Dramaturgie: Die kühle Macht des Gebäudes erfordert eine Inszenierungsstrategie, die auf die besondere Anmutung des „steinernen Gebirges" linear zurückwirkt und mit diesem auf zurückhaltende Weise interagiert. Versteht man den Bau als eine Art Berg der Erinnerungen, dann kann hier etwas zum Sprechen gebracht werden, was der Besonderheit des Ortes gerecht wird, dessen partikuläres Setting aufnimmt und auf dieses auch wieder einwirkt.

Inhalt: Historisches Wissen weist stets zugleich Vergangenheits- und Aktualitätsbezüge auf. Das Ausstellungsnarrativ ist daher mit metahistorischer Reflexion und Problematisierung partizipativ und zielgruppenorientiert zu verknüpfen, um eine optimale Vermittlung der inhaltlichen Ebenen zu gewährleisten. Der besondere Ort der Franzensfeste erfordert eine besondere Erzählweise.

---

5 Im Folgenden ist der Komplex als Dauerausstellungsmodul Franzensfeste Erinnerung – Kartographien des Regionalen (abgekürzt: DAM) bezeichnet.

Das Konzept zielt darauf ab, das DAM als zentralen Grenz- und Begegnungsort des historischen Tirols und als natürlichen raumgeografischen Mittelpunkt des modernen Südtirols dauerhaft zu positionieren. Damit kann die Franzensfeste zum Memorial einer weltoffenen Landes- und Regionalgeschichte, aber auch zum Spiel-, Fest- und Nachdenkort der Erinnerung aufrücken. Um ein solches Ziel zu erreichen, benötigt es kalkulierter Brüche und offener Fragestellungen, die inszenatorisch gut in die herausragende Militärarchitektur der Festung eingepasst werden müssen. Das harte Material des Verteidigungsbaus soll mit der weichen Substanz von Geschichte und Zukunft befüllt werden, welches konsequentiell mit dem architektonisch-dramaturgischen Design zu verknüpfen ist. Entscheidend für seine Durchschlagskraft soll der Erlebnischarakter des DAM sein.

Das Monumentalbauwerk der Festung war von 1833 bis 1838 errichtet worden und erforderte hohen Mitteleinsatz und enorme technische Bauanstrengungen. Die Festung trägt, nachdem sie ursprünglich „Befestigung bei Aicha" oder „Werk Hohe Brücke bei Aicha" genannt wurde, ab 1838 ganz selbstbewusst und voluntaristisch den Namen des inzwischen verstorbenen Herrschers – Kaiser Franz I. Die im sogenannten neudeutschen Stil errichtete Fortifikation war über viele Jahre eine Großbaustelle, die den heutigen Baumaßnahmen des Brennerbasistunnels nicht nachstand. Niemals wurde die Feste angegriffen, nie fiel hier ein ernst gemeinter Schuss – die an die 20 Hektar umfassende Franzensfeste ist in dieser Hinsicht auch der Stein gewordene Inbegriff des offenkundig Absurden und Nutzlosen.

Die Ausstellungsästhetik hat auf einen solchen historischen Eigensinn zu reagieren. Das schwierige Raumklima schließt dabei von vornherein die breite Verwendung von Originalen bzw. sensiblen Objekten aus. In der Festung dominieren Zugluft, Staub und Feuchte, in ihr kontrastiert der Hall der Stimmen mit der Stille der weiten, ihrer ursprünglichen Funktion längst entkleideten Räumlichkeiten. Wie von einem ständig fließenden, lauten Gewässer rührend, dringen unablässig die Fahrtgeräusche der Brennerautobahn und der vielen Eisenbahnzüge in die vielen Nischen der weitläufigen Gebäude.[6]

Im DAM soll es um Südtirols Geschichtsbilder, Narrative und diskursive Prozesse in einem nicht-hierarchischen Modus gehen. Nicht-hierarchisch meint hier, dass

---

6   Zur Baugeschichte und ursprünglichen Funktion der Festung grundlegend: Hackelsberger, Christoph: Die k.k. Franzensfeste: ein Monumentalwerk der Befestigungskunst des 19. Jahrhunderts, München 1986. – Laut STA – Südtiroler Transportstrukturen AG verkehrten 2018 rund 80 Züge pro Tag und Richtung auf der Brennerbahnstrecke, darunter internationale Langstreckenzüge, Regionalzüge und Güterzüge. Die Brennerautobahn A22 wurde 2018 von täglich ca. 30–40.000 Fahrzeugen befahren.

„subalterne" Momente in den Blick rücken sollen.[7] Geschichtsproduktion ist kein naturwüchsiger und freischwebender Prozess, es sind vielmehr zahlreiche Akteur*innen, die laufend um „wahre" und „richtige" Erzählungen vergangener Ereignisse kämpfen. Dieses fortdauernde Ringen beinhaltet stets auch die Perspektive, dass ausgehandelte und auszuhandelnde Narrative unmittelbare gesellschaftliche Auswirkungen auf die Gegenwart haben können. Dies macht „Geschichte" so interessant, wirft aber auch die Frage auf nach dominanten und rezessiven Erzählungen, nach inklusiven und exklusiven Darstellungen, nach dem Auftauchen und Verschwinden von Deutungen und Orientierungen, insgesamt nach den Verformungen von „Geschichtskulturen".[8] Es ist darum von existenzieller Bedeutung, ein historisch-politisches Regionalmuseum nicht entlang der Linie eines staatlich-institutionellen Diskurses zu führen, sondern die Pfade der Montage und der Demontage von Erinnerung zu beschreiten. Um im Sinne von Alexander Kluge und Oskar Negt ein „Gitter" zu schaffen, an dessen „maximale Formenvielfalt" sich die Phantasien der Rezipient*innen und Akteur*innen heften können.[9]

Das Ergebnis eines solchen Ansatzes könnte die Fluidität von historischer Erzählung sein. Die zu entwerfenden Narrative und Erzählstrategien sollen hier begriffen werden als Komposition von Fragmenten, und sie müssen einen nicht-hierarchisierenden, multiperspektivischen Blick auf das historische Material des Regionalen aufnehmen. Die Hülle der Festung bietet sich als vergangener militarisierter Geschichtsentwurf hervorragend an, solche querliegenden, nichtlinearen und amorphen Dimensionen vertieft anzusprechen. Hier ist jede Präsenz mit gleichzeitiger Absenz durchsetzt, jedes Selbe bleibt auch ein Anderes, und die Sichtbarkeit von Dingen und Ausstellungen wird – im Sinne von Merleau-Ponty's „Chiasmus" – zugleich von Unsichtbarkeit und Illusion unterhöhlt.[10] Die Gesamtintention ist demnach als „nachmetaphysisch", also radikal demokratisch, anarchisch, gegenöffentlich und multiperspektivisch zu

---

7 Ashcroft, Bill/ Griffiths, Gareth/Tiffin, Helen (Hg.): Key Concepts in Post-Colonial Studies, London 1998, S. 215. – Der Begriff der Subalternität wurde in die postkoloniale Debatte von Gayatri Spivak eingeführt (Spivak, Gayatri Chakravorty: Can the Subaltern Speak? Postkolonialität und subalterne Artikulation, Übers. Alexander Joskowicz, Stefan Nowotny, Einl. Hito Steyerl, Wien 2007.); sie entwickelte Antonio Gramscis ursprüngliches Konzept fort, der damit Gruppen bezeichnete, die der Hegemonie der Herrschenden unterworfen sind, und entwarf das Modell eines „subversiven Zuhörens".

8 Für einen konzeptuellen Überblick s. Raphael, Lutz: Geschichtswissenschaft im Zeitalter der Extreme. Theorien, Methoden, Tendenzen von 1900 bis zur Gegenwart, München 2003.

9 Kluge, Alexander/Negt, Oskar: Geschichte und Eigensinn, Frankfurt am Main 1981, S. 96f.

10 Merleau-Ponty hat diese Gegensatzpaare in seinen nachgelassenen Schriften konzeptuell entfaltet; vgl. Merleau-Ponty, Maurice: Das Sichtbare und das Unsichtbare, 2. Aufl., München 1994, S. 175ff.; hierzu Fischer-Lichte, Erika: Ästhetik des Performativen, Frankfurt am Main 2004, S. 104.

qualifizieren.[11] An die Stelle des autoritären, also allwissenden Erzählens (das so vielen Geschichtsinszenierungen, auch in Südtirol, gemein ist) sollen Tableaus treten, die historische Thematiken mit aktuellen Problemlagen verschränken, auch unter Zuhilfenahme ästhetischer Praktiken, also der sinnlich wahrnehmbaren Präsenz von künstlerischen Eingriffen.

Vorhandene Nutzungen und Neupositionierungen

Das Areal der Franzensfeste beherbergt diverse bereits bestehende Nutzungen. Dazu gehören Dauerausstellungen (Festungsgeschichte, Bunker des Vallo Alpino), Sonderausstellungen wechselnden Inhalts und Informationen zu aktuellen Baugroßvorhaben (Infopoint Brennerbasistunnel). Die derzeitige Vielfalt ist einerseits durchaus spannend, birgt aber zugleich die Gefahr einer gewissen Profilunschärfe, der Atomisierung der Angebote und der Beliebigkeit von Inhalten und Deutungsangeboten. Die Mauern der Feste allein können solche divergierenden Elemente und Informationsebenen nur ungenügend zusammenhalten. Es bedarf daher eines klar akzentuierten neuen Konzepts, um aus der ehemaligen Militärfestung Franzensfeste die reflexive Erinnerungsfestung des DAM werden zu lassen.

Zwei erkenntnisleitende Ansätze sind hierbei Basis der Überlegungen: Der machtvolle Sperrriegel der Festung ist bis heute eine monumentale, nicht zu umgehende Landmarke in der Unterauer Talenge. Die Militärfestung verkörpert als „totale soziale Institution"[12] eine männlich aufgeladene Codierung des Raumes: auf diesem Gelände erschallten Befehle und wurden Soldatenkörper, in Reih und Glied, für den befürchteten bzw. herbeigesehnten Krieg vorgehalten. Genau an diesen Stellen muss eine postkoloniale Museologie ansetzen, um die massive bauliche und körpergeschichtliche Inszenierung von Grenze und Macht mit feiner subversiver Geste zu desavouieren – entstand der Ort im militärischen Geist, ist er demnach eine militaristische Kolonie, so führt der Königsweg seiner Dekonstruktion über eine symbolische Entmilitarisierung und Dekolonisierung.[13] Zum anderen ist eine regionalhistorische Einbettung des

11 Zur Bestimmung des Nachmetaphysischen als moderner Grundbedingung: Hindrichs, Gunnar: Das Absolute und das Subjekt. Untersuchungen zum Verhältnis von Metaphysik und Nachmetaphysik. 2. Aufl., Frankfurt am Main 2011.; was dies für das museale Feld bedeutet, haben Beitl u. a. 2019 herausgearbeitet: Beitl, Matthias/Jaschke, Beatrice/Sternfeld, Nora (Hg.): Gegenöffentlichkeit organisieren: Kritisches Management im Kuratieren, Berlin/Boston 2019.
12 Goffman, Erving: Asylums: Essays on the Social Situation of Mental Patients and Other Inmates, New York 1961.
13 Für eine Bestandsaufnahme der postkolonialen Museologie s. Kazeem, Belinda/Martinz-Turek, Charlotte/Sternfeld, Nora (Hg.): Das Unbehagen im Museum. Postkoloniale Museologien, Wien 2009. Sowie – praxeologisch: Natter, Tobias G. et. al. (Hg.): Die Praxis der Ausstellung. Über museale

Ortes nur noch als reflexive Erzählung denkbar, die jegliche Finalisierung oder Teleologie vermeidet und den Konstruktionscharakter von Geschichte und Landschaft am Beispiel der Feste sichtbar macht.

Die im Folgenden präsentierten Themenbereiche sind als Module angelegt. Diese Clusterbildung sollte auch architektonisch mit einem sinnfälligen Symbol, einer Art Marke, zum Ausdruck gebracht werden. Dem neuen visuellen Erscheinungsbild käme die Aufgabe zu, die Konzeptionierung des DAM zu einem sinnlich erfahrbaren Branding zu verdichten und den musealen Ort als regionale Chiffre eines zukunftsoffenen Südtirols zu repositionieren. Die Franzensfester „Markenarchitektur" sollte im Kern auf der Aussage „die Geschichte machte das DAM – das DAM macht Geschichte" basieren.

Gebäudesituation und Nettofläche der geplanten Dauerausstellung

Für das Dauerausstellungsmodul, dessen Themen im Folgenden präsentiert werden, sind die beiden Baukörper Nr. 33 und 35 (Nummerierung laut Gesamtlageplan) innerhalb der Unteren Festung bzw. des Talwerks der Franzensfeste vorgesehen.[14] Sie umfassen ein Raumprogramm, das eine Gesamtnettofläche von ca. 1.300 m^2 aufweist. Baukörper 33 umschließt zweimal drei Raumeinheiten auf zwei Ebenen bzw. Stockwerken, die jeweils durch eine Türschleuse verbunden sind – zwei kleinere Vorräume kommen hier jeweils hinzu. Eine ähnliche Grundrissdisposition ist für Baukörper 35 gegeben, wobei es sich hier um zweimal fünf Raumeinheiten auf zwei Raumebenen handelt. Beide Baukörper sind auf beiden Ebenen über markante Freibrücken miteinander verbunden, die die Besucher*innen zugleich panoramatisch reizvoll und gleichsam freischwebend über den an diesen Teil des Festungsbaues unmittelbaren anlandenden Unterauer Stausee führen.

Insgesamt stehen also 18 Räumlichkeiten zur Verfügung, die sich auf zwei Stockwerke verteilen und sich in vier auf für die Besucher*innen deutlich unterscheidbare Raumeinheiten gliedern. Die nischenartigen Interieurs der beiden Baukörper gleichen Raumwürfeln, die eine erhebliche inszenatorische Herausforderung darstellen.

Die geschilderte Raumsituation legt ein Konzept nahe, das sich auch in seiner Gliederung an diesen quantitativen Einheiten orientiert. Die von den beiden Gebäudekörpern und ihrer kleinteiligen Innengestaltung vorgegebene Parzellierung sowie die den Besuchergruppen beinahe aufgezwungene Laufrichtung verleiten zu einer

Konzepte auf Zeit und auf Dauer, Bielefeld 2012, und Rito, Carolina/Balaskas, Bill (Hg.): Institution as Praxis: New Curatorial Directions for Collaborative Research, Berlin-Nottingham 2020.

14 Die Zählung orientiert sich am Gesamtlageplan der Südtiroler Landesverwaltung für die Franzensfeste.

kaleidoskopisch fortschreitenden Erzählstruktur. Es müssen daher kontrapunktische Elemente eingebaut werden, um nicht eine naive teleologisch-linearisierende Dramaturgie zu bemühen. Die Herausforderung wird also sein, eine Vielfalt von Themen mit Leitmotiven auf eine Weise zu verknüpfen, dass ein sinnlich erfahr- und erlebbarer Durchgang durch regional-soziologische Spezifika und historisch-politische Cluster ermöglicht wird.

Abb. 1: Die beiden Baukörper 33 (links) und 35 (rechts) von Norden) in der ehemaligen Unteren Au – die Franzensfeste als fester und zugleich fluider, hierarchischer und zugleich nicht-hierarchischer Ort
© Südtiroler Landesverwaltung

Abb. 2: Die Verbindungsbrücken bzw. -stege zwischen den beiden Gebäudeeinheiten überspannen den ab 1935 angelegten Unterauer bzw. Franzensfester Stausee – was ist hier sichtbar, was bleibt unsichtbar?
© Südtiroler Landesverwaltung

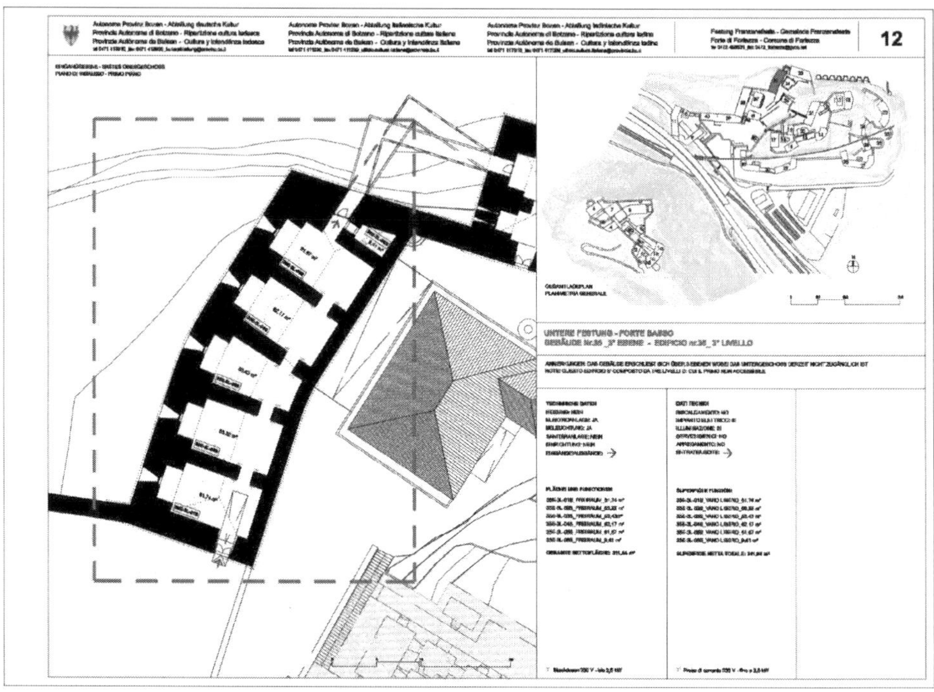

Abb. 3: Erstes Obergeschoß von Gebäudeteil 35: Gehrichtung 1 (mit Eingang; Ansicht genordet)
© Südtiroler Landesverwaltung

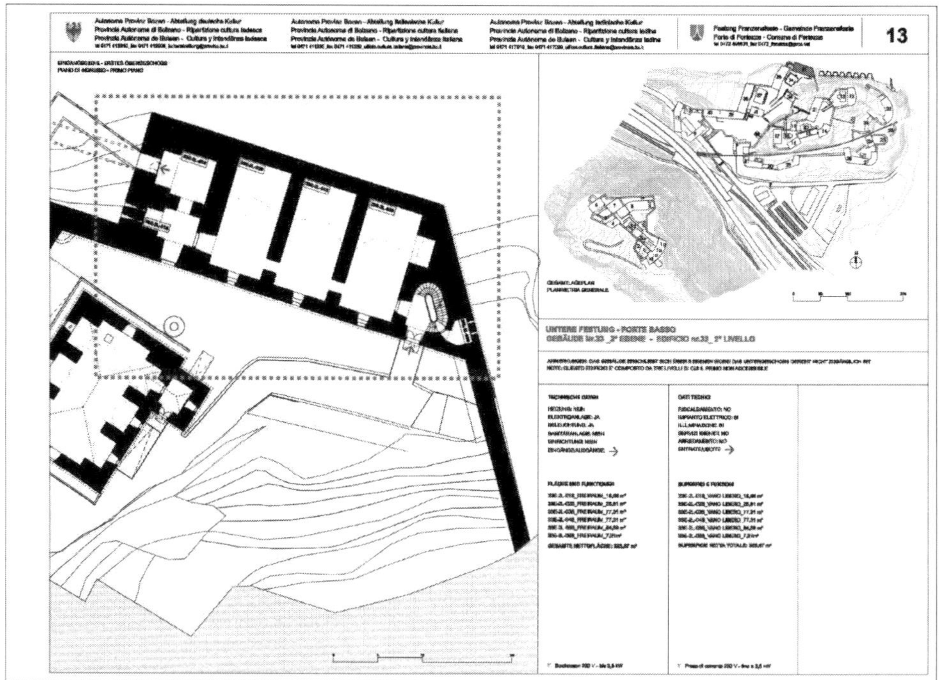

Abb. 4: Erstes Obergeschoß von Gebäudeteil 33: Gehrichtung 2 (mit Abgang zu Teil 3)
© Südtiroler Landesverwaltung

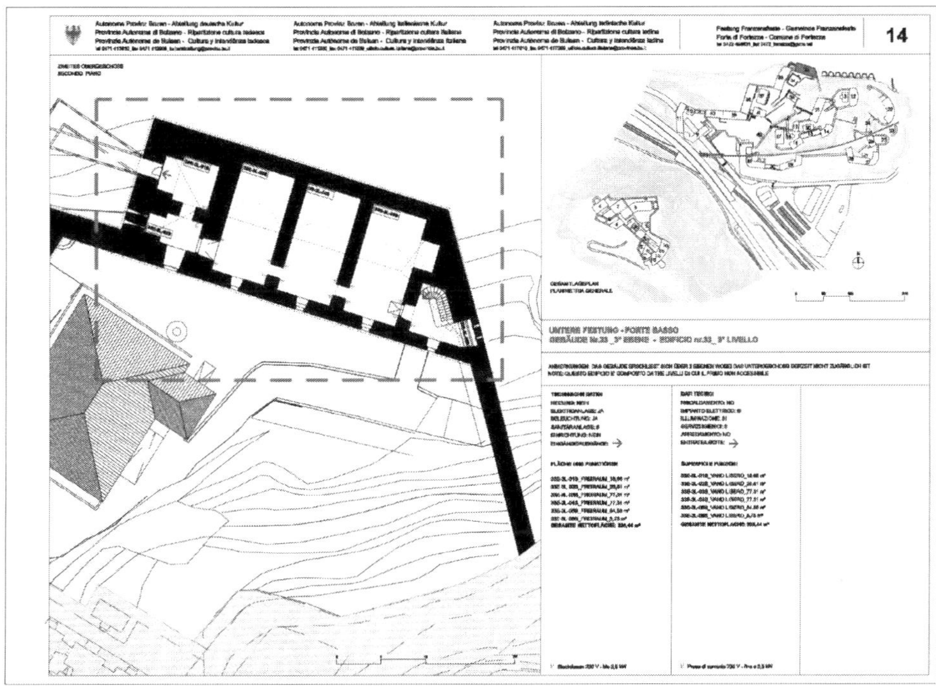

Abb. 5: Erdgeschoß von Gebäudeteil 33: Gehrichtung Teil 3 (mit Seitenausgang)
© Südtiroler Landesverwaltung

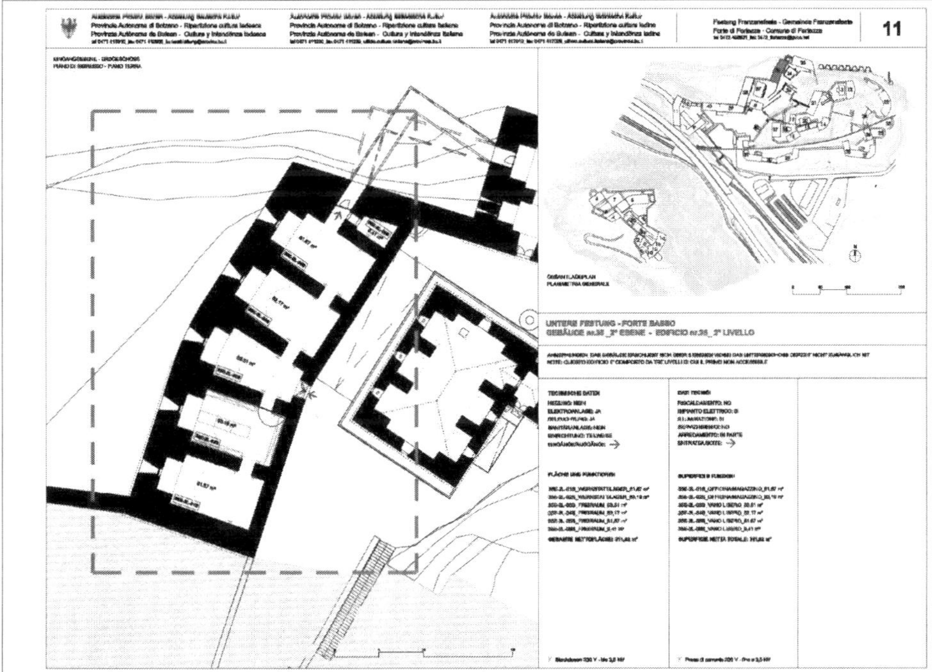

Abb. 6: Erdgeschoß von Gebäudeteil 35: Gehrichtung Teil 4 (mit finalem Ausgang)
© Südtiroler Landesverwaltung

Grundlagen zeitgenössischer Musealisierungspraxis

Das Vorhaben eines Dauerausstellungsmoduls innerhalb der Franzensfeste hat sich zunächst die Frage zu stellen, was Ausstellungsinitiativen überhaupt leisten wollen und können. Musealisierungsprojekte müssen stets einen mühsamen Mittelweg zwischen zwei Polen finden. Sie entstehen als Angebote von Differenz, von kulturellem Mehrwert und ästhetischer Provokation. Dabei entfalten sie ihre Wirkung im Zwiespalt zwischen der hochtrabenden Überforderung ihrer Wirkungschancen und der landläufigen Unterschätzung ihrer Möglichkeiten, auf ein kollektives generationelles Gedächtnis mit einzuwirken.[15]

Das Projekt auf der Franzensfeste macht hier keine Ausnahme: Die besonderen räumlichen und ästhetischen Voraussetzungen des Ortes sind mit den kulturpolitischen Gedächtnisleistungen einer Dauerausstellung in Einklang zu bringen. Hierbei geht es sowohl um Vergangenheits- wie um Gegenwartsbezogenheiten, man könnte auch sagen: um vergangene Gegenwarten. Jan Assmann hat für diese besondere Dialektik des musealisierenden Arbeitens den Begriff der Relevanz-Perspektivierung ins Spiel gebracht und damit den Horizont angesprochen, der der Orientierungsfunktion einer Ausstellung, aber ebenso auch ihrem Konstruktionscharakter zu eigen ist.[16]

Historische Sinnbildung muss, um deutungs- und zukunftsflexibel gestaltet zu sein, mit Bedeutungsüberschüssen operieren; sie kann ihre Botschaften weder voraussetzen, noch kann sie jene Debatten präzise bestimmen, die in Museen als Verhandlungsorten des kulturellen Gedächtnisses ermöglicht und angestoßen werden. Es könnte also Aufgabe einer zeithistorischen Dauerausstellung sein, vergangenes kollektives Handeln so darzustellen, dass gegenwärtige Akteur*innen die Anspruchskraft von Geschichte spüren. Idealerweise können sie erkennen, welche aktuellen gesellschaftlichen und individuellen Gestaltungsspielräume ihnen unter jeweils gegebenen Bedingungen zur Verfügung stehen. Schon Karl Marx hat diese Ambivalenz von Determinismus und Freiheit in die prägnanten Worte gegossen: „Die Menschen machen ihre eigene Geschichte, aber sie machen sie nicht aus freien Stücken, nicht unter selbstgewählten, sondern unter unmittelbar vorgefundenen, gegebenen und überlieferten Umständen. Die Tradition aller toten Geschlechter lastet wie ein Alp auf dem Gehirne der Lebenden".[17] Gelingt es, dieses Feintuning zwischen Bestimmung

---

15 Zur Breite und Tiefe des Felds der Museum Studies vgl. den repräsentativen Sammelband: Macdonald, Sharon (Hg.): A Companion to Museum Studies, Oxford 2006. Außerdem: Hantelmann, Dorothea von/Meister, Carolin (Hg.): Die Ausstellung. Politik eines Rituals, Zürich-Berlin 2010.

16 Assmann, Jan: Kollektives Gedächtnis und kulturelle Identität, in: Assmann, Jan/Hölscher, Tonio (Hg.): Kultur und Gedächtnis, Frankfurt am Main 1988, S. 9–19.

17 Marx, Karl: Der achtzehnte Brumaire des Louis Bonaparte. Frankfurt a. M. 2007, S. 9, Kap. I.

und Freiheit gut zu justieren, dann können auch musealisierende Praxen auf die Wahrnehmung ihrer Rezipient*innen aktiv einwirken. Die Veränderung von Perzeption, ihre nachhaltige Entautomatisierung, muss das Endziel jeglichen Darstellungswillens sein, welcher Dispositionen nicht nur abbilden, sondern diese auch verändern will. Diese Haltung bildet den „politischen" Kern jeglicher Ausstellung, die sich auch den herrschenden Populismen und Voluntarismen als den zeitgenössischen Formen von apolitischer Handlungskultur durch maßvolle Repolitisierung der öffentlichen Räume entgegenstellt.[18]

Südtiroler Geschichte als Thema von Musealisierungen

Historische Prozesse in ihrer regionalen Ausprägung zu erfassen, ohne die strukturellen Großdimensionen zu vernachlässigen – dies könnte der zentrale Anspruch des DAM sein. Da diesem als 10. Landesmuseum eine Synthesefunktion zukommt, ist zunächst auf die bestehenden historisch-politischen Ansätze in den übrigen musealen Einrichtungen des Landes zu achten. Weder ist es sinnvoll, Themen zu wiederholen, die bereits an anderer Stelle behandelt werden, noch sollten bestehende dramaturgische Ansätze – wenn auch inhaltlich erweitert – repliziert werden.

An derzeitigen Einrichtungen, die sich vordringlich historischen Thematiken widmen, sind zu nennen:

Palais Mamming – Stadtmuseum Meran: Die anspruchsvolle Neukonzeption von 2016 bietet unter anderem stadthistorische Informationen, präsentiert in der Darstellungsform einer kommunalen Wunderkammer und ohne eigentlichen Erzählfaden, aber eingebettet in das angenehme Ambiente eines früheren Stadtpalais.

Stadtmuseum Bozen: Der seit bald zwanzig Jahren anhaltende Zustand des nur im geringen Umfang zugänglichen Hauses lässt auch für die nähere Zukunft keine Besserung erwarten. Einzig im Turmbereich sind einzelne Stadtstiche ausgestellt, im Übrigen wird keine Aufarbeitung und Darstellung (stadt-)historischer Prozesse geboten. Das Bozener Museum als von der Stadtverwaltung geführte Institution repräsentiert einen für eine Landeshauptstadt höchst erstaunlichen Zustand, der bislang bemerkenswert wenig öffentliche Kritik hervorgerufen hat.

---

18 Für eine zeitgenössische Theorie des „Politischen" s. Hirsch, Michael: Die zwei Seiten der Entpolitisierung. Zur politischen Theorie der Gegenwart, Stuttgart 2007.

Domschatzkammer Bozen: Eine sehr kompakte und gelungene Darstellung der Sakral-geschichte von Bozens Hauptkirche und ihrer reichen liturgisch-kunsthistorischen Ausstattung mit mehreren herausragenden Exponaten.

Südtiroler Archäologiemuseum: Hier handelt es sich um das wohl bekannteste Süd-tiroler Museum, dessen professionell gestaltete Dauerausstellung vor allem auf den „Mann im Eis" fokussiert ist und die Vor- und Frühgeschichte des Landes nur unter diesem Gesichtspunkt in den Blick nimmt. Weitere Abschnitte der Ur- und Frühge-schichte des Landes – wie der Name des Museums eigentlich vermuten ließe – fehlen gänzlich. Trotzdem ist es absoluter Publikumsrenner und dank des „Fetischs" Ötzi ein schier unkaputtbarer touristischer Magnet, dessen räumliche Enge zuletzt verstärkt die Debatte einer Neuunterbringung bzw. räumlichen Erweiterung angestoßen hat.

Merkantilmuseum Bozen: Insbesondere im vor wenigen Jahren aufwändig eingerich-teten Kellerbereich des gesamten Areals zwischen Silbergasse und Lauben ist mit anspruchsvollen, weitgehend chronologisch konzipierten Erklärungen versehen, die eine spannende Zeitreise in das unterirdische Bozen ermöglicht. Ansatzweise werden auch die wirtschaftshistorischen Funktionen der Laubenhäuser erläutert.

Schulmuseum Bozen: Das 2015 im Ansitz Windegg (Lamplhaus) im Bozner Stadtteil Rentsch eingerichtete Museum widmet sich der Südtiroler Schulgeschichte unter dem Aspekt sprachgruppenspezifischer Differenzen, ist aber leider nur sehr eingeschränkt zugänglich.

Museum der Semirurali: Das 2014 eröffnete Stadtteilmuseum dokumentiert im letzten noch bestehenden Gebäude der ehemaligen Arbeiterwohnsiedlung in Bozen-Neugries die Lebensverhältnisse der früheren Bewohner*innen. Nur sehr einge-schränkt zugänglich und daher kaum bekannt.

Schloss Runkelstein – die Bilderburg: Unter diesem Signum bietet die Burganlage nördlich Bozens, am Eingang des Sarntals, seit eineinhalb Jahrzehnten jährliche Aus-stellungen. Die klein dimensionierten und konzeptionell wenig anspruchsvollen Ini-tiativen sind vorwiegend mittelalterhistorisch angelegt und setzen gänzlich auf den Zauber von Objekten. Zu den besonderen Objektgruppen der Ausstellungen zählen Münzen, Urkunden und Waffen. Üppige Kataloge ergänzen die Schauen.

Weißer Turm auf Schloss Sigmundskron: Inhaltlich vom Südtiroler Landesarchiv betreut, doch faktisch der Ägide des Messner Mountain Museums unterstehend, ist im Burggrafenturm eine kleine Dauerausstellung der epochemachenden Sigmundskroner Protestkundgebung von 1957 („Los von Trient") gewidmet.

Südtiroler Landesmuseum für Kultur- und Landesgeschichte Schloss Tirol: Als historisches Landesmuseum mit umfassendem Darstellungsanspruch seit den 1980er Jahren konzipiert, präsentiert das Museum neben der komplexen Baugeschichte der Dynastenburg selbst auch weitergehende historische Entwicklungslinien des „Landes im Gebirge" von der Spätantike über Mittelalter, Früher Neuzeit bis in die Moderne, stets unter der Maßgabe des „tirolischen" Elements. Sonderausstellungen ergänzen dieses Angebot, 2017 etwa zu Luther und Tirol. Die bisherige Vermeidung zeithistorisch brisanter Thematiken, etwa 100 Jahre Ende des Ersten Weltkriegs und Abgliederung (bzw. Entstehung) Südtirols, zugunsten einer starken Betonung kunsthistorischer Bemühungen ist erst 2019 mit dem Thema „Mythen der Diktaturen" gewichen, als erstmals die brisanten Verstrickungen der regionalen Künstlerschaft mit dem faschistischen und dem nationalsozialistischen Regime offen aufgearbeitet wurden.[19] Hervorzuheben ist allerdings der Bergfried, der sich von der übrigen Gestaltung abhebt und eine Sonderrolle einnimmt. In ihm ist in aufsteigender Form die jüngere und dramatische Geschichte Südtirols vor allem anhand von Exponaten auf sehr ansprechende Weise dargestellt.[20] Es ist zusammen mit der Ausstellung in Bozens Siegesdenkmal derzeit der einzige Ort Südtirols, der eine allgemeine Landesgeschichte bietet.

MuseumPasseier Andreas Hofer: Hier wird die Geschichte der Tiroler Aufstandsbewegung von 1809 und ihres charismatischen Anführers durchaus mit Mut zur Pointe und dem nötigen Schuss Ironie erzählt. Zentrale Fragestellung sind das „Heldentum" und seine Aktualisierungen, was auch didaktisch gut vermittelt wird.

Frauenmuseum Meran: Eine der frühen Museumsinitiativen aus dem privaten Bereich. Die Genderthematik wird konsequent und mit aussagestarken Objekten durchgezogen, leider sieht man dem Haus die nunmehr etwas überholte Einrichtung deutlich an.

19 Kraus, Carl/Obermair, Hannes (Hg.): Mythen der Diktaturen. Kunst in Faschismus und Nationalsozialismus – Miti delle dittature. Arte nel fascismo e nazionalsocialismo, Dorf Tirol 2019.
20 Pirchner, Esther/Heiss, Hans (Hg.): Südtirol und das 20. Jahrhundert im Bergfried von Schloss Tirol, Dorf Tirol 2016.

Jüdisches Museum Meran: Inhaltlich sehr wichtige Dauerausstellung, die sich der Geschichte der jüdischen Gemeinschaft Merans von ihren Anfängen im 19. Jahrhundert über die dramatische Verfolgungszeit von Faschismus und nationalsozialistischer Shoah anhand von zahlreichen Exponaten widmet. Museumstechnisch überholt.

Touriseum Schloss Trauttmansdorff: Frische und pointierte Darstellung der Südtiroler Tourismusgeschichte mit mehreren Installationen. Schönes Raumsetting und gute Exponatsauswahl. Häufige Sonderausstellungen ergänzen die museale Aufbereitung.

BZ '18–'45: ein Denkmal, eine Stadt, zwei Diktaturen. Eine Dokumentations-Ausstellung im Siegesdenkmal: Die Dauerausstellung im weitläufigen Sockelbereich des faschistischen Monuments stellt neben der Erläuterung der Entstehungsgeschichte des Bauwerks auch auf die zentralen Themen der Südtiroler Zeitgeschichte vom Ersten Weltkrieg bis in die Nachkriegszeit ab.[21] Regionale Geschichtsthemen, insbesondere im Kontext von Faschismus und Nationalsozialismus, werden in die größeren Zusammenhänge von italienischer und österreichisch-deutscher Geschichte eingebettet. Die Ausstellung verzichtet weitgehend auf Exponate, sondern setzt auf Bilder, Texte und einzelne Medien. 2016 im Rahmen des EMYA mit einem Anerkennungspreis ausgezeichnet. Keine Veranstaltungen oder innovative Vermittlungsangebote. Eine gewisse Vernachlässigung des Ganzen, organisatorisch von der Bozner Stadtverwaltung geleitet, ist leider bemerkbar. Die Errichtung eines Besucherzentrums könnte diesen strukturellen Mängeln abhelfen.

BZ ' Licht auf Diktaturen: Das Monumentalrelief in Bozen – von Hans Piffrader zu Hannah Arendt: Die Umgestaltung des monumentalen Großreliefs am ehemaligen Sitz der faschistischen Partei (heutige Finanzämter) ergänzt die Siegesdenkmalinitiative und historisiert das größte noch bestehende Kunstwerk aus faschistischer Zeit in Südtirol, geschaffen vom Südtiroler Künstler Hans Piffrader. Die Anbringung eines Zitats von Hannah Arendt, das sich gegen den Befehlscharakter des Reliefs richtet, funktioniert das totalitäre Monument zu einem zivilgesellschaftlichen Mahnmal um. Die Stärke dieser Umgestaltung liegt in ihrer Öffentlichkeit, ist sie doch an einem vielbegangenen Platz gelegen. Eine steigende internationale Aufmerksamkeit für die hier versuchte Resemantisierung totalitärer Kunst ist bemerkbar.[22]

21 Michielli, Sabrina/Obermair, Hannes (Red.): BZ '18–'45: ein Denkmal, eine Stadt, zwei Diktaturen. Begleitband zur Dokumentations-Ausstellung im Bozener Siegesdenkmal, Wien-Bozen 2016.
22 Angelucci, Malcolm/ Kerschbamer, Stefano: One Monument, One Town, Two Ideologies: The Monument to the Victory of Bolzano-Bozen, in: Public History Review 24 (2017), S. 54–75; Hökerberg,

Pharmaziemuseum Brixen: Medizin- und körpergeschichtlich sehr interessante Aufbereitung anhand von Exponaten einer historischen Apotheke.

Vintschger Museum Schluderns: Etwas angestaubte Inszenierung lokalgeschichtlicher Besonderheiten.

Museum Ladin Ciastel de Tor: Sprachgruppenspezifische Darstellung ladinischer Kultur- und Sozialgeschichte in kongenialem Ambiente von Schloss Thurn im Gadertal. Teilweise schlägt ein etwas ethnozentrischer Ansatz durch.

Südtiroler Landesmuseum für Volkskunde Dietenheim: Vorindustrielle Lebenswelten aus dem bäuerlichen Milieu, sehr objektbezogen und narrativ. Grundlegende Dimensionen der agrikulturellen Gesellschaft des Alpenraums wie Migration, Demographie, lebensweltliche Aspekte und sozioökonomische Ausbeutungsverhältnisse sind allerdings weitgehend ausgespart.

Fremdenverkehrsmuseum Hochpustertal Niederdorf: Das Haus Wassermann, ein früherer Ansitz des Marktortes, bietet das sehr stimmige Ambiente für die Erzählung des Reisens, Beherbergens und Bewältigens der frühen touristischen Ströme im Tiroler Alpenraum. In den späten 1980ern entstanden und immer noch eines der schönsten kleinen Museen.

Südtiroler Bergbaumuseum Steinhaus-Schneeberg: An zwei Standorten werden Arbeitsbedingungen und technische Aspekte des früheren Bergbaus im Südtiroler Raum nachgezeichnet. Sonderausstellungen beleben die Thematik.

BAS – Opfer für die Freiheit: Derzeit jüngste zeitgeschichtliche Dauerausstellung im Auftrag von und in den Parteiräumen der patriotisch-sezessionistischen Bewegung „Süd-Tiroler Freiheit". Handwerklich gut gemacht, doch inhaltlich apologetische, den Opfermythos strapazierende Darstellung des Südtirol-Terrorismus (dieser Begriff wird auffallenderweise vermieden) der 1950er bis 1980er Jahre.

MMM – Messner Mountain Museums: Auf private Initiative entstanden, teilweise aus

Håkan: The Monument to Victory in Bolzano: desacralisation of a fascist relic, in: International Journal of Heritage Studies 23, 2017, S. 1–16; Invernizzi-Accetti, Carlo: A small Italian town can teach the world how to defuse controversial monuments, in: The Guardian vom 6. Dezember 2017.

öffentlichen Mitteln gefördert. Fünf über Südtirol verstreute museale Standorte: MMM Firmian und seine Satelliten MMM Juval, MMM Ripa, MMM Ortler und MMM Corones. (das MMM Dolomites befindet sich in der Provinz Belluno) Ihnen kommt innerhalb des Museumspanoramas eine Sonderrolle zu. Weitgehend aus Beständen der Bergsteigerlegende Reinhold Messner bestückt, punkten die Inszenierungen vor allem mit den herausragenden Positionierungen auf Burgen und exponierten Orten. Sie verhandeln mit dem Thema des Bergsteigens bzw. der Berggeschichte auch historische Thematiken und können daher auch als Geschichtsdarstellungen aufgefasst werden. Als Publikumsmagnete, wesentlich begünstigt durch den Status ihres charismatischen Schöpfers, werden die MMMs auch in der internationalen Wahrnehmung zuvorderst mit dem Thema „Museen in Südtirol" assoziiert, wenn nicht gar identifiziert. Inhaltlich zum Teil dünne und zusammenhanglose Präsentationen, aber dank herausragender Architektur (Zaha Hadid, Egon Tscholl) und kongenialer historischer Bausubstanzen (Sigmundskron) äußerst beachtenswerte kulturelle Leistungen.

Lumen – Museum für Fotografie: auf dem Kronplatz (Bruneck), 2018. Herausragende Architektur bei eher konventioneller Präsentation südtirolspezifischer Fotobestände.

Villa Freischütz (Meran-Obermais): Eröffnet 2019 unter dem Motto „eine Familie, eine Sammlung, eine Villa" (Stiftung Navarini-Ugarte), präsentiert das Haus das Interieur spätbürgerlicher Lebenswelt. Die Museumsleitung setzt hierbei auch auf taktile und haptische Erfahrungen und bietet ein gelungenes dramaturgisches Experiment eines Museums „zum Anfassen".[23]

Die hier unter vorwiegend historischen Gesichtspunkten erfasste Südtiroler Museumslandschaft erscheint bereits auf den ersten Blick als vielfältig, ja geradezu als kapillar. Sie beschränkt sich nicht auf die größeren Städte, sondern ist durchaus auch dezentral verortet. Dies hat den Vorteil, dass die Institution Museum auf breiter Front gegenwärtig ist und daher allgemein in das Bewusstsein rücken kann. Zugleich besteht die Gefahr, dass die mangelnde reflexive Komponente vieler Einrichtungen diese eher zu Bühnen für historische Leistungsschau bzw. die affirmative Herstellung von „Heimatbewusstein" aufrücken lässt. Bisweilen fühlbar ist – mit den gebotenen Ausnahmen – der Mangel an politischen und soziokulturellen Dimensionen in den Aufarbeitungsbemühungen, auch wenn die vorhandenen innovativen Ansätze, so

---

23 Karbe, Ariane/Prackwieser, Josef: Das Hausmuseum „Villa Freischütz" in Meran, in: Der Schlern, 92/ 9 (2018), S. 4–33.

etwa der ironische Hofer-Diskurs in Passeier, insgesamt befruchtend wirken. Auch die optisch-dramaturgische Qualität vieler Museen hat einen Kanon geschaffen, hinter den generell nicht mehr zurückgefallen werden kann und der daher eine ästhetische Stabilisierung innerhalb von Südtirols Musealisierungen bewirkt hat. Eine besondere Note ist mit der generell gegebenen Zwei- und Dreisprachigkeit der Inszenierungen gegeben.

Für eine kritische Auseinandersetzung mit den bestehenden Einrichtungen und als eine Art vorläufiges Fazit zum aktuellen Stand der Südtiroler Musealisierungen und ihrer Diskursstrategien sei hier festgehalten:

Der derzeitige museale Kosmos Südtirols nimmt sich wie ein Mosaik an unterschiedlichen Darstellungsformen und Themenzentrierungen aus. So bunt und wohltuend diese Vielfalt ist, so augenfällig sind auch ihre Leerstellen, aus denen eine reflexive Sozialplastik der Region nicht wirklich hervorgeht. Ein Arbeits- und Industriemuseum z. B. fehlt gänzlich, auch die Phänomene von Verkehr und Transport werden nirgendwo in adäquater Weise ins Bild gerückt. Harmonisierende Darstellungen überwiegen bei weitem dissonante Präsentationen. Insgesamt fehlt noch eine Syntheseleistung, die allerdings nicht als große Meistererzählung zu konzipieren ist, sondern als thematisches Bündel der „vergessenen" Dimensionen angelegt werden sollte.

Die neuen Tableaus

Für die erzählerischen Strategien des DAM wird es bestimmend sein, die historischen Gegenwarten in ihren Widersprüchen und ihrer „Warumstruktur" um historische Tiefendimensionen zu ergänzen, die den Eigensinn von Geschichte sichtbar machen und nichtlineare Verläufe aufdecken. Dies versteht sich auch als Modus, auf die manifeste Absurdität des Franzensfester Bollwerks ästhetisch zu reagieren und den Bau gegen seine historisch gescheiterten ursprünglichen Intentionen neu zu repolitisieren. Hierfür bieten sich als Großthemen oder Knotenpunkte folgende Verdichtungsthemen an: Grenze, Konflikt, Begegnung, Austausch, Migration, Transfer, Autonomie als Praxis („Labor der Demokratie"), Krieg und Frieden etc. Diese sind wiederum aufgrund der Gebäudestruktur des Ausstellungsbereichs in 18 thematische Cluster zu gliedern, die abschließend als Alphabet der Festung gelistet werden. Aus dem Festungs-Alphabet können wiederum neue Cluster der Erzählung entstehen, es ist also als flexible, dynamische und veränderbare Erzählstruktur zu denken.

Das Alphabet (in) der Festung

A = Atlas of Vanished Territories / Atlas der verschwundenen Territorien / Atlante dei territori scomparsi

B = Brenner/o – Transition or border? / Übergang oder Grenze? / Passaggio o frontiera?

C = Continents of Earth and Law / Kontinente der Erde und des Rechts / Continenti della terra e del diritto

D = Democracies / Demokratien / Democrazie

E = Earth / Erde / Terra

F = Fight for Peace / Frieden / Pace

G = Giovanni Drogo and Kafka's traveller / Giovanni Drogo und Kafkas Reisender / Giovanni Drogo e il viandante di Kafka

H = Homeland / Heimat / Patria

I = Italy / Italien / Italia

J = Johann, Erzherzog-archduke-arciduca: Habsburg vs Savoyen

K = Karl von Martony – Franz Scholl

L = The Ladritsch bridge / Ladritscher Brücke / Ponte di Ladritsch

M = Migration, escape zones, fear / Migration, Fluchträume, Angst / Migrazione, zone di fuga, paura

N = Nothing / Nichts, Leere / Niente, assenze

O = Observations / Orte, Blicke / Luoghi, sguardi

P = Paris Treaty, Autonomy / Pariser Vertrag, Autonomie / Trattato di Parigi, autonomia

Q = Quellen / Fonti / Sources

R = Roomspace and time / Raum und Zeit / Spazio e tempo

S = South Tyrol / Südtirol / Alto Adige

T = Tyrol-Trentino / Tirol-Trentino / Tirolo-Trentino

U = Underground / U-Bahnen (BBT) / Metropolitana

V = Vallo Alpino (Bunker) / Alpenwall (Bunker) / Alpine line (bunkers)

W = Wien–Vienna–Rome–Berlin

X = Xaver was here, on August 3, 1857 / Xaver war hier, 3. August 1857 / Xaver è stato qui, 3 agosto 1857

Z = Z, the final letter oft the universe / Z, der letzte Buchstabe des Universums / Z, l'ultima lettera dell'universo

Das DAM 3.0

Die Franzensfeste als Ort neuer musealer Inszenierung bietet erhebliche Chancen, die bisherigen Südtiroler Musealisierungen durch eine eigene Form von Alterität zu ergänzen und daher deren Darstellungsmodi zu überschreiten. Nicht in einer Form der Überhebung oder des Bessermachens, sondern als komplementäre bzw. überschießende Einlösung von Sinnhorizonten, die nicht schon oder nur ungenügend abgebildet sind.

Für einen solchen Ansatz sei hier das Konzept der Kartographien vorgeschlagen, wie es für die von den französischen Philosophen Gilles Deleuze und Félix Guattari entfaltete Methode bestimmend war.[24] Ein Museum ist weniger eine identitätsstiftende Abbildung des Vergangenen und Gegenwärtigen, als es vielmehr das Material der Erinnerung als eine für sich stehende Art von Trugbild und Eigenlandschaft entwirft und neu gruppiert. Laut Deleuze und Guattari sind es unsere Perzeptionen, die am ehesten Vergangenheiten für zukünftige Imaginationen öffnen können. Es ginge demnach also wesentlich um weiche Formen der Darstellung, die nicht an den Dingen, Objekten und Themen kleben, sondern Netzwerke, Routen und Passagen erzeugen. Das Museum ist also keine sachliche Instanz im herkömmlichen Sinn, sondern verschränkt subjektive und objektive Momente, den Mikro- und den Makrokosmos, das Begrenzte und das Unendliche und zeichnet damit eine neue Karte der Erinnerung.[25]

Diese perzeptiven Erneuerungen finden an Knotenpunkten oder auf Bedeutungsebenen zu pulsierenden temporären Einheiten zusammen. Um eine neue Kartographie des DAM zu zeichnen, sind also zunächst solche Knotenpunkte zu bestimmen. Dies kann auch jenen Stillstand überwinden helfen, an dem „heimatliche" Regionalität gegenwärtig angelangt zu sein scheint.[26] 2021 ist ein unschuldiges Sprechen über Regionalität nicht mehr möglich, zu sehr haben sich patriotische und neonationale Diskurse des „Heimatlichen" bemächtigt. Repräsentationen in Museen haben auf diesen identitären Missbrauch zu reagieren, aber nicht, indem sie Gegenidentitäten entwerfen, sondern durch reflexive Aneignung von territorialen Ausgangspunkten, Handlungsräumen und Konfliktzonen.

---

24 Deleuze, Gilles/Guattari, Félix: Tausend Plateaus. Kapitalismus und Schizophrenie II, Berlin 1992.

25 Heyer, Stefan/Deleuzes & Guattaris Kunstkonzept: Ein Wegweiser durch Tausend Plateaus, Wien 2001.

26 Féron, Élise/Käkönen, Jyrki/Rached, Gabriel (Hg.): Revisiting Regionalism and the Contemporary World Order, Leverkusen-Opladen 2019.

LITERATUR

Angelucci, Malcolm/ Kerschbamer, Stefano: One Monument, One Town, Two Ideologies: The Monument to the Victory of Bolzano-Bozen, in: Public History Review 24 (2017), S. 54–75.

Ashcroft, Bill/ Griffiths, Gareth/Tiffin, Helen (Hg.): Key Concepts in Post-Colonial Studies, London 1998.

Assmann, Jan: Kollektives Gedächtnis und kulturelle Identität, in: Assmann, Jan/Hölscher, Tonio (Hg.): Kultur und Gedächtnis, Frankfurt am Main 1988, S. 9–19.

Beitl, Matthias/Jaschke, Beatrice/Sternfeld, Nora (Hg.): Gegenöffentlichkeit organisieren: Kritisches Management im Kuratieren, Berlin/Boston 2019.

Deleuze, Gilles/Guattari, Félix: Tausend Plateaus. Kapitalismus und Schizophrenie II, Berlin 1992.

Féron, Élise/Käkönen, Jyrki/Rached, Gabriel (Hg.): Revisiting Regionalism and the Contemporary World Order, Leverkusen-Opladen 2019.

Fischer-Lichte, Erika: Ästhetik des Performativen, Frankfurt am Main 2004.

Goffman, Erving: Asylums: Essays on the Social Situation of Mental Patients and Other Inmates, New York 1961.

Hackelsberger, Christoph: Die k.k. Franzensfeste: ein Monumentalwerk der Befestigungskunst des 19. Jahrhunderts, München 1986.

Hantelmann, Dorothea von/Meister, Carolin (Hg.): Die Ausstellung. Politik eines Rituals, Zürich-Berlin 2010.

Heiss, Hans: Der globale Ort. Franzensfeste/Fortezza: Festung, Dorf, Metapher, in: Jahrbuch zur Geschichte des ländlichen Raumes 9 (2012), S. 155–173.

Heyer, Stefan/Deleuzes & Guattaris Kunstkonzept: Ein Wegweiser durch Tausend Plateaus, Wien 2001.

Hindrichs, Gunnar: Das Absolute und das Subjekt. Untersuchungen zum Verhältnis von Metaphysik und Nachmetaphysik. 2. Aufl., Frankfurt am Main 2011.

Hirsch, Michael: Die zwei Seiten der Entpolitisierung. Zur politischen Theorie der Gegenwart, Stuttgart 2007.

Hökerberg, Håkan: The Monument to Victory in Bolzano: desacralisation of a fascist relic, in: International Journal of Heritage Studies 23, 2017, S. 1–16

Invernizzi-Accetti, Carlo: A small Italian town can teach the world how to defuse controversial monuments, in: The Guardian vom 6. Dezember 2017.

Karbe, Ariane/Prackwieser, Josef: Das Hausmuseum „Villa Freischütz" in Meran, in: Der Schlern, 92/ 9 (2018), S. 4–33.

Kazeem, Belinda/Martinz-Turek, Charlotte/Sternfeld, Nora (Hg.): Das Unbehagen im Museum. Postkoloniale Museologien, Wien 2009.

Kluge, Alexander/Negt, Oskar: Geschichte und Eigensinn, Frankfurt am Main 1981.

Kraus, Carl/Obermair, Hannes (Hg.): Mythen der Diktaturen. Kunst in Faschismus und Nationalsozialismus – Miti delle dittature. Arte nel fascismo e nazionalsocialismo, Dorf Tirol 2019.

Macdonald, Sharon (Hg.): A Companion to Museum Studies, Oxford 2006.

Mannheim, Karl: Das Problem der Generationen (1928), in: Wolff, Karl H. (Hg.): Karl Mannheim, Wissenssoziologie. Auswahl aus dem Werk, Berlin/Neuwied 1964.

Marx, Karl: Der achtzehnte Brumaire des Louis Bonaparte. Kommentar von Hauke Brunkhorst, Frankfurt am Main 2007.

Merleau-Ponty, Maurice: Das Sichtbare und das Unsichtbare, 2. Aufl., München 1994.
Michielli, Sabrina/Obermair, Hannes (Red.): BZ '18–'45: ein Denkmal, eine Stadt, zwei Diktaturen. Begleitband zur Dokumentations-Ausstellung im Bozener Siegesdenkmal, Wien-Bozen 2016.
Natter, Tobias G. et. al. (Hg.): Die Praxis der Ausstellung. Über museale Konzepte auf Zeit und auf Dauer, Bielefeld 2012.
Pirchner, Esther/Heiss, Hans (Hg.): Südtirol und das 20. Jahrhundert im Bergfried von Schloss Tirol, Dorf Tirol 2016.
Raphael, Lutz: Geschichtswissenschaft im Zeitalter der Extreme. Theorien, Methoden, Tendenzen von 1900 bis zur Gegenwart, München 2003.
Rito, Carolina/Balaskas, Bill (Hg.): Institution as Praxis: New Curatorial Directions for Collaborative Research, Berlin-Nottingham 2020.
Spivak, Gayatri Chakravorty: Can the Subaltern Speak? Postkolonialität und subalterne Artikulation Übers. Alexander Joskowicz, Stefan Nowotny, Einl. Hito Steyerl, Wien 2007.

Haus der Geschichte Österreich – das zeitgenössische Museum als Diskussionsforum und Prozess

Stefan Benedik, Eva Meran, Monika Sommer

Das Haus der Geschichte Österreich (hdgö) ist nicht nur ein im 21. Jahrhundert gegründetes Museum – es versteht sich auch klar als „Museum des 21. Jahrhunderts". Welches Selbstverständnis und welche konzeptionelle Basis liegen einer solchen (Selbst)Definition zugrunde? Wie kann eine Institution aufgebaut und museale Formate entwickelt werden vor dem Hintergrund kritischer Geschichtsforschung, jüngerer museologischer Debatten, zeitgenössischer Theorien des Kuratierens und Vermittelns sowie sich ständig erweiternder Möglichkeiten digitaler Public History? Und was sind die Herausforderungen und Grenzen einer solchen Anwendung?

Diesen Fragen geht vorliegender Beitrag nach: Nach einigen theoretischen Vorbemerkungen werden wesentliche Eckpunkte der Museumsneugründung sowie Aufbau und Struktur der Hauptausstellung dargelegt, um darauf aufbauend die Haltung sowie den Zugang zum ‚Museum als Diskussionsforum und Prozess' nachzuzeichnen – insbesondere mit Bezug auf die Webplattform des Museums sowie den Bereich Vermittlung. Wir sprechen in diesem Text aus der Position der diese Prozesse entwickelnden und betreuenden Personen, als Direktorin, als Leiterin der Vermittlung sowie als Leiter des Public History Teams, und zielen daher hier nicht auf eine kritische Analyse von Konzeption und Umsetzung ab, sondern stellen die Rahmenbedingungen, darauf aufbauenden Angebote und deren Anlage vor, sowie reflektieren über die in drei Jahren gemachten Erfahrungen (davon ca. die Hälfte in der Aufbauphase vor der Eröffnung und eine Hälfte jetzt im „Betrieb").

Transparenz und Zugänglichkeit

Die zentralen Debatten der Museologie und Public History, die in den vorangegangenen zwanzig Jahren eine entscheidende Wendung erhalten haben, stellen Akteur*innen, die Zeitgeschichte vermitteln, vor fundamentale Herausforderungen, darunter besonders die folgenden beiden Paradigmenwechsel:

Erstens ist das die Kritik an dem Ausblenden von Gestaltungs- und Deutungsmacht, Repräsentation und Agency, die infolge des sogenannten *Postcolonial Turns* in vielen Gesellschaftsbereichen zentral wurde und für das Feld des Museums in der hellsichtigen Frage auf den Punkt gebracht wurde, „Wer spricht?".[1] Diese Zugänge sind un-

---

[1] Schnittpunkt/Jaschke, Beatrice/Martinz-Turek, Charlotte et al. (Hg.): Wer spricht? Autorität und

trennbar mit der Reflexion darüber verbunden, an welchen gewaltvollen Strukturen Institutionen, die sich der Erzählung von Geschichte verschreiben, beteiligt sind bzw. welche sie befördern oder legitimieren (etwa durch institutionelle bzw. strukturelle Diskriminierung, den Raub von Objekten,[2] diskriminierende Inhalte oder ausschließende Praxis[3]), dass Institutionen der Public History nicht neutral sind, sondern dahinter Menschen mit (Einzel-)Interessen, (Erzähl-)Absichten und spezifischen Zugangsweisen versteckt bleiben und dass sie von einer vorgestellten Norm eines ökonomisch abgesicherten, „inländischen" Manns als Norm der repräsentierten Erzählung und als „typischen", eben männlichen, Konsumenten ausgehen und allen Menschen, die von dieser Position abweichen, den Zugang erschweren bzw. eine Auseinandersetzung mit ihrer Erfahrung verweigern und daher Rituale des Ausschlusses konstituieren bzw. verstärken. Die Prozesse einer Reflexion der eigenen Komplizenschaft sind in vielen Institutionen, besonders im musealen Bereich, inzwischen angelaufen, und auch wenn sich damit ein Spannungsfeld auftut, dass bis an die strukturell-konzeptionellen Grundlagen einer solchen Institution gehen können, zeigt sich doch, dass *Accessibility, Inclusion*, auch *Participation* und teils sogar *Standpoint* wenigstens Buzzwords in den Kriterienkatalogen für aktuelle Standards der Public History geworden sind.

Zweitens entwickeln sich (oft an der Schnittstelle von Material Culture und der Auseinandersetzung mit Medialität/en) neue Zugänge zu Repräsentation, Un/sichtbarkeit, Agency und Virtualität in der Praxis der Vermittlung historischer Inhalte.[4]

Autorschaft in Ausstellungen, Wien 2005; dazu aktuell: Byrne, John/Morgan, Elinor/Paynter, November et al. (Hg.): The Constituent Museum. Constellations of Knowledge, Politics and Mediation, Amsterdam 2018; Sternfeld, Nora: Das radikaldemokratische Museum, Berlin/Boston 2018.

2   Aufgrund der Verschränkung mit internationalen Beziehungen zwischen Staaten und Institutionenpolitik wohl die prominenteste Frage, vgl. exemplarisch Förster, Larissa/Edenheiser, Iris/Fründt, Sarah et al. (Hg.): Provenienzforschung zu ethnografischen Sammlungen der Kolonialzeit, Positionen in der aktuellen Debatte, Berlin 2018 oder Schönberger, Sophie: Was heilt Kunst? Die späte Rückgabe von NS-Raubkunst als Mittel der Vergangenheitspolitik, Göttingen 2019.

3   Vgl. Coleman, Laura-Edythe: Understanding and Implementing Inclusion in Museums, Lanham 2018; Föhl, Patrick S./Erdrich, Stefanie/John, Hartmut et al. (Hg.): Das barrierefreie Museum: Theorie und Praxis einer besseren Zugänglichkeit, Bielefeld 2007; Betsch Cole, Johnetta/Lott, Laura (Hg.): Diversity, Equity, Accessibility, and Inclusion in Museums, Washington 2019.

4   Vgl. Zierold, Martin: Memory and Media Cultures, in: Erll, Astrid/Nünning, Ansgar/Young, Sara B. (Hg.): Cultural Memory Studies: An International and Interdisciplinary Handbook, Berlin 2008, S. 399–408; Reading, Anna: Memory and Digital Media. Six Dynamics of the Globital Memory Field, in: Neiger, Motti/Meyers, Oren/Zandberg, Eyal: On Media Memory, London 2011, S. 241–25; Reichert, Rámon/Richterich, Annika: Introduction. Digital Materialism, in: Digital Culture & Society, 1/1 (2015), S. 5–17; Wilde, Lukas: Distinguishing Mediality. The Problem of Identifying Forms and Features of Digital Comics, in: Networking Knowledge: Journal of the MeCCSA Postgraduate Network 8/4 (2015),

Die zentrale Herausforderung liegt hier in der Schaffung von Angeboten, die inhaltliche und konzeptuelle Fragen berücksichtigen – jenseits einer oberflächlichen Mediennutzung unter dem Schlagwort der Digitalisierung. Es gilt, die spezifische Medialität des Digitalen im Sinne einer Erzeugung multidirektionaler Räume im Web zu berücksichtigen, Potentiale des Prozesshaften zur Weiterentwicklung der Formate auszuschöpfen, Barrieren abzubauen (etwa in den Bereichen Medialität, Lage, Sprache, Gebühren und andere Zugangsmodalitäten) und sich der Frage der Anbindung an den materiellen Raum zu stellen.

Neben diesen wissenschaftskulturellen bzw. gesellschaftspolitischen Rahmenbedingungen stehen auch noch die kultur- und geschichtspolitischen: Ein zentrales Hindernis für die Gründung und die ausreichende finanzielle Ausstattung eines Zeitgeschichte-Museums auf österreichischer Bundesebene war und ist sicherlich die zwischen den bestimmenden politischen Lagern immer noch umstrittene Deutung der Gewaltgeschichte der 1920er bis 1940er Jahre.

Demokratiegeschichte am Ort von Monarchie und NS-Propaganda

Der Gründung des Hauses der Geschichte Österreich geht eine jahrzehntelange und komplexe Vorgeschichte voraus.[5] Im Jahr 2016 schließlich gesetzlich als „aktives und offenes Diskussionsforum für zeithistorische Fragestellungen und Themen der Gegenwartsgeschichte"[6] verankert, eröffnete das hdgö im November 2018 als erstes zeitgeschichtliches Museum der Republik – genau 100 Jahre nach Ausrufung der Ersten Republik im Jahr 1918. Das in Rekordzeit aufgebaute Museum befindet sich im politischen Herzen des Landes: direkt am Wiener Heldenplatz in der Neuen Burg. Das ab 1881 gebaute, ursprünglich als Wohn- und Repräsentationsgebäude für den Kaiser, seine Familie und Gäste geplante Gebäude veränderte sich in der konkreten Raumkonzeption ständig und war schließlich zu Ende der Habsburgermonarchie noch immer im Rohbau. Schon zu dieser Zeit waren fertiggestellte Gebäudebereiche vorwiegend in einer musealen Nutzung und beherbergen seither die sogenannte Fideikomissbibliothek, das ist ein Teil der jeweils dem Familienoberhaupt der Habsburger

S. 1-14; Jörissen, Benjamin/Kröner, Stephan/Unterberg, Lisa (Hg.): Forschung zur Digitalisierung in der Kulturellen Bildung, München 2019.

5   Siehe hierzu: Rupnow, Dirk: Nation ohne Museum? Diskussionen, Konzepte und Projekte, in: Rupnow, Dirk/Uhl, Heidemarie: Zeitgeschichte Ausstellen in Österreich. Museen – Gedenkstätten – Ausstellungen, Wien/Köln/Weimar 2011, S. 417-464; Sommer, Monika: Das Haus der Geschichte Österreich – ein Aufbruch ins Ungewisse, in: Karl, Beatrix/Mantl, Wolfgang/Poier, Klaus et al.: Steirisches Jahrbuch für Politik 2018, Wien/Köln/Weimar 2019, S. 111-116.

6   URL: https://www.ris.bka.gv.at/GeltendeFassung. wxe?Abfrage=Bundesnormen&Gesetzesnummer=20001728, zuletzt aufgerufen am 15.06.2020.

vererbten Sammlungen und Bibliotheken des 18./19. Jahrhunderts. Das Gebäude stellt jedoch nicht nur ein Erbe der Monarchie dar. Der zentral dem Gebäude vorgelagerte Altan – ein Bauteil über dem Haupteingang, der das Aussteigen aus Kutschen bei jedem Wetter ermöglichen sollte – und mit ihm der gesamte Heldenplatz sind bis heute im kollektiven Gedächtnis des Landes mit einem zentralen Ereignis verbunden: Von dieser Terrasse aus hielt Adolf Hitler am 15. März 1938 die Rede zur Deklaration des „Anschlusses" Österreichs an das nationalsozialistische Deutschland. Es waren nicht zuletzt die Bilder dieser frenetisch jubelnden Menschenmenge, die der nach 1945 hochgehaltenen These von Österreich als erstem Opfer NS-Deutschlands deutlich widersprachen: Erst in den 1980er Jahren entstand eine von der sogenannten „Waldheim-Affäre" um die verspätete Reaktion eines Bundespräsidentschaftskandidaten entfachte, breite gesellschaftliche Debatte um die Mitverantwortung Österreichs an den NS-Verbrechen. Der Heldenplatz wurde zum Synonym für die Verstrickung zahlreicher Österreicher*innen, für die „Anschluss"-Euphorie eines großen Teils der Bevölkerung und die so lange hinausgezögerte Konfrontation mit der eigenen Vergangenheit. Der Altan blieb tabuisiert – seit 1945 scheint er verschlossen, auch wenn er immer wieder für private Feiern genutzt wurde. Nur einmal wurde er zum Ort einer symbolträchtigen Rede gegen Fremdenfeindlichkeit, die sich jedoch nicht im kollektiven Gedächtnis verankerte.[7] Mit dem „Lichtermeer" im Jahr 1993 wiederum, einer Kundgebung gegen Rassismus und Intoleranz mit bis zu 300.000 Menschen, erfuhr der Heldenplatz eine bleibende Neuaufladung als Ort zivilgesellschaftlichen Engagements. Bis heute ist er der zentrale Schauplatz der Republik für Demonstrationen und ein Ort demokratischer Protestkultur.

Für das Team des hdgö war von Beginn an klar, dass die Verortung des Museums an diesem zentralen (erinnerungs-)politischen Ort des Landes als Auftrag zu verstehen und zugleich Verpflichtung ist. Bereits vor Eröffnung des Museums, zum 80. Jahrestag der Rede Hitlers im März 2018, eröffnete das hdgö die Klanginstallation der Künstlerin Susan Philipsz, die über ein Jahr lang zwei Mal täglich am Heldenplatz zu hören war. Die mittels Gläsern erzeugten, subtilen und doch eindringlichen Klänge ertönten aus den vier Ecken des Platzes und überspannten so den gesamten Raum zwischen der Neuen Burg und den temporär am Platz befindlichen Pavillons des Parlaments. Die künstlerische Arbeit mit dem Titel *The Voices* markierte den Heldenplatz als Ort von Ansprachen, gemahnte zugleich an die zum Schweigen gebrachten Stimmen

---

7   Am 17. Juni 1992 hielt Elie Wiesel, Holocaust-Überlebender und Friedensnobelpreisträger, vom Altan aus eine Rede gegen Fremdenfeindlichkeit anlässlich eines „Konzerts für Österreich". Eine anhaltende Neubesetzung des Ortes konnte dadurch nicht erreicht werden. Vgl. Rupnow, Dirk: Das Gedenk- und Erinnerungsjahr 2018 – eine Rückschau, in: zeitgeschichte 46/4 (2019), S. 463-478, S. 473.

Mit seinen „Web-Ausstellungen zum Mitmachen" hat das hdgö ein dynamisches Ausstellungsformat entwickelt, das erst durch Beiträge von Besucher*innen entsteht.
© treatl.agency/hdgö

und verwies mit ihrer klanglichen Präsenz nicht zuletzt auf die Fragilität politischer Systeme.[8]

Dieser künstlerischen Markierung im Außenraum folgten mit Eröffnung des Museums auch Setzungen im Inneren des Gebäudes. Das dem Altan vorgelagerte Plateau wurde in Erinnerung an die Leiterin des Frauenorchesters im Vernichtungslager Auschwitz-Birkenau, Alma Rosé, benannt und mit einer Reihe von Wechselausstellungen bespielt, die insbesondere dem Thema Nationalsozialismus Raum gibt. Direkt beim Ausgang zum Altan findet sich neben umfangreichen Informationen zum Ort eine Möglichkeit für das Publikum über eine Öffnung des, oft als „Hitlerbalkon" bezeichneten, Altans für die Öffentlichkeit abzustimmen. Eine überwiegende Mehrheit sprach sich von Anfang klar für eine Zugänglichmachung aus – aktuell steht das Verhältnis bei 4:1. Diese Tatsache sowie die im Rahmen von Vermittlungsprogrammen mit dem Publikum geführten Diskussionen waren ausschlaggebend für ein breit angelegtes, digitales Projekt zur Debatte über eine mögliche Verwendung des Altans. Unser Anliegen war es, ein Format zu entwickeln, in dem genau diese Frage in möglichst offener Form diskutiert werden kann. Im März 2019 ging das hdgö mit dem Aufruf an die Öffentlichkeit, die eigenen Ideen für eine zukünftige Nutzung dieses zentralen Ortes der österreichischen Auseinandersetzung mit der NS-Herrschaft in

---

8 Vgl. Sommer, Monika (Hg.): The Voices. Eine temporäre Klanginstallation von Susan Philipsz am Wiener Heldenplatz anlässlich des Gedenkjahres 2018. Ein Projekt des Hauses der Geschichte Österreich, Wien 2018. Die das Werk begleitende Publikation steht zum freien Download zur Verfügung. URL: www.hdgoe.at/booklet-the-voices-download, zuletzt aufgerufen am 15.06.2020.

visueller Form beizutragen (heldenplatz.hdgoe.at) – über die auch laufend abgestimmt werden kann. Mit dem Projekt *„Der Balkon", eine Baustelle. Visionen für einen belasteten Ort* wurde so in einen bestehenden, hoch politisierten Diskussionsprozess eingegriffen mit dem Anliegen, eine tatsächliche Konfrontation unterschiedlicher Vorstellungen herbeizuführen.

Vielstimmiges Ausstellen

Neben den zuvor skizzierten, den Rahmen und Schauplatz verhandelnden Aktivitäten, bildet das Herzstück des Museums die im Mezzanin des Gebäudes befindliche, zentrale Ausstellung, die 2018 eröffnet und gegenwärtig im Sinne von Ausstellungen als Prozessen modular ständig erneuert wird. Sie widmet sich der österreichischen Geschichte seit 1918 auf 765 m² in acht Themenbereichen. Den Auftakt bildet ein Kapitel zur Gründung der Republik 1918, das die massive demokratie- aber auch gesellschaftspolitische Zäsur als solche in den Mittelpunkt rückt und vor diesem Hintergrund über individuelle Erfahrungen von Personen und deren Agency erzählt. Angestrebt wird dabei auch eine historische Neubewertung der Anfangsmonate und -jahre der Republik, deren Verdienste im verfassungs-, sozial- und bildungspolitischen Bereich in der wissenschaftlichen Literatur aber auch der Public History vom Klischee des „Staates, den niemand wollte" bzw. der „übrig blieb" völlig überlagert sind. Der erste Ausstellungsraum bildet dabei selbst eine historische Rahmung: Die prunkvolle Innenausstattung des Raumes – die im Gegensatz zu den darauffolgenden Ausstellungsräumen hier realisiert wurde – wird zur symbolhaften Hintergrundfolie. Der auf die Monarchie verweisenden Architektur, die das erzählte Geschehen gleichsam einrahmt, werden Vitrinen und Displays gegenübergestellt, die sich aus baugerüstartigen Elementen und Personenporträts auf Gipskartonplatten zusammensetzen und so einen starken optischen Kontrapunkt zum Stuck und Marmor des Raumes herstellen, dessen Materialsprache sie aber auch aufnehmen. Viele Elemente stehen zudem auf Rollen – es ist die Erzählung eines Moments in Bewegung mit unvorhersehbarem Ausgang und eine gestalterische Manifestation dieses politischen wie gesellschaftlichen Bruchs.

Das Mittel des Kontrasts setzte das Team von BWM Architekt*innen, das für die Gestaltung verantwortlich zeichnet, beim Übergang zum folgenden Ausstellungsraum erneut ein. Das Publikum findet sich nun am Beginn einer langen, hellen Raumflucht, deren dominierende Farbe weiß ist. Hier liegt der Gestaltung die Idee eines ‚Geschichtslabors' zugrunde: Die Farbigkeit ist bewusst zurückgenommen, ein möglichst ‚neutraler' Raum soll entstehen.[9] BWM Architekten wurden für die Gestaltung der Eröffnungsausstellung mit dem German Design Award 2020 ausgezeichnet. Die inhaltliche Gliederung der Ausstellung folgt sowohl einem chronologischen, als auch thematischen Zugang. Entlang der rechten Seitenwand befindet sich der streng chronologisch angelegte Themenbereich „Macht Bilder!" in Form einer die gesamte Raumflucht durchziehenden, regalartigen Konstruktion. In 57 Stationen werden bekannte und verschwiegene Ereignisse entlang einer Zeitleiste von 1918 bis in die Gegenwart erzählt mit Fokus auf die sich mit dem 20. und 21. Jahrhundert wandelnde Funktion und Produktion von Bildern. Im oberen Bereich des Displays befinden sich Reproduktionen von Plakaten der jeweiligen Zeit in Originalgrößen – ein gemeinsam mit in Zehnerschritten angeordneten, leuchtenden Jahreszahlen gesetzter Verweis auf den sich mit neuen Formen von Bildproduktion wandelnden öffentlichen Raum. Zentral im Raum angeordnet befinden sich weitere sechs Themenbereiche, deren Form die Inhalte immer wieder gezielt aufgreift. Deren räumliche Positionierung orientiert sich am chronologischen Element, indem es thematische Vertiefungen in eine Zeit einordnet, in der diese besonders relevant wurden/waren. Den Auftakt bildet dementsprechend der Themenbereich *Aus der Krise – in die Krise* zum Zusammenhang zwischen Wirtschaft, Gesellschaft und Politik in den 1920er und 1930er Jahren, gefolgt vom größten Themenbereich *Diktatur, NS-Terror, Erinnerung.* Entlang der weiteren Themenbereiche *Das ist Österreich!?, Grenzen verändern? und Gleiche Rechte!?* gelangt das Publikum zum Ende des Ausstellungsraumes. Hier ist das Museum tagesaktuell: Zwei Monitore mit aktuellen Nachrichten und Auszügen aus verschiedenen Social-Media-Kanälen bringen das tagespolitische Geschehen in die Ausstellung. Ergänzt werden diese durch aktuell in die Sammlung aufgenommene, gesellschaftspolitisch relevante Objekte derzeit etwa zum öffentlichen Raum in der Corona-Krise sowie ebenfalls aktuelle, laufend ausgetauschte Protestplakate, die am Heldenplatz oder anderen Orten von Demonstrationen in ganz Österreich gesammelt wurden. Dieser zentralste politische Ort des Landes bildet damit als Metapher für den Raum öffentlich-politischer Kontroverse einen der Sammlungsschwerpunkte des Museums: Bei unterschiedlichsten Demonstrationen, in denen verschiedenste politische, kulturelle oder soziale Anliegen artikuliert werden, werden Menschen im Sinne der als *Rapid Response Collecting* bezeichneten Sammlungsstrategie eingeladen, ihr Protestplakat der Sammlung des Museums zu überlassen und die dazugehörigen Geschichten dokumentiert. In der laufenden Erneuerung der Hauptausstellung werden Objekte aus

---

9 Vgl. URL: https://bwm.at/de/projects/haus-der-geschichte-osterreich-projekt/, zuletzt aufgerufen am 15.06.2020.

Der Auftakt zur Hauptausstellung verbindet Fragen an die Anfangsjahre der ersten österreichischen Republik aus der Perspektive der Gegenwart mit biografischen Einstiegen.
© Klaus Pichler/hdgö

diesem Sammlungsschwerpunkt nicht mehr nur an diesem abschließenden Platz der Ausstellung eingebaut, sondern auch in mehreren anderen Bereichen – leitend ist dabei der Ansatz, Geschichte aus der Gegenwart heraus zugänglich und erzählbar zu machen und danach auch die Frage der Relevanz historischer Ereignisse zu skalieren. Den sichtbarsten ‚Abschluss' der Ausstellung und eine weitere Form der Anknüpfung an die Gegenwart sowie an die jeweils eigene Position der Besucher*innen bildet daneben eine interaktive Station, die dazu einlädt, eine ganz persönliche Antwort auf die Frage „Wofür lohnt es sich zu kämpfen?" auf eine farbige Haftnotiz zu schreiben und diese auf der Wand zu hinterlassen.

Dieses bewusste In-Beziehung-Setzen bzw. die Verknüpfung des Gezeigten und Verhandelten mit der Gegenwart ist grundlegender Teil des Zugangs des hdgö zur Gestaltung von Ausstellungen und Programmen. Zum einen aus dem Bewusstsein heraus, dass Geschichte stets nur eine von der Gegenwart aus gedachte Annäherung an die Vergangenheit sein kann und alle im Heute an das Vergangene gestellte Fragen mit dem eigenen, gegenwärtigen Standpunkt untrennbar verbunden sind. Zum anderen aus dem Verständnis des Museums als öffentlicher, politischer Ort, der Teil eines kulturellen Systems der Produktion von Sichtbarkeit, Wissen und Identität ist und über Handlungs- und Deutungsmacht verfügt. Die kritische Reflexion der eigenen Position und das Verständnis von Geschichte als permanentem Aushandlungsprozess, den es greifbar zu machen gilt, prägen den kuratorischen wie vermittlerischen Zugang des hdgö – wie auch das dem Museum, nicht zuletzt durch seine Eröffnung genau 100

Das hdgö erzählt eine Geschichte Österreichs konsequent auch von jenseits der Staats-
grenzen aus – etwa in Zusammenhang mit Orten von NS-Verbrechen, an denen Österreicher*innen Opfer oder Täter*innen waren.
© Klaus Pichler/hdgö

Jahre nach Gründung der demokratischen Republik, zentral eingeschriebene Thema
der Demokratie. Die Auseinandersetzung mit ihr wie in logischer Konsequenz auch
mit ihren Brüchen, ihrer Veränderlichkeit und Prozesshaftikgeit, manifestiert sich
nicht allein in einem ‚Sprechen über Demokratie‘, sondern bestimmt den Standpunkt
der Handlungen insgesamt. Wenn auch aufgrund struktureller und ressourcenbe-
dingter Rahmenbedingungen breiter angelegte demokratisch-partizipative Zugänge
nicht immer umsetzbar sind, so ist es doch stets möglich, zu fragen: Wer spricht?
Wer kommt zu Wort und wer nicht? Wessen Geschichte wird erzählt und wer bleibt
unsichtbar?

In diesem Sinne folgt die zentrale Ausstellung einem multiperspektivischen Zugang, bei dem das Ziel nicht ist, eine einzige, hegemoniale und lineare Erzählung
darzustellen, klassische Topoi der Public History (‚große Persönlichkeiten‘, ‚zentrale
Ereignisse‘) zu perpetuieren oder ein homogenes, ‚nationales Wir‘ über die Projek-
tion/Imagination ‚gemeinsamer‘ historischer Schlüsselmomente zu konstituieren. Die
‚Nation‘ wird somit nicht als Referenzrahmen begriffen, sondern vielmehr als Gegenstand leitender Fragen, etwa danach, was Österreich ist/sein kann und woran sich
‚das Nationale‘ konstituiert bzw. sichtbar wird. Vielmehr konzentriert sich die Anlage
der Narrative und die Auswahl der Themen und Objekte auf Orientierung durch Ver-
trautes und dessen produktive Irritation, auf hegemoniale Perspektiven und deren
subversiven Gegenentwurf, besonders aber auch darauf, bislang in der Public History
und allgemein im Museum marginalisierten Stimmen Raum zu geben.

Digital Curating und offene Ausstellungsformen

Das hdgö hat auf die eingangs genannten Herausforderungen und vor dem Hintergrund des soeben skizzierten Profils auch mit einer Schwerpunktsetzung in der digitalen Public History reagiert und eine Webplattform entwickelt. So möchten wir als Museum neue Formen der Auseinandersetzung mit Geschichte erproben, die Besucher*innen Möglichkeiten der Involvierung in das Museum als Prozess bieten. Zentral ist, dass alle der entwickelten Angebote im Web als Erweiterung der physischen Ausstellung in der Neuen Burg am Wiener Heldenplatz zu verstehen sind oder sich jedenfalls in irgendeiner Form auf den materiellen Raum beziehen. Teilweise werden gleiche bzw. ähnliche Inhalte gezeigt (allerdings entsprechend dem Medium jeweils in anderer Form), teils bieten Elemente am Smartphone-Browser zusätzliche Ebenen (zu Ereignissen in einem Lexikon – lexikon.hdgoe.at – oder zu Objekten in Form von Objektsteckbriefen – hdgoe.at/sammlung). Während solche Module ausschließlich Orientierung bieten (und beispielsweise, wie im Lexikon, aktuelle Forschungszugänge von Wissenschaftler*innen selbst erarbeitet für eine breite Öffentlichkeit vermitteln), sind mehr als die Hälfte der Webausstellungen als partizipative Plattformen konzipiert, in der die Rolle der Kurator*innen nicht darin besteht, auszuwählen, sondern eine Frage zu stellen, auf die Besucher*innen durch UGC (User Generated Content) reagieren. Die Ausstellung entsteht also erst durch die User*innen, von denen die Objekte kommen und die wiederum aufeinander Bezug nehmen. Dies erlaubt es, eine einmal eröffnete Ausstellung dynamisch und veränderlich zu halten, indem Besucher*innen aktiv dazu eingeladen werden, eine bestehende Auswahl an digitalen Objekten um ihre eigenen zu ergänzen.

Der zentrale Angelpunkt in der Konzeption dieser Ausstellungsformate bestand darin, partizipative Ansätze zu finden, die das Narrativ (und die Objektlage) in einer Ausstellung beeinflussen oder erweitern können und von einer breiten Masse erreicht werden können – auch wenn den Maßstäben partizipativer Vermittlungsprojekte, in denen alle Schritte schon ab der Entwicklung eines Projektes von allen Beteiligten gemeinsam festgelegt und gesteuert werden, in solchen Dimensionen nicht genüge getan werden kann. Was möglicherweise als neuer Weg angesehen werden könnte, ist, dass wir im hdgö diese partizipativen Zugänge durch den UGC-Zugang und die Einladung an die Besucher*innen, Inhalte zu erweitern, explizit getrennt betrachten von unserer Sammlungsstrategie. Es geht also nicht um einen attraktiver gestalteten Sammlungsaufruf, sondern darum, dass ein Museum Ausstellungsfläche zur allgemeinen Bespielung zur Verfügung stellt. In diesem Sinn wird die Auseinandersetzung mit Geschichte als gemeinsames Projekt nach demokratischen Spielregeln gedacht. Konsequenterweise dürfen solche Instrumente dann auch keinesfalls als Marketingmaßnahmen für click-baiting, also die Erhöhung von Zugriffszahlen, missbraucht werden, sondern müssen ein ernst gemeintes Angebot des Museums sein, ein „Diskussionsforum" zu sein. Wir möchten versuchen, Geschichte so als gemeinsamen Prozess zu denken, der eben nicht abgeschlossen ist und sich für möglichst viele Interessierte öffnet. Übersehen werden darf freilich nicht, dass solche Überlegungen auch umsetzbar werden müssen bzw. der damit entstehende Betrieb bewältigbar geplant sein muss. Hier hat die Erfahrung aus der Aufbauphase des hdgö gezeigt, dass die Sorge bislang völlig unbegründet war, dass die Moderation und Begleitung solcher offen angelegten Elemente im Web nicht nur arbeitsintensiv sein könnte, sondern der erwartete Überhang von digitalem Vandalismus oder Nonsense-Einreichungen die Mühe nicht wert wären.

Die grundsätzliche Anlage aller Elemente im Web[10] als Interfaces zwischen dem digitalen und dem materiellen Raum hat auch einen anderen Aspekt: Sie reagiert auf die extreme Barriere, die für viele Museen – auch das hdgö – konstitutiv sind und die sich u.a. durch Architektur, Lage, Sprache, Zutrittsmodalitäten manifestieren. Zusätzlich zum Abbau dieser Schwellen ermöglicht die Nutzung des Web als Museumsraum eine Auseinandersetzung für und mit einem breiten Publikum zumindest vollständig unabhängig von der Lage und jenseits von Herrschaftsarchitektur. Für das hdgö ist einerseits der Ort der Neuen Burg am Heldenplatz zentral. Andererseits hat das hdgö aber auch einen anderen Ort: jedes beliebige Smartphone oder jeder Computer weltweit. Nicht zuletzt aufgrund der geografischen Verfasstheit Österreichs ist es für ein Museum des Bundes in Wien unerlässlich, auch jenen Menschen ein Angebot zu machen, die nicht in die Ausstellung kommen können – oder wollen. Deshalb werden sukzessive Inhalte aus unseren Ausstellung auch in das Web übertragen. Das ist nicht nur wesentlich zur Erhöhung der Vielfalt unseres Angebots, sondern auch, um das Museum als dezentrierte Institution zu begreifen, die überall und für möglichst viele Menschen erreicht werden kann.

Im Bereich der partizipativen Ausstellungen waren die Überraschungen teils sehr groß, weil durch die Beiträge in inhaltlicher Hinsicht die Vorstellungen von Historiker*innen einer sehr ertragreichen Irritation ausgesetzt wurden. Ein aussagekräftiges Beispiel dafür ist die Webausstellung *1989 – Europa wächst zusammen* (1989.hdgoe.at), die Besucher*innen einlud, ihre visuellen Erinnerungen an die erste Überschreitung der Grenze zwischen Österreich, der Tschechoslowakei oder Ungarn

---

10 Webausstellungen und interaktive, aber nicht partizipative Module, die ausschließlich Orientierung bieten.

beizutragen. Die Beiträge haben hier ein völlig neues Bild gezeichnet, das nicht die bekannten Eindrücke reproduziert, sondern den Fall des „Eisernen Vorhangs" vor allem als Prozess in den Grenzregionen selbst sichtbar macht, der nicht von Politiker*innen in symbolischen Aktionen, sondern von kleinen Initiativen gestaltet wurde. Diese transnationalen Erfahrungen und Begegnungen vor und unmittelbar nach dem Abbau der Grenzbarrieren wurden aber aus österreichischer Perspektive eingebracht – was zentral auch an der Zugänglichkeit über die verwendeten Sprachen Deutsch und Englisch lag. Daher haben wir in einer Erweiterung diese Webausstellung 2019 nochmals völlig umgebaut, indem wir sie – eben auch zum 30. Jubiläum dieser Ereignisse – auch in den Sprachen aller Beteiligten anbieten, also Deutsch, Englisch, Slowakisch, Tschechisch und Ungarisch.

Vermittlung als zentrale Aufgabe

Eine aus unserer Sicht zentrale Eigenschaft eines Museums des 21. Jahrhunderts besteht in der Hinterfragung institutioneller Strukturen und Abläufe wie auch Rollenverständnisse, insbesondere in Bezug auf die Zusammenarbeit zwischen den Bereichen des Kuratierens und des Vermittelns. Der *Educational Turn*, eine seit Mitte der 2000er Jahre wahrzunehmende Orientierung des kuratorischen Feldes hin zum Pädagogischen, stellt die gängigen Trennlinien zwischen Handelnden in den Bereichen Kuratieren, Vermittlung und Kunst in Frage und eröffnet Potenziale für die Überwindung des traditionellen Machtgefälles zwischen den Positionen und für eine gemeinsame Arbeit an Ausstellungsvorhaben und der institutionellen Ausrichtung. Als Imperativ formuliert, führte dies in der Praxis zunächst eher zu einer Aneignung der marginalisierten Position der Vermittlung durch das Kuratorische, ohne strukturelle Bedingungen zu verbessern oder gängige Machtverhältnisse aufzubrechen. In der Möglichkeit einer gleichberechtigten Kooperation diagnostizierte Carmen Mörsch im Jahr 2012 noch ein „bislang nicht realisiertes Potenzial".[11]

Diese immer wieder artikulierte Forderung nach einem Verhältnis auf Augenhöhe ist bis heute vielerorts keineswegs gelebte Realität.[12] Dennoch gehen mittlerweile manche Institutionen tatsächlich neue Wege – darunter auch das hdgö. Von Anfang an war die Vermittlung als zentrale Abteilung verankert und eingebunden sowohl in den Aufbau der Institution insgesamt als auch in unterschiedlichste Aspekte der

11 Mörsch, Carmen: Sich selbst widersprechen. Kunstvermittlung als kritische Praxis innerhalb des educational turn in curating, in: Schnittpunkt/Jaschke, Beatrice/Sternfeld, Nora (Hg.): educational turn. Handlungsräume der Kunst- und Kulturvermittlung, Wien 2012, S. 55-78, S. 74.
12 Vgl. Doppelbauer, Angelika: Museum der Vermittlung. Kulturvermittlung in Geschichte und Gegenwart, Wien 2019, S. 144.

Kommunikation innerhalb des Museums und nach außen sowie in die Konzeption von Ausstellungen und Programmen. In der Vorbereitung der Hauptausstellung konnten Jugendliche ihre Ideen für das Museum im Rahmen eines Peer Group Projekts weitergeben und verschiedene Fokusgruppen erhielten erste Ausstellungstexte für Feedback und Anregungen. All diese Erfahrungen fanden Eingang in die weitere Arbeit an der Hauptausstellung als auch in die Konzeption der Vermittlungsprogramme. In der Ausstellung und im Museum insgesamt wird die Zusammenarbeit und Haltung anhand von räumlichen wie inhaltlichen Aspekten sichtbar: an interaktiven Stationen, in den Ausstellungstexten, an begleitenden Publikationen für verschiedene Altersgruppen, an einem großzügigen Vermittlungsraum, der direkt vom Foyer des Museums aus einsehbar und zugänglich ist – und nicht zuletzt an einem stets von einer Person aus dem Vermittlungsteam besetzten Empfangstisch im Foyer. Die Vermittlung heißt das Publikum willkommen und steht für Fragen aller Art zur Verfügung. Gerade in einem zeithistorischen Museum kommt der Vermittlung aufgrund der Verbundenheit vieler Besucher*innen zum Ausgestellten, etwa durch eigene oder verwandte Besucher*innenforschung, eine wichtige Aufgabe zu, auch persönlich relevante Themen zu diskutieren und Anlaufstelle für die unterschiedlichsten Fragen und Anliegen zu sein.

Räume des Austausches und der Diskussion herzustellen prägt den Zugang zu personellen Formaten der Vermittlung im hdgö insgesamt. In Überblicks- wie auch unterschiedlichen Themenführungen für Erwachsene steht neben der Weitergabe von Wissen seitens des Museums immer auch um eine Einbeziehung des Wissens des Publikums im Fokus. Bei der Bandbreite an angebotenen Themenworkshops, die sich an Kinder- und Jugendgruppen richten, geht es ebenfalls darum, gemeinsame Wissensvoraussetzungen zu schaffen, Bezüge zur Gegenwart und zum Gezeigten herzustellen – um auf dieser Grundlage miteinander ins Gespräch zu kommen. Formate des offenen und forschenden Lernens, die auf aktivem Handeln und Reflexion beruhen, sind zentrale Bestandteile aller Workshops. Das Vermittlungsteam konzipiert und entwickelt die Workshops weiter – auch zu Wechselausstellungen entstehen laufend aktuelle Programme. Sowohl die Inhalte[13] als auch die Methoden werden im Team definiert und das eigene Repertoire erweitert: So fanden etwa in Zusammenarbeit mit einer Diplomandin der Universität Wien dramapädagogische Methoden ausgehend von einem Pilotprojekt dauerhaft Eingang in die Vermittlungsarbeit.[14]

13 Die Bandbreite der Themen, für die eigene Workshops angeboten werden, umfasst aktuell Demokratie, Grund- und Menschenrechte, Nationalsozialismus, Medien, Internationale Bezüge/ Grenzen, Gleichberechtigung sowie Jugend und Protest.
14 Schlager, Katharina: Dramapädagogik im Haus der Geschichte Österreich, Diplomarbeit Universität Wien, Wien 2020.

Die Leitfragen der Vermittlung am hdgö lauten: Was ist geschehen? Was bedeutet es für die Gegenwart? Das Anknüpfen an aktuelle, gesellschaftlich wie individuell relevante Fragestellungen, die Einbeziehung der Position des Publikums und Fragen nach der Verortung des Individuums innerhalb einer demokratischen Gesellschaft prägen den Zugang zu unserer Vermittlungsarbeit grundlegend. Dabei gilt es auch, den Rahmen des Museums nicht als selbstverständliche Setzung zu vermitteln, sondern das Museum als etwas Gemachtes, als Positionierung offenzulegen und zu verhandeln – wie auch Geschichte als etwas unauflöslich mit der Gegenwart und den von hier aus an die Vergangenheit gestellten Fragen zu begreifen und zu diskutieren.

Um eine in diesem Sinne diskursive, interaktive und kritische Vermittlungsarbeit leisten zu können, bedarf es entsprechender Rahmenbedingungen. Trotz insgesamt ausgesprochen knapper Ressourcen ist es gelungen, das gesamte Vermittlungsteam des hdgö anzustellen. Im Krankheitsfall wird somit dennoch bezahlt und es besteht Anspruch auf Urlaubsgeld und -zeiten – im Feld der Vermittlung leider bis heute bei weitem keine Selbstverständlichkeit. Selbst in der Schließzeit aufgrund der Corona-Pandemie im Jahr 2020 wurden die Dienstverhältnisse aufrechterhalten und intensiv am Ausbau bzw. der Vertiefung der Vermittlungsangebote weitergearbeitet – an Audioguides, am Ausbau der barrierefreien Angebote, an Besucher*innenforschung, an Online-Vermittlungsvideos, an neuen Themenführungen und Workshops, an Lexikon-Artikeln und Web-Ausstellungen sowie an Recherchen und Ausstellungstexten im Zuge des Umbaus der Hauptausstellung. Diese Aufzählung macht deutlich, wie stark die Vermittlung eingebunden ist in die unterschiedlichsten Agenden und Aktivitäten des Museums – wovon aus unserer Erfahrung heraus alle Beteiligten profitieren: die Teams der verschiedenen Bereiche im Museum selbst, die Institution als Gesamtes und nicht zuletzt die Besucher*innen als Dreh- und Angelpunkt aller unserer Aktivitäten – die somit Angebote erhalten und an Programmen teilnehmen können, die maßgeblich von denjenigen mitgestaltet werden, die im tagtäglichen Austausch mit dem Publikum stehen.

Resümée

Es war dem Haus der Geschichte Österreich ein Anliegen zu versuchen, die späte Gründung als Chance zu nutzen und aktuelle Ansätze aus der Museologie, den Geschichtswissenschaften und verwandten Disziplinen, aber auch Erfahrungen aus anderen Projekten zur Entwicklung einer neuen Art von Beziehungen zwischen Museum und Besucher*in zu nutzen. Dazu kommt, dass das neue Museum nicht nur in seinen Inhalten einen Schwerpunkt auf Demokratie legt, sondern dieses Thema auch in den Zugängen widergespiegelt sein muss. Die Machtposition von Museen im Allgemeinen und KuratorInnen im Speziellen muss daher jedenfalls sichtbar gemacht werden – im hdgö wurden auch Strategien entwickelt, experimentell darüber hinaus zu denken. In allen Handlungsfeldern ist es ein gesetztes Ziel, zu unterstreichen und leicht verständlich zu machen, dass Museen keine abgeschlossenen Produkte sind, die ausschließlich passiv konsumiert werden können, sondern Geschichte eine immer in der Gegenwart geführte Auseinandersetzung ist und folglich historische Museen als Prozesse begriffen werden müssen, an denen möglichst viele teilhaben sollen. Die Verantwortung dafür, die gemeinsame Arbeit an der Geschichte zugänglich, begreifbar und für die je eigene Position relevant zu machen, tragen die Museen.

LITERATUR

Betsch Cole, Johnetta/Lott, Laura (Hg.): Diversity, Equity, Accessibility, and Inclusion in Museums, Washington 2019.
Byrne, John/Morgan, Elinor/Paynter, November et al. (Hg.): The Constituent Museum. Constellations of Knowledge, Politics and Mediation, Amsterdam 2018.
Coleman, Laura-Edythe: Understanding and Implementing Inclusion in Museums, Lanham 2018.
Doppelbauer, Angelika: Museum der Vermittlung. Kulturvermittlung in Geschichte und Gegenwart, Wien 2019.
Föhl, Patrick S./Erdrich, Stefanie/John, Hartmut et al. (Hg.): Das barrierefreie Museum. Theorie und Praxis einer besseren Zugänglichkeit, Bielefeld 2007.
Förster, Larissa/Edenheiser, Iris/Fründt, Sarah et al. (Hg.): Provenienzforschung zu ethnografischen Sammlungen der Kolonialzeit. Positionen in der aktuellen Debatte, Berlin 2018.
Jörissen, Benjamin/Kröner, Stephan/Unterberg, Lisa (Hg.): Forschung zur Digitalisierung in der Kulturellen Bildung, München 2019.
Mörsch, Carmen: Sich selbst widersprechen. Kunstvermittlung als kritische Praxis innerhalb des educational turn in curating, in: Schnittpunkt/Jaschke, Beatrice/Sternfeld, Nora (Hg.): educational turn. Handlungsräume der Kunst- und Kulturvermittlung, Wien 2012, S. 55-78.
Reading, Anna: Memory and Digital Media. Six Dynamics of the Globital Memory Field, in: Neiger, Motti/Meyers, Oren/Zandberg, Eyal: On Media Memory, London 2011, S. 241–25.
Reichert, Rámon/Richterich, Annika: Introduction. Digital Materialism, in: Digital Culture & Society, 1/1 (2015), S. 5–17.
Rupnow, Dirk: Nation ohne Museum? Diskussionen, Konzepte und Projekte, in: Rupnow, Dirk/Uhl, Heidemarie: Zeitgeschichte Ausstellen in Österreich. Museen – Gedenkstätten – Ausstellungen, Wien/Köln/Weimar 2011, S. 417-464.
Rupnow, Dirk: Das Gedenk- und Erinnerungsjahr 2018 – eine Rückschau, in: zeitgeschichte 46/4 (2019), S. 463-478.
Schlager, Katharina: Dramapädagogik im Haus der Geschichte Österreich, Diplomarbeit Universität Wien, Wien 2020.

Schnittpunkt/Jaschke, Beatrice/Martinz-Turek, Charlotte et al. (Hg.): Wer spricht? Autorität und Autorschaft in Ausstellungen, Wien 2005.
Schönberger, Sophie: Was heilt Kunst? Die späte Rückgabe von NS-Raubkunst als Mittel der Vergangenheitspolitik, Göttingen 2019.
Sommer, Monika (Hg.): The Voices. Eine temporäre Klanginstallation von Susan Philipsz am Wiener Heldenplatz anlässlich des Gedenkjahres 2018. Ein Projekt des Hauses der Geschichte Österreich, Wien 2018.
Sommer, Monika: Das Haus der Geschichte Österreich – ein Aufbruch ins Ungewisse, in: Karl, Beatrix/Mantl, Wolfgang/Poier, Klaus et al.: Steirisches Jahrbuch für Politik 2018, Wien/Köln/Weimar 2019, S. 111-116.
Sternfeld, Nora: Das radikaldemokratische Museum, Berlin/Boston 2018.
Wilde, Lukas: Distinguishing Mediality. The Problem of Identifying Forms and Features of Digital Comics, in: Networking Knowledge: Journal of the MeCCSA Postgraduate Network 8/4 (2015), S. 1-14.
Zierold, Martin: Memory and Media Cultures, in: Erll, Astrid/Nünning, Ansgar/Young, Sara B. (Hg.): Cultural Memory Studies: An International and Interdisciplinary Handbook, Berlin 2008, S. 399–408.

M9 – Museum des Novecento.
Das 20. Jahrhundert der Italiener*innen

Livio Karrer

M9, eine neue Heimat für Italiener*innen

M9 ist das neue Museum, das der Geschichte Italiens im 20. Jahrhundert (Novecento) gewidmet ist und Ende 2018 in Mestre bei Venedig offiziell eingeweiht wurde. Es ist aus vielen Gründen ein ehrgeiziges Projekt, das eine Lücke im italienischen Museumspanorama füllen will. Es ist das erste und einzige italienische Museum, das sich ganz der Geschichte der Italiener*innen im 20. Jahrhundert multimedial widmet.

Wie im Folgenden aufzuzeigen sein wird, war es eine große Herausforderung, alle wesentlichen Erzählstränge zur Geschichte des letzten Jahrhunderts auf relativ kleinem Raum (weniger als 3000 Quadratmeter) zusammenzuführen. Ebenso galt es aber auch, die Art und Weise zu bestimmen, wie die komplexen historischen Inhalte zu erzählen sind, da das Novecento erstmals in einem italienischen Museum zusammenfassend dargestellt werden sollte. Die radikale Entscheidung, die permanente Sammlung ausschließlich multimedial und damit weitgehend ohne Objekte, zu gestalten, ist ein Präzedenzfall auf nationaler Ebene. Referenzen und Vergleichspunkte hierfür sind nur im Ausland zu finden. Das Ziel des Projekts ist es daher, sich als Bezugspunkt in der zeitgenössischen Museumslandschaft zu positionieren und einen hohen internationalen Maßstab anzulegen.

M9 verfolgt das Ziel, eine kulturelle Einrichtung zur aktiven staatsbürgerlichen Bildung vor dem Hintergrund der jüngeren Geschichte dieses Landes zu sein. Dank des von der Fondazione di Venezia konzipierten und finanzierten Projekts ist ein anspruchsvolles Haus der italienischen Geschichte entstanden. In ihm können Besucher*innen die Lebenswelten ihrer unmittelbaren Vorfahren, vielleicht gar zum ersten Mal, entdecken, indem sie ihnen Schritt für Schritt durch jenes Jahrhundert folgen, das wie kein anderes das soziale Leben nachhaltig verändert hat.

Wenn die Besucher*innen die beiden großen Stockwerke des Museums durchqueren, machen sie eine Reise in die Vergangenheit, auf der sie die Biographie eines Staates nachvollziehen können und dabei Ereignisse entdecken, die sich im 20. Jahrhundert zu einem kollektiven Gedächtnis geformt haben. Das vergangene Jahrhundert war von zahlreichen Bruchlinien bestimmt; dennoch sind Italiener*innen besonders seit den 1950er Jahren verstärkt zu bewussten Staatsbürger*innen eines wirtschaftlich fortgeschrittenen Landes herangereift, deren durchschnittliche Lebensbedingungen noch nie so günstig waren wie in der Gegenwart.

Das Museum des 20. Jahrhunderts

M9 wurde für die jüngeren Generationen konzipiert. Es setzt daher auf museumsdidaktische Strategien, deren multimediale Erzählmittel das 20. Jahrhundert für jene jungen Menschen aufbereiten sollen, die erst im neuen Jahrtausend geboren sind, daher fast nichts vom letzten Jahrhundert wissen und sich diesem altersbedingt kaum noch verbunden fühlen. Die Kurator*innen bestanden aus mehr als 40 Expert*innen, darunter Historiker*innen, Demograph*innen, Ökonom*innen und Soziolog*innen, die zwischen 2012 und 2018 zur Gründung des Museums beigetragen haben. Sie haben beim Aufbau der ständigen Sammlung des Museums darauf geachtet, dieser Generation – in den Medien auch „Generation Z" genannt – zu zeigen, wie ihr Leben immer noch von der großen sozialen und wirtschaftlichen Transformation beeinflusst wird, die das vergangene Jahrhundert bestimmt hat.

Das Museum steht somit im Dienst der nationalen Gemeinschaft als ein Ort, an dem die jüngere Geschichte Italiens auf innovative, aktive und anregende Weise erlernt oder vertieft werden kann, nach den Prinzipien des Edutainments, das Lernen und Unterhaltung miteinander verbindet. M9 ist ein Ort, an dem man entdecken, lernen und gleichzeitig Spaß haben kann: eine innovative museale Einrichtung mit einem umfassenden didaktischen Angebot und zahlreichen Erlebnisräumen. Die gewählte Sprache ist einfach, die Erzählweise bevorzugt Bilder und audiovisuelle Materialien. Mehrere Elemente der zeitgenössischen Kommunikation, einschließlich der Kommunikation über soziale Netzwerke, werden aufgegriffen, um die Aufmerksamkeit von Jugendlichen durch die Nutzung der ihnen am meisten vertrauten Kommunikationsmethoden zu gewinnen. Aus diesem Grund wurde beschlossen, das Museum ohne Objekte, aber unter Rückgriff auf audiovisuelle Darstellungen zu gestalten, die auf unerwartete und mitreißende Weise inszeniert wurden. Der Wunsch ist es, gemeinsam mit anderen Bildungseinrichtungen zur Vertiefung einer nationalen Identität beizutragen, die die Jugendlichen zu bewussten Bürger*innen des Italiens von morgen heranbildet. Ein Bewusstsein, das durch den Erwerb von kritischem Wissen über unsere Vergangenheit zu erwerben ist, damit wir uns auf dem gegenwärtigen Weg orientieren und mit größerem Optimismus in die Zukunft blicken können, die uns erwartet.

Das Projekt wurde in seiner Anfangsphase maßgeblich von Giuliano Segre gefördert, dem ehemaligen Präsidenten der Fondazione di Venezia, einer Stiftung mit Bankcharakter, die mit der Cassa di Risparmio di Venezia verbunden ist. Es entstand Anfang der 2000er Jahre als ein nicht ausschließlich kulturelles, sondern auch städtebauliches Projekt, indem es von Beginn an darauf abzielte, einen Hektar Land des venezianischen Festlandes zu sanieren und bewohnbar zu machen. Das Museumsareal umfasst einen bedeutenden Teil des Zentrums von Mestre, welches vom sozialen Gefüge der Stadt ausgeschlossen und isoliert war, weil es sich über lange Zeit im Besitz des Militärs befand. Die Renovierung des bereits bestehenden Gebäudes, zu dem auch ein ehemaliges Kloster aus dem späten 16. Jahrhundert gehört, und die Errichtung des neuen Museumsgebäudes begannen 2014 und wurden vier Jahre später abgeschlossen. Die architektonische Gestaltung des gesamten M9-Viertels wurde dem deutschen Büro Sauerbruch-Hutton anvertraut. Es gewann 2010 eine von der Fondazione di Venezia ausdrücklich international gewünschten Ausschreibung. Weitere zur Teilnahme eingeladene Büros waren David Chipperfield Architects, Souta Moura Arquitectos und Carmassi Studio di Architettura. Das Viertel umfasst neben den Ausstellungsflächen auch Gewerbe- und Büroflächen: ein kleines neues Stadtviertel, das den Ehrgeiz hat, als kulturelles Schwungrad eine neue Identität der Stadt Mestre zu begründen.

Das Museum ist seit dem 1. Dezember 2018 für die Öffentlichkeit zugänglich. Der vom Projektleiter Guido Guerzoni erstellte Geschäftsplan sieht ein nachhaltiges Museumsmodell vor, das zusätzlich zu der von der venezianischen Stiftung garantierten Dotierung durch drei Einnahmequellen finanziert wird: Kartenverkauf, Begleitveranstaltungen und Vermietung von Geschäftsräumen innerhalb des Areals, nach einem heute in Italien weit verbreiteten und vom Naturmuseum MUSE in Trient inaugurierten Finanzmodell, das rund um das Hauptmuseum ein Wohn- und Geschäftsviertel aufweist, dessen Einnahmen die kulturelle Tätigkeit unterstützen. Es ist kein Geheimnis, dass sich Museen, mit ganz wenigen Ausnahmen, nicht über Eintrittskarten finanzieren können, sondern dass sie zunehmend auf externe Förderung und Sponsoring angewiesen sind. Das M9-Viertel weist also zwei komplementäre Dimensionen auf, eine kulturelle und eine verwaltungstechnische, die zusammen an der Wiederbelebung dieses Ortes arbeiten. Um ihn zum aktiven sozialen Raum der lokalen Gemeinschaft aufrücken zu lassen, wurden drei rundum sanierte Plätze wiedereröffnet und allgemein zugänglich gemacht, an denen sich nun Bars und Cafés, eine Kunstgalerie und einige kleinere Geschäfte befinden.

Abb. 1: Aussenansicht des M9.
Foto: Alessandra Chemollo

Wie das 20. Jahrhundert musealisieren? Die Vision von M9

Würden wir heute einen Jugendlichen zwischen 10 und 18 Jahren zu einer Fotografie befragen, die die Lebensbedingungen der Italiener*innen vor nur fünfzig Jahren zeigt und ihn bitten, diese auch nur ungefähr zu datieren, dann würde man womöglich als Antwort ein „18. oder vielleicht 19. Jahrhundert" erhalten. Ich denke hier etwa an den Ort Matera, in den Aufnahmen, die Federico Patellani von den Bewohner*innen der „Sassi" gemacht hat,[15] oder auch an andere große Fotojournalisten.

Chronologien, Zeit- und Geschichtlichkeit sind Elemente, die von neuen Generationen immer schwerer zu begreifen sind, was im Umkehrschluss auch bedeutet, dass sie immer schwieriger zu vermitteln sind. Die Geschwindigkeit und Radikalität der Transformation des 20. Jahrhunderts waren in jeglicher Hinsicht unglaublich, und es

---

15 Federico Patellani gilt als einer der Pioniere des italienischen Fotojournalismus. 1953 war er an dem Filmdreh „She-Wolf" von dem mailändischen Regisseur Alberto Lattuada beteiligt, der in Matera gedreht wurde. Während dieser Zeit entstand Patellanis Fotoreportage über die Bewohner*innen des Ortes, der nach einer bekannten Publikation von Carlo Levi 1945 als „Hauptstadt der Armen" bezeichnet wurde und dadurch Schriftsteller, Fotografen und Intellektuelle aus der ganzen Welt anzog. Die Fotografien wurden erst vor wenigen Jahren wiederentdeckt und veröffentlicht. Vgl. Bolognesi, Kitti/Calvenzi, Giovanna et.al. (Hg): Matera 1953, Mailand 2017.

ist nicht offensichtlich, dass sie sofort in all ihren Auswirkungen verstanden werden. Doch das reicht nicht aus, um zu erklären, weshalb Geschichte immer stärker aus den Lehrplänen aller Schultypen des italienischen Systems verschwindet. Das 20. Jahrhundert ist bekanntlich das Jahrhundert, das schon aus zeitlichen Gründen und wegen der Engpässe im Schulkalender am ehesten zu kurz kommt. Keine Schulreform hat wirklich eine Trendwende geschafft, und die Aufnahme in die schulischen Pflichtprogramme garantierte nicht, dass diesem Manko abgeholfen werden konnte. Allgemeiner gesagt ist die Wertschätzung von historischem Wissen und kritischer Reflexion über unsere Vergangenheit insgesamt auf dem Rückzug. M9 versucht daher, auf diese Lücke zu reagieren und die Bedürfnisse des Schulsystems aufzugreifen. Das betrifft die Themen des 20. Jahrhunderts und das Informationsdefizit, das junge Menschen erleben, und darüber hinaus die bedauerliche Tendenz, die jüngste Geschichte unseres Landes oft völlig zu vernachlässigen.

Aber wie wird das 20. Jahrhundert im M9 erzählt? Welche kuratorischen Entscheidungen haben Einfluss auf die Arbeit der Historiker*innen genommen, die die über 60 Multimedia-Installationen im M9 geschaffen haben? Das 20. Jahrhundert ist in der Ausstellung in acht thematische Abschnitte unterteilt, innerhalb derer die diachron angelegte Erzählung den Zeitabschnitt vertieft. Dieses Konzept wurde noch vom ersten wissenschaftlichen Komitee in den Jahren 2012/13 unter der Leitung von Cesare De Michelis festgelegt und war die Grundlage für die weiteren Ausarbeitungen. Die Arbeitsgruppe hat neben der chronologischen Grundorientierung auch auf die Mehrdeutigkeit der Interpretationen und historiographischen Lesarten des 20. Jahrhunderts abgestellt, und es wurde beschlossen, willkürliche Bewertungen zu vermeiden oder eine Lesart gegenüber anderen zu bevorzugen. Vielmehr galt es, ein möglichst breites Informationsangebot zu schaffen und dabei die Widersprüche und Konflikte des historischen Materials nicht nur nicht zu verbergen, sondern eher hervorzuheben. Dieses kuratorische Prinzip hängt auch mit den Darstellungsformen zusammen, die ein Mixed-Media-Modell mit sich bringt: verschiedene Technologien werden gemeinsam als Werkzeug der historischen Präsentation eingesetzt. Der Einsatz modernster Technik im M9 ist in der Tat raumgreifend, ist aber nie nur Selbstzweck, sondern ein Werkzeug, um die Erzählweisen effektiver, interessanter und kurzweiliger zu machen. Multimediale Technologien und Interaktionen stehen im Dienst der historischen Narrative und ihrer audiovisuellen Umsetzung. M9 kann daher als ein multimediales Erzählmuseum bezeichnet werden, das mithilfe der technischen Möglichkeiten eine zeitgemäße Sprache verwendet, so dass sie von allen Besucher*innen rezipiert werden kann. Die Wahl der am besten geeigneten Technologien für das M9 und für die spezifischen Themen des 20. Jahrhunderts wurde von einem engagierten wissenschaftlichen Komitee getroffen, das hauptsächlich aus Ingenieur*innen, Kreativen und Medienexpert*innen bestand und aus der Arbeitsgruppe der Historikerin Michelangela Di Giacomo und dem Historiker Livio Karrer unterstützt wurde.

Die acht Themenbereiche sind:
1. die demographische Dynamik
2. die Lebensweisen, der Lebensstil und der Lebensmittelkonsum
3. die technologische Innovation
4. die Wirtschaft, der Konsum und das Produktionssystem
5. die Veränderung der Landschaften
6. der Staat, die Institutionen und die Politik
7. die allgemeine und berufliche Bildung und die Nationalsprache
8. die italienische Kultur und Identität

Die Abteilungen sind nicht als getrennte und unverbundene Bereiche zu verstehen. Vielmehr wurde die szenische Aufbereitung aller Räumlichkeiten als erzählerisches Kontinuum konzipiert, das prinzipiell durchlässig ist und die Themenbereiche ohne überdeutliche Zäsuren präsentiert. Man muss das weitläufige Museum daher vollständig erkunden, um die Komplexität des 20. Jahrhunderts zu begreifen, wenn auch ohne verbindliche Routen, sondern im freien Durchlauf von über 60 Installationen. Auf diese Weise werden die von den Kurator*innen erdachten thematischen Bezüge, aber auch die historischen Verbindungen zwischen den verschiedenen Darstellungsebenen sichtbar. Um nur ein Beispiel zu nennen: Einer der grundlegenden Fortschritte des 20. Jahrhunderts ist der Rückgang der Kindersterblichkeit. Dieser lässt sich nur erklären, indem die wirtschaftsgeschichtlichen Dimensionen der grundlegenden Verbesserung der Lebensbedingungen erläutert werden, also die Verfügbarkeit von Ressourcen, die Geschichte des Wohlfahrtsstaates und der Medizin, aber auch die Veränderungen des Lebensmittelkonsums, der Lebensgewohnheiten und der Mentalitäten, die all diese Faktoren mittelfristig bedingten.

Die Erzählungen, die die acht Abschnitte beleben, gehen oft von der Darstellung erkennbarer Elemente unserer materiellen Kultur aus, bis hin zu jenen Aspekten, die in der Erinnerung des sozialen Lebens der Italiener*innen noch lebendig sind. Die Ausstellung konzentriert sich auf jene Objekte, die zur Einrichtung unserer Häuser gehörten oder etwa des Einkaufskorbes, der den täglichen Einkauf der Arbeiterfamilien, Bauern oder Büroangestellten im 20. Jahrhundert bildete. Aber es geht auch um Elemente der Schulbildung, die Körpermaße und die durchschnittliche Größe der Menschen. Gegenstände der materiellen Kultur illustrieren komplexere Themen, die beispielsweise mit der Wirtschafts- und Geschlechtergeschichte verbunden sind; dank der Betonung dieser Aspekte und der Elemente einer agileren Erkennung und Identifizierung gibt sie den Menschen die Möglichkeit, sich mit Einfachheit der tiefgreifenden und blitzschnellen Transformation des letzten Jahrhunderts zu nähern. Darüber hinaus stellen viele dieser Objekte entweder einen Teil des kollektiven Gedächtnisses dar, das immer noch aktuell ist, wenn auch vielleicht auf dem neuesten Stand (neue Waschmaschinenmodelle, Konsumgüter, Küchenmöbel, Notizbücher und Schreibgeräte usw.), oder sie sind Dinge, die inzwischen verschwunden sind, aber an die sich ein Erwachsener noch erinnern kann und die daher den neuen Generationen leicht vorgestellt und präsentiert werden können. Deshalb legt das M9 den Fokus auf die materielle Kultur und sozialgeschichtlichen Dimensionen des Alltagslebens (auch in einem mikrohistorischen Sinn). Dies schafft Möglichkeiten des generationenübergreifenden Austauschs und aktiviert alltagsbezogene Wissenskanäle, die die Menschen unmittelbar ansprechen.

In diesem Sinne will das M9 dezidiert auch ein Museum für Familien sein. Dieser Bereich ist in Italien wenig entwickelt und sein ganzes Potential bisher auch kaum genutzt. Es war im M9 sofort zu beobachten, dass jene Installationen, die stärker auf die Vermittlung von Geschichtsbildern und weniger auf direkte Interaktion setzen, den generationenübergreifenden Austausch unmittelbar beflügelten. Das Betrachten einer italienischen Küche aus den 1930er Jahren – eine solche wurde als 3D-Rendering mithilfe von fotografischen Vorlagen rekonstruiert – evoziert sofort das Bild einer früheren Großfamilie und aktiviert die damit verbundenen Kindheitserinnerungen vieler Besucher*innen. Bekanntlich ist die individuelle Erinnerung immer wärmer gestimmt und ihrer „Materialisierung" gleichsam überlegen, sei es nun ein gut geschriebener Dokumentarfilm oder einfach nur eine detaillierte Bildergalerie; daher gewinnt das 20. Jahrhundert gerade durch die Biografien derer, die im Museum abgebildet sind, an Farbe und an kommunikativer Kraft, was Empathieerfahrungen der Rezipienten stärker ermöglicht. Der Austausch zwischen Besucher*innen und Installationen erweitert sich gerade vor dem Hintergrund von memorialen Vorprägungen und hilft mit, die Risiken zu vermeiden, die mit nur auf den Erinnerungen der Protagonisten basierenden Rekonstruktionen verbunden sein können. M9 bietet sich daher als ein Ort an, der Wissen aktiviert und zu einem nützlichen Werkzeug macht, um die biographische Vergangenheit der eigenen Familie und zugleich einer Nation zu rekonstruieren. Unter diesem Gesichtspunkt sind die Räume der ständigen

Sammlung auch als ein multimedialer Raum konzipiert, in dem Lehrkräfte eine Klasse unterrichten können, gerade so, als stünde diese vor einer erweiterten digitalen Tafel zur Geschichte aller Italiener*innen zwischen 1900 und dem Jetzt.

Wer das Museum besucht, kann durch das ganze vergangene Jahrhundert flanieren und herausfinden, wie die Italiener*innen lebten und entdecken, woher sie kamen, wenn man so will. Man lernt aber auch zu begreifen, wie die Menschen von damals die Landschaft um uns herum verändert haben, als Binnenmigranten von Süden nach Norden der Halbinsel zogen oder das Land verließen, um ihr Glück in Übersee zu suchen. Es ist also ein 20. Jahrhundert der Italiener*innen, eine Geschichte, in der sich die Besucher*innen zum ersten Mal selbst gegenübertreten. Es ist eine Geschichte des Lebens, das von Industrialisierung, neuen Arbeitsplätzen und zunehmendem Wohlstand geprägt war. Blicken wir zum Beispiel auf den Ersten Weltkrieg als makrohistorisches Thema. Im M9 erfährt man, warum der Große Krieg überhaupt ausbrach, und man wird dabei von digitalen Karten unterstützt, die die Gründe und Ursachen des Konflikts darstellen. Dies erfolgt mithilfe von Textelementen, die von 2D-Fotos begleitet werden, also mittels eines eher traditionellen, statisch angelegten Lernmodells, das sich nicht sonderlich von aktuellen Geschichtshandbüchern unterscheidet. Hinzu tritt jedoch im Museum die Rekonstruktion des direkten Kriegsgeschehens. Videomontagen zeigen den Schützengraben und die innere Front mit ihren jeweiligen Umgebungen – der Krieg betritt buchstäblich die Bühne, so als ob wir uns in einem Luftschutzkeller befänden und auf sinnlich wahrnehmbare Weise den Kriegsalltag erfahren.

Einige der Installationen schaffen szenische Erlebnisräume, in denen der Erstkontakt mit einem historischen Thema erfolgt und wo die Besucher*innen in die Quellen und die Multimedialität des 20. Jahrhunderts eintauchen können. Sie finden sich dank des gleichzeitigen Einsatzes mehrerer Projektoren, die große Wände mit Videos vom Boden bis zur Decke bespielen, buchstäblich von Bildern umhüllt. Es sind die sogenannten „Wow"-Installationen, da der angestrebte Effekt Staunen und Faszination hervorrufen soll: Es ist eine Art Reise durch Zeit und Raum und das Eintauchen in audiovisuelle Werke des 20. Jahrhunderts, die natürlich entsprechend neu aufgelegt werden. In diesen Umgebungen ist die Art der Kommunikation augenscheinlich emotional, eher evokativ als didaktisch. Dies ist die erste Ebene, auf der der angebotene Lern- und Wissensweg beginnt. Es ist eine Art Eingangsstufe, die die Neugier und die Fragen ansprechen will, um die nächste Phase von Wissensaneignung und intelligenter Unterhaltung zu ermöglichen.

Das M9 bietet verschiedene Lernmöglichkeiten und vielfältige didaktische Erfahrungen, wodurch es unterschiedliche Ebenen der Vertiefung ermöglicht. Wenn hierbei auch die Bilder, Fotografien und Videos eine fundamentale Rolle spielen, so gibt es im Museum auch viele Texte und statistische Reihen, die die vielen Zahlen des 20. Jahrhunderts quantitativ aufbereiten. Textpassagen werden oft durch sehr direkte Fragen mit ebenso vielen direkten Antworten eingeleitet, um den Besucher*innen dabei behilflich zu sein, die Fragestellungen zu verstehen und das historische Thema innerhalb der aktuellen politischen oder wirtschaftlichen Debatte zu umreißen. Die Sprache ist bewusst einfach gehalten und bevorzugt kurze Sätze und klare Begriffe. Die Herausforderung für die Kurator*innen bestand darin, sich auf einem schmalen Grat zwischen Verständlichkeit und Trivialisierung zu bewegen; die Suche nach Synthese sollte dabei der Komplexität der Probleme des 20. Jahrhunderts stets angemessen bleiben. Das Museum will den neuen Generationen dabei helfen, Komplexität, Deutung und historische Fakten zusammenzuhalten. Diese Mission erfordert eine zeitgemäße Kommunikation, da es im Umgang mit Jugendlichen notwendig ist, jene Werkzeuge und Bildsprachen zu verwenden, mit denen sie vertraut sind. Und es muss hier betont werden, dass wir alle in die heutige Gesellschaft der Bilder eingebettet sind. Zeitgemäße Kommunikation basiert auf Bildern. Zusätzlich wurden in die Texte des M9 Wörter des heutigen Gebrauchs aufgenommen, um Jugendlichen einen historischen Begriff schneller verständlich zu machen. Dazu zählen Begriffe oder Stichworte, die erst in jüngster Zeit aufgetaucht sind und die wahrscheinlich nicht zur Sprachkultur des frühen 20. Jahrhunderts gehörten. Ein Beispiel: In einer sehr armen ländlichen Kücheneinrichtung aus der Zeit des Übergangs vom 19. zum 20. Jahrhundert wird das Konzept von „Erholung" und „Entspannung" nach der harten körperlichen Arbeit auf den Feldern eingeführt. Es ist ganz klar, dass in einer ländlichen Familie jener Jahre keine Vorstellung von „Freizeit" vorhanden war, aber diese Bezeichnung ist durch die angestrebte Vereinfachung für das jüngere Publikum gerechtfertigt.

Entsprechend diesen Intentionen versteht sich das M9 als Museum für Zeitgeschichte, das sich jenen Prinzipien der wissenschaftlichen Vermittlung verpflichtet fühlt, die von der Associazione Italiana di Public History (AIPH) vorgegeben werden, zu deren Förderern M9 gehört. Die museale Mission ist es daher, das Wissen über das zwanzigste Jahrhunderts einer breiten Öffentlichkeit zu vermitteln. Bei der Abfassung aller Texte in M9 wurde das Ziel verfolgt, aktuelle Forschungsergebnisse zu den spezifischen Themen der italienischen Geschichte aufzugreifen und in einer für alle Besucher*innen leicht verständlichen Weise zu präsentieren. Mit der Unterstützung

Abb. 2: Blick in die Ausstellung, in der viel Wert auf Medieneinsatz gelegt wird.
Foto: Alessandra Chemollo

von Bildern und Technologien ist die von M9 vorgeschlagene museale Darstellung von Geschichte ein Modell der Zugänglichkeit, was die Sprache und die visuellen Darstellungen betrifft. Das Ziel ist es, das Museum zu einer zivilgesellschaftlichen Einrichtung im Dienst der Gemeinschaft zu machen, um eine bewusstere Staatsbürgerschaft zu fördern.

Der Aufbau der ständigen Sammlung

Die Sammlung von M9 basiert hauptsächlich auf einem digitalisierten immateriellen Erbe von Fotografien und audiovisuellen Materialien aus italienischen Archiven und Bibliotheken, aber ein Großteil des grafischen sowie des Ton- und Druckmaterials zählt zur grauen Literatur des 20. Jahrhunderts. Die Fondazione di Venezia verfügte über keine eigene Archivsammlung und hat daher den Weg von Vereinbarungen und Partnerschaften mit über 100 italienischen und internationalen Institutionen verfolgt, um das gesamte notwendige Material zu erwerben. Ausgehend von einem anfänglichen Rahmenabkommen mit dem Kultusministerium, das den hohen kulturellen Wert des Projekts seit 2011 anerkannte, suchte die Stiftung nach Quellen sowohl in bekannten italienischen Institutionen wie der Teche Rai oder dem Istituto Luce-Cinecittà,[16] aber

---

16 Teche Rai und das Istituto Luce-Cinecittà sind Italiens wichtigste öffentlich-rechtliche Audio- und Videoarchive mit umfassenden Beständen.

auch in den Beständen kleiner regionaler Fotoagenturen oder sogar privater Sammler*innen, die im Besitz von wertvollem Material sind. M9 leistet damit auch einen Beitrag zur Aufwertung italienischer Archivbestände, als ein Beispiel guter Praxis, wie vorhandenen Bildsammlungen neue Bedeutung verleihen werden kann.

Insgesamt zeigt M9 etwa 6000 Fotografien, 820 Videos, mit etwa 10 Stunden Gesamtlaufzeit, 500 Reproduktionen von grafischen Material, darunter Zeitungen, Zeitschriften und politischen Propagandaplakaten, und 400 Audiodateien, einschließlich Originalsongs, archivierten mündlichen Aussagen und Reden von politischen und gewerkschaftlichen Persönlichkeiten. Das macht das M9 zu einem Steinbruch an Ressourcen, in dem man sich mehr als einen ganzen Tag lang aufhalten kann; die zwei Stockwerke sind als ein Ort konzipiert, an dem man mehrere Stunden verbringen und sich in den vielen Erzählungen des 20. Jahrhunderts verlieren kann. M9 ist ein Museum, in das man zurückkommen kann, um tiefer einzutauchen und tiefer zu graben als bei einem ersten Besuch. Jeder Besuch kann neu und ungewöhnlich sein und Erfahrungen erzeugen, die sowohl bereichernd und lehrreich als auch unterhaltsam und angenehm sind.

Den Werkstätten für Multimediadesign und Interaktion kam eine grundlegende Rolle bei der Vorbereitung der Museumsdisplays zu. Der kreative Beitrag der beteiligten fünf Studios war daher entscheidend. Die Qualität der interaktiven Präsentation der Inhalte und der künstlerischen Vision, die mit der Behandlung der audiovisuellen Quellen verbunden ist, hat ein sehr hohes Niveau in der Zusammensetzung der Displays garantiert. Koordiniert vom Architekten Stefano Gris (Studio Gris-Dainese) wurden die fünf Studios mittels einer Ausschreibung ausgewählt. Die Fondazione Venezia hat sich dabei dafür entschieden, junge italienische Fachleute einzubeziehen, die der Philosophie und den Handlungsmodellen des Studio Azzurro[17] nahestehen.

Die beteiligten Studios waren: Karmachina - Engineering Associates (verantwortlich für die Bereiche 1 und 6), Nema FX (Bereiche 2 und 3), Clonewerk - Limiteazero (Bereich 4), CarraroLab (Bereich 5), DotDotDot (Bereiche 7 und 8). Natürlich hat jedes Studio seinen eigenen Stil, was einen gewissen Mehrklang verschiedener Ausstellungssprachen und multimedialer Interaktionen gewährleistet.

Die Präsentationsform jedes Ausstellungsbereichs ist auf Veränderung und Aktualisierung hin ausgerichtet. Auf diese Weise finden die Besucher*innen immer wieder neue Anregungen. Natürlich war es nicht einfach, alle Akteur*innen der Ausstellungsgestaltung miteinander ins Gespräch zu bringen und die unterschiedlichen

17 Eine italienische Gruppe von Medienkünstlern, die als Pioniere im Bereich der interaktiven Kunstinstallationen bezeichnet werden können.

stilistischen Ausprägungen untereinander abzugleichen und zu harmonisieren. Um diese Brüche zu überwinden, wurde zusammen mit Stefano Gris, dem Designer der Layouts, und dem venezianischen Studio Camuffo Lab ein einheitliches Erscheinungsbild entworfen. Das Ergebnis ist ein gut erkennbares grafisches Zeichen entstanden, das frisch wirkt und auch geeignet ist, die zahlreichen Abschnitte der Präsentation zusammenzuhalten und für die Besucher*innen die historischen Inhalte auf spielerische Weise zu begleiten.

Didaktische Wege und pädagogische Grundsätze

Abschließend ein Wort zu den im M9 eingeschlagenen Vermittlungswegen, zur Museumsdidaktik. Die im Museum tätigen Vermittler*innen orientieren sich an einheitlichen pädagogischen Grundsätzen. Es hat sich als überaus positiv erwiesen, dass die Ausbildung des Museumspersonals von derselben Arbeitsgruppe übernommen wurde, die die Inhalte des Museums entwickelt hat. Die grundlegende Absicht war es, die Besucher*innen in ihren Fähigkeiten zur historischen Reflexion zu stärken und sie damit in die Lage zu versetzen, sich in der Gesellschaft besser zu orientieren, in der sie leben. Wir glauben, dass die Entwicklung eines größeren kritischen Bewusstseins für unsere jüngere Vergangenheit auch dazu beitragen kann, den Herausforderungen der Zukunft besser zu begegnen.

Die Transformationsprozesse des 20. Jahrhunderts waren so intensiv, dass sie mindestens zwei Generationen von Männern und Frauen nachhaltig geprägt haben. Gewohnheiten und langfristige Mentalitäten haben sich in weniger als fünfzig Jahren geradezu sprunghaft verändert, und all dies hatte natürlich eine tiefere Bedeutung für die Art und Weise, wie wir über die Zukunft denken. Das M9 versucht daher, den Besucher*innen all dies verständlich zu machen. Vor allem will es junge Menschen zur Selbstreflexion, zum Zweifeln und zum Denken in der Komplexität befähigen und dazu anregen, selbst zu forschen und Neues zu entdecken, im Sinne von Veränderung und Globalität. Die Ausbildung der Bürger*innen von morgen ist eine schwierige Aufgabe. Und einer der Schritte, die heute mehr denn je erforderlich sind, ist die Einführung in eine grundlegende Chronologie, in die die wichtigsten historischen Phänomene eingefügt werden, indem sie in ihren eigenen geographischen Raum gestellt werden. Jugendlichen ist vor allem der besondere historische Kontext bewusst zu machen, der stets das Ergebnis aufeinanderfolgender diachroner Entwicklungen und oft sehr unterschiedlicher geographischer und kultureller Einflüsse ist.

Wenn bekanntlich Zeit und Raum die Grundlage jedes Narrativs bilden, so ist dieses selbst wiederum das Ergebnis von (Re-)Konstruktion und historischer Interpretation.

Die musealen Parcours greifen daher nicht mehr auf die einfache lineare Ausstellung von Artefakten zurück. Die Didaktik des M9 macht dagegen das Narrativ selbst zum Werkzeug, um die persönliche Erfahrung der Besucher*innen einzubeziehen und so eine dialogische Beziehung mit der Ausstellung herzustellen. Die Erzählung wird zu einem grundlegenden heuristischen Werkzeug, das abstrakte Konzepte mit historischen Elementen vermischt und die Erfahrungsebenen der Besucher*innen auf interaktive Weise einbezieht. Dieses gleichsam dialogische Momentum begünstigt nicht nur das Verständnis komplexer Aspekte, sondern auch die Lernprozesse. Zu lernen, wie man eine historische Geschichte erzählt und sie in einer angemessenen und ansprechenden Sprache präsentiert, ist eine der Besonderheiten des M9. Es bemüht sich also um eine Didaktik, die Bürger*innen in die Lage versetzen will, komplexe Inhalte zu artikulieren und zu kommunizieren.

Aus dem Italienischen übersetzt von Hannes Obermair

WEITERFÜHRENDE LITERATUR

Carbonell, Bettina Messias (ed.): Museum Studies. An Anthology of Contexts, Malden 2004.
Cauvin, Thomas: Public History. A textbook of practice, Oxon New York 2016.
Cirifino, Fabio/Giardina, Elisa/Rosa, Paolo (a cura di): Studio Azzurro.
Musei di narrazione, percorsi interattivi e affreschi multimediali, Milano 2011.
De Michelis, Cesare (a cura di): M9 – Museo del '900, Venezia 2018.
De Groot, Jerome: Consuming history. Historians and heritage in contemporary popular culture, Oxon-New York 2016.
Fare gli italiani 1861-2011. Una mostra per i 150 anni della storia d'Italia, Milano 2011.
George, Gerald: Visiting History. Arguments over Museums and Historic Sites, Washington 1990.
Gerritsen, Anne/Riello, Giorgio (eds.): Writing Material Culture History, London 2014.
Gruzinski, Serge: Abbiamo ancora bisogno della storia? Il senso del passato nel mondo globalizzato, Milano 2016.
Guerzoni, Guido (ed.): Museums on the Map. 1995-2012, Turin 2014.
Guerzoni, Guido: M9. Documento preliminare alla progettazione dei contenuti, Venezia 2011.
I luoghi della memoria. Pubblicazione a cura della Presidenza del Consiglio dei Ministri e del Mibac, in occasione del 150esimo dell'Unità d'Italia, Rom 2011.
M9 – Transforming the city, Venezia 2014.
Mork, Andrea/Christodoulou, Perikles (eds.): Creating the House of European History, Luxembourg, Publication Office of the European Union 2018.
Panciera, Walter: Insegnare storia nella scuola primaria e dell'infanzia, Roma 2016.

Panciera, Walter/Zannini, Andrea: Didattica della storia, Manuale per la formazione degli insegnanti, Milano 2013.
Pezzini, Isabella: Semiotica dei nuovi musei, Roma-Bari 2011.
Sayer, Faye: Public History. A practical guide, London 2015.
Simon, Richard B./Behmand, Mojgan/Burke, Thomas (eds.): Teaching Big History, Oakland 2015.
Walsh, Kevin: The representation of the past. Museum and heritage in the post-modern world, London-New York 1992.
Weaver, Stephanie: Creating Great Visitor Experiences. A Guide for Museums, Parks, Zoos, Gardens, & Libraries, Walnut Green 2007.

Das Publikum im Blick. Vermittlung und Partizipation

Rainer Wenrich

Wie können Museen mit ihren Inhalten Menschen erreichen und emotional berühren? Die Artikel des Kapitels berichten aus der Praxis der Vermittlungsarbeit und stellen partizipative, performative, interaktive und inklusive Herangehensweisen vor. Sie zeigen, dass im Zentrum der Auseinandersetzung der persönliche Bezug steht. Und gerade hier kann Zeitgeschichte Anknüpfungspunkte bieten, die Brücken von den Ausstellungsinhalten zur eigenen Lebensgeschichte schlagen. Wenn die Ausstellungen zu Themen der Zeitgeschichte eröffnet sind, startet die Vermittlungsarbeit, die über Exponat, Bild und Text mit den Besucher*innen ins Gespräch kommt und so die Inhalte mit Leben füllt.

Susanne Gesser und Nina Gorgus berichten in ihrem Beitrag „Das 20. Jahrhundert ausstellen – das 21. Jahrhundert partizipativ darstellen" von der Neuausrichtung der Dauerausstellungen des Historischen Museum Frankfurt, die explizit auf dem Prinzip der Partizipation aufbaut. Die beiden Ausstellungen *Frankfurt Einst?* und *Frankfurt Jetzt!* bilden die Eckpunkte einer Erzählung der Stadt Frankfurt. *Frankfurt Einst?* nimmt die Gegenwart ebenso in den Blick, wie auch *Frankfurt Jetzt!* sich den historischen Wurzeln bewusst ist, auf denen die gegenwärtigen und künftigen Ideen fußen. Gesser und Gorgus stellen heraus, dass das Museum ein Forum ist, das Mitwirkung zulässt, und dies heißt, dass die Kuratorinnen gemeinsam mit den Frankfurter*innen Ausstellungen erarbeiten – das Museum öffnet sich und die ganze Stadt wird zum Labor.

Susanne Theil und Verena von Essen stellen die ActioncARTs vor, die aus einer Zusammenarbeit des Museumspädagogischen Zentrum und des Museum Brandhorst im Rahmen des Projekts ArtcARTs entstanden sind. Die ActioncARTs geben Denkanstöße und regen zur eigenen Auseinandersetzung mit den Kunstwerken an. Themen wie Gesellschaft, Demokratie, Politik oder Lebenskonzept sind Bestandteile der Fragen, deren Referenzpunkt ein Künstler, eine Künstlerin und/oder ein Kunstwerk ist. Die intensive Auseinandersetzung mit zeitgenössischer Kunst avanciert dadurch zu einem vielfältigen Dialog über Themen mit gesellschaftlich-politischer Relevanz.

Verena Malfertheiner erzählt von Vermittlungsprojekten anlässlich der Landesausstellung Labyrinth: Freiheit in Südtirol, die auf performative Elemente setzen, um die Besucher*innen an der Entstehung von Geschichten mitwirken zu lassen. Dabei können sie ihre eigenen Ideen und Wissensbestände zu historischen Begebenheiten einbringen. Diese erhalten dann einen Bezug zu Gegenwart, z.B. das heutige Leben in

Meran, und verbinden sich den jeweiligen Lebenswelten der Kinder oder Jugendlichen.

Susanne Rieper betrachtet Migration bei aller Verschiedenheit der Formen, Gründe und individuellen Erlebnissen als eine historische Konstante. Wird von Migration im Museum erzählt, dann verändert sie das nationale Geschichtsnarrativ, das Bewusstsein für Eigenheiten und Zugehörigkeiten. Die Möglichkeit zur Beteiligung verändert die Institution. Menschen, die Migration erlebt haben, berichten darüber authentisch, unmittelbar. Susanne Rieper berichtet von dem Projekt „Ortsgespräche" im Berliner Bezirksmuseum FHXB, bei dem Migrant*innen von ihrer Geschichte erzählen und dadurch einen Moment der Selbstbestimmung erfahren. Erzählung kann auch Bild oder Film sein, sich auch, das wird in einem in Riepers Beitrag geschilderten Beitrag deutlich, an Vorgehensweisen der künstlerischen Erkundung der Fluchterfahrung orientieren.

Das Iwalewahaus der Universität Bayreuth ist seit 40 Jahren ein Ausstellungsraum für zeitgenössische und moderne afrikanische, asiatische und pazifische Kunst und damit ein paradigmatischer Ort für einen interkulturellen Dialog. Katharina Fink stellt das Prinzip der inklusiven Ästhetik vor, das die Vermittlungsarbeit im Iwalewahaus prägt. Diese meint eine „Verdichtung sinnlicher Erfahrungsräume" im Museum. Inklusion wird dadurch zu einer selbstverständlichen ästhetischen Erfahrung und verbindet Raum, Objekt und Erzählung. Fink arbeitet dabei mit Künstler*innen und Wissenschaftler*innen zusammen, bindet die Erfahrungen von Menschen mit Beeinträchtigung mit ein und verändert damit die Blick- und Denkrichtungen in den Ausstellungen, die kuratorische Praxis wird damit zu einem „Gesamt-Werk".

Alessandra Vicentini beschreibt in ihrem Beitrag „Gemeinsam ins Museum" den Besuch unterschiedlicher Museen mit einer Gruppe von Menschen, die in einer sozialen Eingliederungseinrichtung leben. Der Museumsbesuch bietet hierbei die Möglichkeit, schrittweise wieder am gesellschaftlichen und kulturellen Leben teilnehmen zu können. Das museumspädagogische Handeln wir dabei von allen Beteiligten intensiv abgestimmt und auf die Belange und Bedürfnisse der Teilnehmer ausgerichtet. Vicentini berichtet davon, dass die Teilnehmer der Museumsbesuche Selbstbestätigung erfahren. Auch die Museen erleben durch den Besuch der Gruppe, deren teils besonders emotionale und sensible Reaktion auf Exponate eine neue Wahrnehmung ihres eigenen Hauses, entstehen dadurch auch bislang unbekannte Beziehungen zwischen den Besucherinnen, den Räumen und den Objekten.

Miriam Krauß legt in ihrem Artikel dar, welche Aspekte in der Vermittlungsarbeit zu beachten sind, wenn Programme für Hörgeschädigte konzipiert und durchgeführt werden. Sie zeigt, welche Anpassungen getroffen werden müssen und wie auf diese

Zielgruppe eingegangen werden muss. Der Lebensweltbezug und die Orientierung an den Bedürfnissen der Zielgruppen sind grundlegende Prinzipien der Inklusion, die eine Haltung ausdrücken, mit der jeder*m Nutzer*in begegnet werden sollte.

Das 20. Jahrhundert ausstellen – das 21. Jahrhundert partizipativ darstellen

Susanne Gesser und Nina Gorgus

Ein zehn Jahre langer Sanierungs- und Bauprozess des aus sieben Gebäuden bestehenden Museumsensembles des Historischen Museums Frankfurt (HMF) ging mit einer völligen Neuausrichtung der Museumskonzeption einher und ermöglichte es, die bisherige Museumsarbeit zu überdenken. Für die Neukonzeption wurden insgesamt sechs Dauerausstellungen, das Junge Museum sowie Sonderausstellungsflächen überarbeitet bzw. neu geschaffen. Im Mittelpunkt dieser Betrachtung stehen die beiden Dauerausstellungen *Frankfurt Einst?* und *Frankfurt Jetzt!*, auf die in der Neuausrichtung unterschiedliche Schwerpunkte gelegt wurden. Drei Leitbegriffe waren und sind für die Neukonzeption zentral: Relevanz, Diversität und Partizipation[1]. Für *Frankfurt Einst?* wurde der Schwerpunkt auf den Gegenwartsbezug in einer eher klassischen Ausstellung gelegt; in *Frankfurt Jetzt!* geht es um den partizipativen Prozess.

Wie thematische Zugänge und wechselnde Narrative den Anschluss an die Gegenwart ermöglichen

Die Dauerausstellung *Frankfurt Einst?* erstreckt sich auf über zwei Etagen im neuen Ausstellungshaus. Die fünf Themengalerien vermitteln die Stadtgeschichte Frankfurts nicht chronologisch, sondern thematisch: Die Galerien *Bürgerstadt*, *Weltstadt* und *Geldstadt* beleuchten die drei prägnantesten Charakteristika der Stadtgeschichte, sie bilden sozusagen die DNA Frankfurts. Die Galerien *Stadtbilder* und *100 x Frankfurt*, die die stadtgeschichtlichen Entwicklungen mit Plänen, Ansichten und Objektgeschichten vorstellen, liefern dazu den nötigen Rahmen. Die Konzeption zielte darauf ab, möglichst viele Objekte aus dem großen Bestand des Museums zeigen zu können. Auch wenn mit über 4.000 Exponaten auf einer Fläche von rund 2.000 Quadratmetern die Konzentration deutlich wird – gegenüber der Sammlung von über 600.000 Objekten erscheint das immer noch wenig.

Der thematische, modulare Zugang ermöglicht es, viele Narrative zu integrieren und beschränkt sich nicht auf die eine historische Wahrheit – deswegen auch *Frankfurt Einst?* mit Fragezeichen. Eine erzählerische Vieldeutigkeit entsteht dadurch, dass

---

1 Vgl. Gerchow, Jan/Gesser, Susanne/Jannelli, Angela: Nicht von gestern! Das *historische museum frankfurt* wird zum Stadtmuseum für das 21. Jahrhundert, in: Gesser, Susanne et al. (Hg.): Das Partizipative Museum. Zwischen Teilhabe und user generated content, Bielefeld 2012.

viele Objekte durch die kuratorische Neuinterpretation und durch eine dichte Inszenierung in neue Kontexte gestellt werden konnten. Zusammen mit verschiedenen Vermittlungsformaten können zudem Fragen und Perspektivenwechsel beim Publikum ‚provoziert' werden.[2] Der thematische Zugang erschien am sinnvollsten, um die Stadtgeschichte, die zum Teil ja auch nationale Geschichte widerspiegelt, spannungsreich zu vermitteln. Epochen und Themen wie Nationalsozialismus und Diversität wurden inklusiv behandelt; als Teil der Stadtgeschichte und nicht in abgetrennten Bereichen. Um sie sichtbar zu machen, führen ‚Wanderrouten' – in Form von kleinen Broschüren – durch die Ausstellung hin zu den Exponaten. Auf diese Weise kommen nochmals neue Stadtidentitäten hinzu.

Wie sehr die Narrative inszenatorisch verdichtet werden, zeigt insbesondere die Galerie *100 x Frankfurt*. Mit dem Prinzip eine Vitrine, ein Objekt und eine Geschichte orientierte sich die Erzählung an Vorbildern wie das Musée Sentimental von Marie Louise von Plessen und Daniel Spoerri bzw. an Neil MacGregors *Geschichte der Welt in 100 Objekten*.

Die Exponate stammen aus den unterschiedlichsten Sammlungsbereichen und stehen für verschiedene Identitäten der Stadt. Der zeitliche Bogen spannt sich von der Zeit, als Frankfurt eine Bürgergemeinde wurde bis hin zu einem Objekt aus dem 21. Jahrhundert. Das 19. und 20. Jahrhundert sind besonders gut vertreten – auch mit Objekten der Alltagskultur, die Meilensteine und Etappen der Stadtgeschichte spiegeln oder Einblicke in Biografien der Stadtbewohner*innen geben. Das Grundprinzip von *100 x Frankfurt* ist die auratische Inszenierung der Objekte. Fast jedes Exponat hat seine eigene Vitrine und kann von allen Seiten betrachtet werden. Begleitet wird die Galerie an der gesamten Länge von einem Zeitstrahl, der weltweite Ereignisse oder Erfindungen mit lokalhistorischen Vorkommnissen bis in die Gegenwart verzeichnet.

Die künstlerische Installation von Karsten Bott, die sich auf derselben Etage befindet, knüpft nochmals anders an die Gegenwart und jüngere Vergangenheit an. Mit ihrer Objektfülle setzt sie einen deutlichen Kontrapunkt. Bott sammelt Dinge, oftmals ähnliche Objekte, wie sie sich auch in der HMF-Sammlung befinden, und stellt sie in einer sehr kompakten Form aus. Er bildet aus den materiellen Hinterlassenschaften des Alltags Typologien von Konsumartikeln oder Gebrauchsgegenständen.[3]

---

2   Vgl. Gorgus, Nina/Linnemann, Dorothee: Wie sich das Historische Museum Frankfurt neu
erfindet: ein Bericht aus der musealen Praxis, in: Fackler, Guido/Heck, Brigitte (Hg.): Identitätsfabrik
reloaded?! Museen als Resonanzräume kultureller Vielfalt und pluraler Lebensstile. (Würzburger
Museumswissenschaftliche Studien 1), Berlin 2019, S. 144-153.
3   Gesser, Susanne (Hg.): Karsten Bott: Gleiche Vielfache (Ausstellungskatalog Historisches Museum
Frankfurt), Frankfurt am Main 2015.

Ein weiteres künstlerisches Prinzip von ihm ist es, die Gegenstände in Ensembles zu präsentieren. Er nennt dieses Prinzip auch ‚Puppenstuben'. Für seine Installation hat er 45 solcher Stuben in Regalfächern zusammengestellt. Die Objektarrangements bilden jeweils ein Thema ab – wie Baumarkt, Theater oder Liebe. Das Studierzimmer, das als eine intensive didaktische Auseinandersetzung mit den Themen der Galerien geplant war, erhält dadurch nochmals eine besondere Aufwertung, da die wie ein großes Wimmelbild arrangierten Ensembles ein besonders ästhetisches Erlebnis ermöglichen. Die Besucher werden im wahrsten Sinne des Wortes in ihrer eigenen Lebenswelt abgeholt bzw. werden an Umgangsweisen oder Gewohnheiten im eigenen Haushalt oder in dem ihrer Familie erinnert. So ist die Gegenwart hier ganz präsent!

Gegenwartsorientierte Objektwechsel

Die Kunst kann also manchmal als Medium dienen, um die Gegenwart in kulturgeschichtlichen Ausstellungen zu präsentieren. Mit Objekten aus der Kulturgeschichte erscheint dies manchmal schwierig. Denn je näher die Geschichte an die Gegenwart heranreicht, desto weniger erscheint sie ‚fertig' und musealisierbar. Wenn Inhalte und Themen relativ nahe an die Gegenwart rücken, dann erscheinen kuratorische Zuschreibungen oftmals als rigide politische Haltung und Wertungen. Die Objektwechsel ermöglichen es, auch hier eine fragende Position einzunehmen und zur Auseinandersetzung einzuladen.

Von Anfang an wurden Objekt- oder gar Szenenwechsel in die Dauerausstellung miteingeplant. Die Objektwechsel ermöglichen es, aus dem großen Bestand ähnliche Objekte zu zeigen und erfüllen deshalb auch konservatorische Vorgaben. Darüber hinaus können durch Wechsel, kontinuierlich neue Aspekte in die Ausstellung eingebracht werden. Und sie gestatten es, direkt an die Gegenwart anzuknüpfen und immer wieder aufs Neue Beziehungen zur Lebenswelt der Frankfurter zu schaffen. Es handelt sich um Interventionen, die sich optisch an die Ausstellungsarchitektur anpassen, die aber inhaltlich Anker in alle Richtungen werfen können.

Die Bereiche, in denen gewechselt wird, sind unterschiedlich und reichen von einem Exponat über eine Bildergalerie bis hin zu ‚Mini-Ausstellungen'. Während in den Galerien *Geldstadt* und *Weltstadt* eher nur Exponate wie Grafiken gegen gleichwertiges aus dem Bestand getauscht werden, finden die meisten inhaltlichen Wechsel auf Ebene 2 statt.

Hier erlaubt etwa die Galeriewand *Blickwechsel* hinter dem großen Medientisch *Ortsgeschichten* wechselnde Einblicke in neuere städtebauliche und gesellschaftliche Entwicklungen. Zur Eröffnung 2017 stellte Rami Tufi die Serie *Moscheen* vor. Der

Fotokünstler hatte 2008 alle in Frankfurt gemeldeten islamischen Gemeinden dokumentiert. Mit dem ersten Wechsel übernahm 2019 die Fotokünstlerin Meike Fischer. Sie zeigte in ihren Fotografien aus der Zeit von 2008 und 2015 den städtebaulichen Umwandlungsprozess, als die Europäische Zentralbank in die denkmalgeschützte und als Erinnerungsort ausgewiesene Großmarkthalle gebaut wurde.

Um ‚Mini-Ausstellungen' handelt es sich bei den biographischen Kabinetten im Bereich der *Lebensläufe* in der Galerie *Bürgerstadt*. Es handelt sich um kleine, aber gestalterisch nahezu geschlossene Räume, die sich zumeist einer Person mit Frankfurtbezug widmen. Das Prinzip ist es hier, sich bereits verstorbenen Personen zu widmen. Die Kabinette erlauben, auf Neuzugänge in der Sammlung zu reagieren oder Themenschwerpunkte zu Sonderausstellungen zu setzen. 2018 konnte mit Liesel Simon eine Pionierin der Puppenspielkunst vorgestellt werden, die künstlerische Expertise mit Unternehmertum verknüpfte und für eine beispielhafte Frauenbiografie aus dem 20. Jahrhundert steht. Mit Simon sind darüber hinaus Themen wie Kunst, das Medium Rundfunk, Nationalsozialismus, Verfolgung und Emigration verknüpft.[4]

Einen klaren Bezug zum 21. Jahrhundert ermöglichen die *Vereinskästen*, die Teil des Ausstellungsbereiches *Gesellschaften* sind. Mit Objekten wie Zunfttruhen, Fahnen und Transparenten bekommen hier Vereine, Stiftungen und andere Gruppen, die Frankfurt mitgeprägt haben, ein Gesicht. Vereinskästen werden hier als analoge Pinnwände verstanden, die in Vereinslokalen hängen, wo sich die Mitglieder treffen und Infos austauschen. In der Ausstellung dient solch ein Vereinskasten dazu, die Geschichte und die Ziele verschiedener Frankfurter zivilgesellschaftlicher Gemeinschaften vorzustellen.

Mit dem ersten Wechsel

Mit der ersten Neubespielung stellt sich der Verein Rainbow Refugees Frankfurt vor. Der Verein wirft einen ganz spezifischen Blick auf die Frankfurter Stadtgesellschaft. Er war 2016 entstanden, um geflüchteten Angehörigen der LSBT*IQ-Community eine erste Anlaufstelle zu bieten. Denn Verfolgung, Ablehnung und Diskriminierung erlebten die Geflüchteten nicht nur in ihren Heimatländern, sondern auch unterwegs. Der Verein sprach u.a. politische Entscheidungsträger an und unterstützte bei Behördengängen und Asylantragsverfahren, bei kultureller Integration und sexueller Aufklärung. Als viele der Ziele erreicht worden waren, löste sich der Verein auf bzw. existiert als Arbeitskreis Rainbow Refugee Support der AIDS-Hilfe Frankfurt weiter.

---

4 Historisches Museum Frankfurt (Hg.): Seid Ihr alle da? Die Puppenspielerin Liesel Simon (1887-1958), Frankfurt am Main 2018.

Die Entscheidung für diesen Verein, der nur kurz existierte, hat mehrere Gründe: Es geht um einen deutlichen Bezug auf das 21. Jahrhundert, um die Diskussion einer nationalen Auseinandersetzung innerhalb der Stadtgesellschaft im Museum und um Diversität. Das Museum möchte seit einiger Zeit diverser werden, was Programm, Personal, Publikum und Inhalte betrifft. Unterstützt wird das HMF bei diesem Vorhaben durch das Programm 360° der Kulturstiftung des Bundes. Eine Kollegin aus diesem Programm schlug den Verein vor, deren Mitglieder sie auf einer Demonstration kennengelernt hatte. Die Kontaktaufnahme war leicht, die Verhandlung über geeignete Objekte gestaltete sich schwierig, bis sich herausstellte, dass ein anderer Kollege ein Gründungsmitglied des Vereines war. So konnte der Vereinskasten in engem Austausch entstehen. Im kleinen Maßstab fand hier ein partizipativer Prozess über einen längeren Zeitraum statt, der in der Ausstellung aber leider nicht sichtbar gemacht werden konnte.

Genauer betrachtet handelt es sich bei *Frankfurt Einst?* also nur auf den ersten Blick um eine ‚klassische' stadtgeschichtliche Ausstellung. Die viele Querverweise und Narrative sind zudem eingebettet in eine atmosphärische Inszenierung, die sowohl das Augenmerk auf große Raumbilder als auf kleinteilige Objektinszenierungen ermöglicht. Um all das zu erfassen, sind eigentlich mehrmalige Besuche nötig!

Die Dauerausstellung *Frankfurt Einst?* nimmt die Gegenwart in den Blick, um Anknüpfungspunkte an die Frankfurter Lebenswelten zu bieten und einen Bezug zur Dauerausstellung *Frankfurt Jetzt!* herzustellen. Eine direkte Verbindung zwischen beiden Ausstellungen ist das letzte Objekt in 100 x Frankfurt, das regelmäßig ausgetauscht wird und auf aktuelle Themen auf Ebene 3 verweist.

Einladung an die Stadtgesellschaft

Eine Ebene über *Frankfurt Einst?* auf Ebene 3 des neuen Ausstellungshauses ist die tausend Quadratmeter große Dauerausstellungsfläche *Frankfurt Jetzt!* zu finden. Der Raum selbst vermittelt schon die Idee von *Frankfurt Jetzt!*: Mit seinen 84 Fenstern zur Stadt und einem spektakulären Aussichtspunkt nach Westen mit Sicht auf den Römerberg, die Frankfurter Skyline und den Main mit dem Eisernen Steg bietet er verschiedene Aus- und Einblicke in den Stadtraum. Es ist der permanente Ausstellungsbereich des Hauses, der sich mit der Gegenwart und Zukunft der Stadt befasst. Hier gibt es zwei feststehende Elemente. Das Frankfurt-Modell[5] und die Bibliothek

5   Das Frankfurt-Modell ist eine 70 qm große künstlerische Interpretation der Stadt, geschaffen vom niederländischen Künstler Hermann Helle mit seinem Team. Dafür wurden während der Sommertour 2015 rund 1.300 Stadt-Beschreibungen bei der Frankfurter Stadtbevölkerung erhoben. Die Stadtteilporträts sind hier zu finden: https://historisches-museum-frankfurt.de/sites/default/files/

der Generationen[6]. Beides sind künstlerische und partizipative Installationen. Etwa sechshundert Quadratmeter Fläche in *Frankfurt Jetzt!* sind wechselnden Ausstellungen, Formaten, Veranstaltungen und Präsentationen mit unterschiedlichen Formen der Partizipation vorbehalten.

Los geht's. Das Museum als Forum begreifen

"Museums are democratising, inclusive and polyphonic spaces for critical dialogue about the pasts and the futures. Acknowledging and addressing the conflicts and challenges of the present, [...]. They are participatory and transparent, and work in active partnership with and for diverse communities to collect, preserve, research, interpret, exhibit, and enhance understandings of the world, aiming to contribute to human dignity and social justice, global equality and planetary wellbeing."[7]

Die neue Museumsdefinition, die im September 2019 auf der 25. ICOM General-Konferenz in Kyoto sehr kontrovers diskutiert, aber nicht verabschiedet wurde, scheint passgenau den Paradigmenwechsel, den das HMF seit 2007 vollzogen hat, zu spiegeln. *Frankfurt Jetzt!* ist der Raum und das Format, in dem die Frankfurter*innen ihr Museum mitgestalten, ihre gegenwärtigen Perspektiven auf die Stadt und ihr Erfahrungswissen zum Leben in der Stadt artikulieren und einer breiteren Öffentlichkeit präsentieren zu können. Das HMF lädt die Stadtgesellschaft ein, das Stadtmuseum als ihren ureigenen Ort zu verstehen und diesen mitzugestalten. Teilhabe oder auch Partizipation ist das ‚Zauberwort'. Gemeinsam mit den Stadtbewohnern möchte das HMF Ausstellungen erarbeiten, Themen setzen und über die Eigenschaften der Stadt sprechen. Damit gibt das Museum seine Deutungshoheit ab, es wird demokratisch und es wird subjektiv. Das Stadtlabor, die flexible Ausstellungsfläche ist nicht nur ein Raum, es ist gleichzeitig auch eine Methode um miteinander die Stadt zu erforschen. Die Grundidee des Stadtlabors ist geprägt durch das Zusammenspiel von

uploads/hmf_mein_frankfurt-modell_sommertour_2015_dokumentation.pdf , zuletzt aufgerufen am 24.2.2020 ; weitere Informationen über das Frankfurt-Modell sind zu finden unter: https://historisches-museum-frankfurt.de/de/frankfurtjetzt/piwik.js#frankfurtmodell , zuletzt aufgerufen am 24.02.2020.

6   Die Bibliothek der Generationen ist ein künstlerisches Erinnerungsprojekt von Sigrid Sigurdsson, das generationenübergreifend angelegt ist. Das Projekt hat eine Laufzeit von 105 Jahren! Am Ende des Projekts werden 200 Beiträge von Einzelpersonen, Gruppen und Initiativen eingegangen sein. https:// historisches-museum-frankfurt.de/de/frankfurtjetzt/piwik.js#BdG, zuletzt aufgerufen am 24.02.2020

7   ICOM International Council of Museums (2019): Museum Definition. Creating a new museum definition – the backbone of ICOM <https://icom.museum/en/activities/standards-guidelines/museum-definition>, zuletzt aufgerufen am 08.02.2020. Vgl. dazu: Bahners, Patrick: Was tun wir hier überhaupt? Streit um die Museumsdefinition, in: FAZ vom 03.02.2020, o.S. https://www.faz.net/aktuell/feuilleton/ debatten/streit-um-den-museumsbegriff-im-weltverband-der-museen-16613815.html , zuletzt aufgerufen am 16.06.2021.

subjektiver Stadterfahrung und intersubjektiver Stadtbeschreibung. Mit der partizipativen und gegenwartsorientierten Museumsarbeit stützt sich das HMF auf den Grundsatz der geteilten Expertise. Denn auch wenn man sich denselben Stadtraum teilt, so wird die Stadt doch sehr unterschiedlich wahrgenommen. Das durch Alltagserfahrung gewonnene Wissen der Frankfurter*innen über ihre Stadt wird in der sich stets verändernden Ausstellungsfläche sichtbar. Es geht darum, die Stadt aus unterschiedlichen Perspektiven zu zeigen, sie durch die Augen der Bewohner*innen oder Expert*innen zu betrachten und die in ihr verborgenen Lebensräume zu entdecken. Das Motto, nach dem gearbeitet wird, ist: Zeig mir Dein Frankfurt! 2011 wurde das Stadtlabor erstmals mit einer unterwegs-Ausstellung sichtbar. Seitdem wurden bis 2015 jährlich weitere Stadtlabor unterwegs-Ausstellungen an sehr unterschiedlichen Orten in der Stadt gezeigt. Dazu kamen drei Sommertouren, ein Filmprojekt, bisher ein Sammlung-Check und seit der Neueröffnung des Museums im Oktober 2017 fünf Ausstellungen im Museum.

Frankfurt Jetzt! fordert dazu auf, einen Standpunkt im Prozess zu erarbeiten und einzunehmen, eine Meinung zu äußern, eine Haltung zur Diskussion zu stellen. Da dieses Ausstellungsformat einen Gegenwartsbezug zur historischen Dimension der Stadtgeschichte herstellt, die Subjektivität der individuellen Lebenswirklichkeiten in den Mittelpunkt stellt und aktuelle Themen in den Fokus nimmt, ist es auch eine gesellschaftspolitische Äußerungsform. Hier tritt das Museum nicht als objektiver Geschichts- und Meinungsmacher auf, sondern arbeitet mit der Multivokalität der individualisierten Gesellschaft. Für jede*n Einzelne*n, der sich an der Produktion der Stadtlabor-Formate beteiligt, bieten die partizipativen Angebote einen Anlass zur Selbstreflexion und Standortbestimmung. Für die partizipative Erarbeitung der Stadtlabor-Ausstellungen werden mehrere Workshops, von ersten grundlegenden Fragestellungen und Ideen über die Gestaltung bis hin zu Brainstorming-Bars, Textworkshops und kuratorischer Beratung, durchgeführt. Die Projekte entstehen alle in Co-Creation[8]. Die Vorbereitungszeit dauert im Schnitt ein Jahr, 50 bis 300 Teilnehmer*innen, Aktivist*innen, Multiplikator*innen nehmen daran teil. Die Workshops bieten den Rahmen, um gemeinschaftlich den Inhalt und das Gesamtkonzept der Ausstellung zu schärfen, an Ausstellungsbeiträgen sowie dem umfangreichen Rahmenprogramm zu arbeiten.

---

8   Für eine Unterscheidung der Partizipationsgrade vgl. Simon, Nina: The Participatory Museum, Santa Cruz 2010 und Piontek, Anja: Museum und Partizipation. Theorie und Praxis kooperativer Ausstellungsprojekte und Beteiligungsangebote, Bielefeld 2017.

Dazu gehört auch, dass das Museum unterwegs ist, draußen in der Stadt, in den Stadtteilen und dort hingeht, wo die Leute wohnen – das Stadtlabor ist ein aufsuchendes Museumsformat. Es ist zu Gast bei den Frankfurter*innen, nicht nur in den Stadtteilen, sondern auch in den Wohnzimmern, Küchen, Vorgärten, auf Balkonen, Dachterrassen. Gemeinsam werden Fotoalben betrachtet, Geschichten gehört, Erinnerungen und Erfahrungen geteilt und mit den Co-Kurator*innen und Stadtlaborant*innen Ausstellungsbeiträge erarbeitet. So vermittelt das Museum sehr verschiedene Frankfurts.

Das war's? Die Grenzen des Stadtlabors

Neben den begrenzten finanziellen und personellen Ressourcen, die jederzeit an die Grenzen des Mach- und Leistbaren führen können, gibt es zwei weitere Aspekte, die das Stadtlabor bewältigen muss. Der erste Aspekt kann unter dem Begriff ‚Carearbeit‘ gefasst werden. Damit ist im weitesten Sinne die Beziehungsarbeit sowie die soziale und emotionale Komponente gemeint, die mit der partizipativen Museumsarbeit oder der Community-Arbeit[9] einhergeht. Stadtlabor-Ausstellungen werden in einer Reihe von Workshops in Partizipation mit sehr unterschiedlichen Personen erarbeitet. Dafür ist ein Rahmen nötig, der ein respektvolles miteinander Arbeiten ermöglicht, Raum für kontroverse Diskussionen sowie schwierige Themen bietet. Die Museumsmitarbeiter*innen bewältigen sowohl die organisatorischen, die inhaltlichen als auch die emotionalen Aspekte der partizipativen Arbeitsphasen. Beziehungen zu und zwischen Teilnehmer*innen werden aufgebaut und gepflegt, Befindlichkeiten berücksichtigt, demokratische Prozesse gestaltet und eine Willkommenskultur gelebt. Die Mischung aus Sozialarbeit, Psychotherapie – für die in der Regel die Museumsmitarbeiter*innen nicht ausgebildet sind – und Kuration, gepaart mit dem Management der Erwartungen von Partizipant*innen führt oft an die Grenzen der Museumsarbeit, weil diese Aufgabe erschöpfend und emotional auszehrend werden kann.

Ein zweiter Aspekt, der die partizipative Museumsarbeit an seine Grenzen führen kann, ist das Hineintragen von politischen Themen und politischem Kampf. Die Stadtlabor-Teilnehmerin Lydia Mesgina formulierte es so: *„Mein Eindruck ist, dass sich eigentlich die „großen" gesellschaftlichen Aushandlungsprozesse (Deutungshoheit, Zugang zu Ressourcen und Entscheidungen, persönliche Interessen und biographische Verletzungen usw.) sich bei uns im „Kleinen" widerspiegeln."*[10] Kontroverse Diskussionen, politische Themen, Aushandlungsprozesse haben durchaus ihren Platz im Museum

---

9 Vgl. Munro, Ealasaid: Doing emotion work in museums: reconceptualising the role of community engagement practitoners, in: Museums and Society 12/1 (2014), S. 48ff.
10 Lydia Mesgina beschrieb am 27.01.2020 per E-Mail an Susanne Gesser ihre Eindrücke des vorangegangenen Stadtlabor-Workshops „Frankfurt Decolonize (AT)" vom 22.01.2019.

und sind im Stadtlabor sogar erwünscht. Es kommt vor, dass Partizipant*innen versuchen, das Museum, das Stadtlabor als Plattform für die eigenen politischen Aktionen zu benutzen oder sogar zu instrumentalisieren. Dies hatte schon zu Beginn der Stadtlabor-Arbeit des HMF zur Folge, dass das Museum Grundsätze für die Zusammenarbeit im Stadtlabor aufstellte.[11] Diese Regeln können jeweils für ein Projekt mit den Teilnehmer*innen neu verhandelt und modifiziert werden. Auch passiert es, dass Gruppen ihren politischen Kampf in den Prozess des Stadtlabors hineintragen. Entzünden kann sich eine solche Diskussion an einem sensiblen Thema oder an einzelnen politischen Überzeugungen. Damit einher geht die (z.T. berechtigte) Kritik an der weiß strukturierten, hegemonialen Kulturinstitution, stellvertretend für die normative Gesellschaft, mit dem Ziel, diese zu verändern: Zu mehr Transparenz, Gleichberechtigung, marginalisierte Gruppierungen in die Geschichtserzählung der Kommune, des Landes, des Staats zu integrieren, den Platz in der Narration der Erinnerung frei zu machen oder wenigstens zu teilen, für diejenigen, die den Stadtraum und die Alltagserfahrungen teilen. Dies sind berechtigte Anliegen, sprengen aber jeden partizipativen Prozess, an dessen Ende ein kreatives Produkt (Ausstellung, Film, Sommertour, Sammlungs-Check[12]) stehen soll. Wenn es also nicht gelingt, diese Diskussionen und kritischen Reflexionen mittels konstruktiver Lösungen oder kreativer Beiträge im (Ausstellungs-)Raum abzubilden, scheitert die Idee des Stadtlabors, weil ein kreativer gestalterischer Prozess, der ein gemeinsames Tun, ein Aushandeln und Miteinanderschaffen dann nicht mehr möglich ist.

Die partizipative Museumsarbeit ist ein Prozess mit offenem Ende. Hier erlaubt sich das Museum, ungewöhnliche Wege zu gehen, durch Ausprobieren zu lernen, und es nimmt die Möglichkeit des Scheiterns in Kauf. Diese Art der Museumsarbeit erfordert ein hohes Maß an Flexibilität und Offenheit sowie Improvisationsfähigkeit. Auch und vor allem von den Museumsmitarbeitenden ist eine gewisse Uneitelkeit gefordert, denn eigene konzeptionelle Ideen müssen offen zur Diskussion gestellt werden. Indem das Museum anerkennt, dass auch das Erfahrungswissen der Stadtbewohner*innen seinen berechtigten Platz im Museum hat, verzichtet es auf seine Deutungshoheit.

---

11 Vgl. https://historisches-museum-frankfurt.de/sites/default/files/uploads/spielregeln-stadtlabor_merkblatt_fuer_tn_190801.pdf, zuletzt aufgerufen am 20.02.2020.
12 Für die Beschreibung der Formate Stadtlabor Digital, Stadt Filmen, Sammlungs-Check siehe Gerchow, Jan/Gesser, Susanne (Hg.): Cura 17. Frankfurt Jetzt! und das Stadtlabor, Frankfurt am Main 2017; hier als Download: https://historisches-museum-frankfurt.de/sites/default/files/uploads/2017_cura_stadtlabor.pdf, zuletzt aufgerufen am 16.06.2021.

Ausblick

Das Kennenlernen, Erleben und Mitarbeiten am Museum und seinen Ausstellungen führt auf Seiten der Partizipant*innen zu großer Sympathie und einem gesteigerten Interesse an der Institution. Es verdeutlicht, dass auch migrantische Biographien und Migrationsgeschichte fester Bestandteil der deutschen Erinnerungskultur sind, stärkt die Ausdrucksmöglichkeiten und schließlich auch das Selbstbewusstsein jedes Beteiligten (Empowerment). Dies sind wichtige Schritte, um sich darüber bewusst zu werden, wie die (Stadt-)Geschichte die eigene Gegenwart prägt und wie sie mitgestaltet werden kann. Auch auf das Museum als Institution wirken sich diese Prozesse aus. Einige der Erfahrungen, die aus der partizipativen Museumsarbeit hervorgingen, wurden in die allgemeine Museumsarbeit übernommen: So werden partizipative Elemente in Sonderausstellungen zu historischen Themen integriert, Diversität wird im Museum generell sichtbarer gemacht. Aktiv werden marginalisierte Gruppen der Stadtbevölkerung eingeladen, sich an Formaten zu beteiligen und ihre Perspektive dem Chor der bereits vorhandenen Darstellungen und Zuschreibungen hinzuzufügen. Somit werden den historischen Zuschreibungen neue, zum Teil kontrastierende Perspektiven hinzugefügt. Individuelle Erfahrungen und Schicksale werden dadurch sichtbar, anerkannt und wertgeschätzt. Das Museum würdigt die subjektive Zeugenschaft von Individuen.[13] Durch die konsequente Community-Orientierung kann das Museum zu einem relevanten Ort und von einer breiten Bevölkerung getragen werden, der zudem eine hohe Identifikation zulässt. In der nächsten Zukunft wird an einer Reihe von Stadtlabor-Ausstellungen gearbeitet, mit denen große Sonderausstellungen des HMF begleitet werden. Frankfurter*innen wird hier die Möglichkeit eröffnet, an Themen der Sonderausstellungen mitzuwirken und diesen ihre subjektiven Perspektiven zur Seite zu stellen. 2020 wird zur Ausstellungsübernahme aus dem Deutschen Hygienemuseum Dresden *Rassismus. Die Erfindung von Menschenrassen* eine Stadtlabor-Ausstellung entwickelt.[14] Das Stadtlabor setzt den Fokus auf ‚Empowerment‘. Zeitgleich wurde 2020 eine Sommertour zum Thema *Gärtnern – das Wissen der Stadt (AT)* durchgeführt, die 2021 in eine Ausstellung münden wird – zeitgleich mit einer Ausstellung über die *‚Frankfurter Gartenlust‘*. 2021/22 wird das Stadtlabor

---

13 Gesser, Susanne/Gorgus, Nina/Jannelli, Angela (Hg.): Das subjektive Museum. Partizipative Museumsarbeit zwischen Selbstvergewisserung und gesellschaftspolitischem Engagement, Bielefeld 2020.

14 Die Ausstellungsübernahme wurde wegen der Covid-Panedmie abgesagt. Nur die Stadtlabor-Ausstellung wurde realisiert, war aber aus Gründen der Pandemie leider nur einen Monat zugänglich. Die Ausstellung ist online verfüg- und besuchbar. https://www.historisches-museum-frankfurt.de/stadtlabor/ichsehewaswasdunichtsiehst/online, zuletzt aufgerufen 19.7.2021

die Sonderausstellung ‚*Frankfurt und der Nationalsozialismus*‘ partizipativ begleiten. Der Prozess der partizipativen Museumsarbeit findet auf diese Weise auch innerhalb des Hauses statt und macht das Museum fit für das 21. Jahrhundert.

LITERATUR

Bahners, Patrick: Was tun wir hier überhaupt? Streit um die Museumsdefinition, in: FAZ vom 03.02.2020, o.S. https://www.faz.net/aktuell/feuilleton/debatten/streit-um-den-museumsbegriff-im-weltverband-der-museen-16613815.html , zuletzt aufgerufen am 16.06.2021.

Gerchow, Jan/Gesser, Susanne (Hg.): Cura 17. Frankfurt Jetzt! und das Stadtlabor, Frankfurt am Main 2017; hier als Download: https://historisches-museum-frankfurt.de/sites/default/files/uploads/2017_cura_stadtlabor.pdf, zuletzt aufgerufen 16.06.2021.

Gerchow, Jan/Gesser, Susanne/Jannelli, Angela: Nicht von gestern! Das historische museum frankfurt wird zum Stadtmuseum für das 21. Jahrhundert, in:

Gesser, Susanne et al. (Hg.): Das Partizipative Museum. Zwischen Teilhabe und user generated content, Bielefeld 2012.

Gesser, Susanne (Hg.): Karsten Bott: Gleiche Vielfache (Ausstellungskatalog Historisches Museum Frankfurt), Frankfurt am Main 2015.

Gesser, Susanne/Gorgus, Nina/Jannelli, Angela (Hg.): Das subjektive Museum. Partizipative Museumsarbeit zwischen Selbstvergewisserung und gesellschaftspolitischem Engagement, Bielefeld 2020.

Gorgus, Nina/Linnemann, Dorothee: Wie sich das Historische Museum Frankfurt neu erfindet: ein Bericht aus der musealen Praxis, in: Fackler, Guido/Heck, Brigitte (Hg.): Identitätsfabrik reloaded?! Museen als Resonanzräume kultureller Vielfalt und pluraler Lebensstile. (Würzburger Museumswissenschaftliche Studien 1), Berlin 2019.

Historisches Museum Frankfurt (Hg.): Seid Ihr alle da? Die Puppenspielerin Liesel Simon (1887-1958), Frankfurt am Main 2018.

Munro, Ealasaid: Doing emotion work in museums: reconceptualising the role of community engagement practitoners, in: Museums and Society 12/1 (2014).

Piontek, Anja: Museum und Partizipation. Theorie und Praxis kooperativer Ausstellungsprojekte und Beteiligungsangebote, Bielefeld 2017.

Simon, Nina: The Participatory Museum, Santa Cruz 2010.

Ein Museum für Gegenwartskunst als Ort für politische Bildung.
Mit ActioncARTs Diskussionen anregen

Verena v. Essen und Susanne Theil

Mit Kindern und Jugendlichen ins Gespräch zu kommen, sie ausgehend von einem Objekt oder Kunstwerk zu aktivieren, kreatives Gestalten anzuregen, aber auch Impulse zum Nachdenken und Diskutieren zu geben, ihnen die Augen zu öffnen, sie zu sensibilisieren für ihre Lebenswelt und für gesellschaftsrelevante Themen – diese Ziele verfolgt das Museumspädagogische Zentrum (MPZ).[1]

In der Gegenwartskunst reagieren Künstler*innen häufig auf ihre Zeit und setzen sich mit dieser auseinander. Für die Kunstvermittlung liegen die Bezüge zur Lebenswelt also auf der Hand. Allerdings bestehen bei Jugendlichen oft Ressentiments gegenüber zeitgenössischer Kunst oder der Zugang zu einem Werk kann sperrig sein. Aus diesem Grund hat das MPZ auf Initiative des Museums Brandhorst die ActioncARTs entwickelt, um Lehrkräften weiterführender Schulen hier Unterstützung und Zugangsmöglichkeiten zu bieten und somit Teilhabe zu erleichtern – Teilhabe an Kunst, Kultur und Gesellschaft.[2]

Dieses Ziel findet sich in den fächerübergreifenden Bildungs- und Erziehungszielen des LehrplanPlus in Bayern, die schulartübergreifend neben ökologischer, digitaler und kultureller Bildung den Auftrag zu politischer Bildung beinhalten.[3] Poltische Bildung wiederum weist dem LehrplanPlus zufolge „vielfältige Schnittmengen zu weiteren fächerübergreifenden Bildungs- und Erziehungszielen" auf, „die im Hinblick auf eine systematische Demokratieerziehung bei der Unterrichtsplanung aller Fächer reflektiert und auch berücksichtigt werden müssen,"[4] so auch zur kulturellen Bildung. Damit die Verknüpfung zwischen politischer und kultureller Bildung gelingen kann,

---

1 Leitbild MPZ, URL: https://www.mpz-bayern.de/das-mpz/leitbild/leitbild.html, zuletzt aufgerufen am 04.09.2020.

2 Vgl. Deutscher Museumsbund e. V., ICOM Deutschland (Hg.): Standards für Museen, Kassel/Berlin 2006, S. 21: „Die Museen in Deutschland streben an, alle Altersgruppen und Gesellschaftsschichten zu erreichen und ermutigen zur aktiven Teilhabe an der Kultur." URL: https://www.museumsbund.de/wp-content/uploads/2017/03/standards-fuer-museen-2006-1.pdf, zuletzt aufgerufen am 01.09.2020.

3 URL: https://www.politischebildung.schulen.bayern.de/faecheruebergreifende-bildungsziele/politische-bildung/ sowie https://www.politischebildung.schulen.bayern.de/fileadmin/user_upload/Demokratielernen/Startseite/Gesamtkonzept/Gesamtkonzept_Politische_Bildung_Internet.pdf, zuletzt aufgerufen am 11.09.2020.

4 URL: https://www.politischebildung.schulen.bayern.de/faecheruebergreifende-bildungsziele/, zuletzt aufgerufen am 04.09.2020.

„müssen Bildungs- und Diskussionsangebote entwickelt werden, die unterschiedliche Zielgruppen wie Jugendliche oder Erwachsene, bildungsnahe und -ferne Menschen gleichermaßen ansprechen und aktivieren".[5] Die ActioncARTs setzen sich in diesem Sinn das Ziel, zeitgenössische Kunstwerke mit aktuellen, gesellschaftsrelevanten und politischen Fragestellungen zu verbinden und über die Lehrkräfte alle Schüler*innen zu erreichen.

Intention

Die ActioncARTs möchten Kinder und Jugendliche weiterführender Schulen an die zeitgenössische Kunst heranführen und können im Klassenzimmer, Museum oder Außenraum zur Einstimmung oder Vertiefung eingesetzt werden. Sie sollen Lust machen, sich auf die Werke und künstlerischen Positionen einzulassen und durch Aktivierung und kreative Impulse Zugänge bieten. Darüber hinaus werden die fächerübergreifenden Bildungsziele wie politische Bildung, Werteerziehung und soziale Erziehung berücksichtigt und integriert.[6] Die ActioncARTs sind Teil des Kunstvermittlungsprojektes *PostcART*[7] des Museums Brandhorst mit ArtcARTs zu einzelnen Kunstwerken sowie ArtistcARTs zu zahlreichen Künstler*innen und ergänzen es um eine praktische Ebene: die ‚Action'!

‚Action' meint hier zum einen *Action* durch das eigene kreative und interaktive Gestalten, zum anderen aber insbesondere auch *Action* in Form von herausfordern, zum Denken anstoßen und zum Diskutieren anregen: Was bewegt dich? Wofür lohnt es sich zu kämpfen? Welche Künstlerinnen kennst du? Welche Songs, Texte, Personen beschäftigen dich? Welche Alltagsikonen schafft unsere konsumorientierte Gesellschaft? Zu welchen Konsumartikeln schauen wir auf? Welche Bilder und Personen stehen für unsere Zeit? Welche soziale Funktion hat Kleidung? Ist sie politisch? Ist sie identitäts- und integrationsstiftend?

Gerade an eine Debatten- und Streitkultur sollten Kinder und Jugendliche möglichst früh herangeführt werden – denn die Fähigkeit und Bereitschaft hierzu gehen immer weiter zurück.[8] Sich eine Meinung zu bilden und zu vertreten, aber insbesondere auch

5   Bundeszentrale für politische Bildung, URL: https://www.bpb.de/gesellschaft/bildung/kulturellebildung/59934/politische-und-kulturelle-bildung, zuletzt aufgerufen am 04.09.2020.

6   Vgl. URL: https://www.politischebildung.schulen.bayern.de/faecheruebergreifende-bildungsziele/, zuletzt aufgerufen am 10.09.2020.

7   https://www.museum-brandhorst.de/begleithefte/postcart-eine-bilderjagd-zum-hinschauen-und-mitdenken, zuletzt aufgerufen am 10.09.2020.

8   Vgl. u.a.: Bermes, Christian: Wandel der Sprach- und Debattenkultur. Verbindlichkeit – Artikulation – Meinung, Berlin 2019.

andere Meinungen anzuhören, zu überdenken und auszuhalten[9] sind Grundvorausset-zungen für einen gesellschaftlichen Diskurs und die Grundlage von Demokratie. Ein Zitat des ehemaligen Bundeskanzlers Helmut Schmidt fasst diese Haltung prägnant zusammen: „Demokratie besteht aus Debatte und anschließender Entscheidung aufgrund der Debatte."[10] Freude und Spaß an der Auseinandersetzung und Diskussion, am Fokussieren, Formulieren und Argumentieren müssen erfahren und erlernt werden. Sie sind Teil der Demokratiebildung. Zudem wird eine dringend erforderliche Sprachförderung unterstützt, insbesondere in Zeiten des schnellen Versendens von Kurzmitteilungen: Argumente sammeln und auswählen, in ganzen Sätzen reden, verbal überzeugen. Zugleich kann eine Diskussionskultur Unterstützung, Halt und Orientierung geben in einer unüberschaubar werdenden Welt der Informations- und Bilderfluten.[11] Es ist erforderlich, Heranwachsenden wieder mehr Raum und Zeit zum Nachdenken, für Gespräch und Diskussion zu geben, denn diese fehlen durch alle Schichten hindurch zunehmend. So sind ‚Diskussionen' und ‚Debatten' sowohl unter den jeweiligen ‚grundlegenden Kompetenzen' als auch innerhalb der einzelnen Fachprofile im Lehrplan aller Schultypen fest verankert.[12] Außerdem sind „eine angemessene und geeignete Kultur der Diskussion und der Konfliktlösung" „weitere Aspekte von Partizipation".[13] Teilhabe zu ermöglichen und zu erleichtern sowie Hemmschwellen und Barrieren abzubauen, ist Ziel des Projekts.

Konzeption

Die Karten sind aus einer intensiven Zusammenarbeit mit dem Museum Brandhorst entstanden. Die langjährigen Erfahrungen des MPZ in Gesprächsführungen fanden Eingang in die Konzeption der Karten. Gerade im Bereich des diskursiven Ansatzes gehen sie aber darüber hinaus und nehmen Elemente auf, die in den zeitlich meist begrenzten Vermittlungsveranstaltungen oft nicht in dieser Intensität durchführbar

9   Vgl. Pornschlegel, Sophie: Wo bleibt die Grauzone? In: Deutschlandfunk Kultur, 10.04.2019, URL: https://www.deutschlandfunkkultur.de/debattenkultur-wo-bleibt-die-grauzone.1005. de.html?dram:article_id=445830, zuletzt aufgerufen am 11.09.2020.

10 Helmut Schmidt, zit. nach: Lueg, Ernst Dieter: Gefragt: Helmut Schmidt, Bonn 1969, S. 27.

11 Vgl. Reinhard, Rebekka/Vasek, Thomas: Es ist Zeit für öffentlichen Vernunftgebrauch, in: Zeit online, 30.09.2019, URL: https://www.zeit.de/kultur/2019-09/debattenkultur-oeffentlichkeit-diskurs-soziale-medien-diskussionen, zuletzt aufgerufen am 08.08.2020.

12 LehrplanPlus Bayern, URL: https://www.lehrplanplus.bayern.de/, zuletzt aufgerufen am 11.09.2020. Vgl. u.a. Staatsinstitut für Schulqualität und Bildungsforschung (ISB) (Hg.): Argumentieren und Debattieren – Schwerpunkt „Sprechen und Zuhören", München 2016.

13 LehrplanPLUS Bayern. Bildungs- und Erziehungsauftrag der Mittelschule, URL: https://www. lehrplanplus.bayern.de/bildungs-und-erziehungsauftrag/textabsatz/70182, zuletzt aufgerufen am 10.09.2020.

sind. Die Karten sollen Brücken in die Lebenswirklichkeit der Kinder und Jugendlichen schlagen und dabei Schlüsselkompetenzen wie das Reflektieren, Analysieren und Argumentieren fördern. Zitate von Künstler*innen, Denkanstöße und Diskussionsanregungen helfen, miteinander ins Gespräch zu kommen. Gleichzeitig wird den Kunstwerken und künstlerischen Positionen hierbei Rechnung getragen. Um Heranwachsende aller Schularten zu erreichen, variieren die Elemente in Anspruch und Herausforderung und können kombiniert, aber auch einzeln herausgegriffen werden. Sie sollen als Anstoß oder Anregung dienen und nach eigenem Ermessen erweitert oder auch mit anderen Karten verbunden werden.

Inspiration ist stets ein Kunstwerk der Sammlung Brandhorst von Künstler*innen wie Jean-Michel Basquiat, Alexandra Bircken, Keith Haring, Jeff Koons, Louise Lawler, Lucy McKenzie, Bruce Nauman, Cy Twombly, Andy Warhol u.a. Die Karten sind so konzipiert, dass sie in den Regelunterricht integriert werden können, in Kunst, aber auch in Ethik, Geschichte, Sozialkunde, Deutsch und Musik. Hier lassen sich unterschiedliche Themenbereiche miteinander verknüpfen. Die Begriffe, die auf den jeweiligen Karten mit einem Hashtag (#) versehen sind, geben Hinweise auf inhaltliche Themenschwerpunkte: Malerei, Musik, Mode, Streetart, Subkultur, Pop Art, Konsum, Kommerz, Konzeptkunst, neue Medien, Fotografie, Typografie, Architektur, Nachhaltigkeit, Gesellschaft, Politik, Poesie u.a. So können diese Schwerpunkte gezielt herausgesucht und im passenden Kontext eingesetzt werden. Die *ActioncARTs* sind zum Schuljahr 2020/21 online erschienen. Sie sind in Deutsch und Englisch verfügbar und können einzeln oder als Gesamtpaket auf den Internetseiten des MPZ und des Museums Brandhorst heruntergeladen werden.

Aufbau

Die Karten enthalten folgende Elemente:

- Denkanstöße in den *think*-Denkblasen ermuntern zur persönlichen und indivi-
  duellen gedanklichen Auseinandersetzung mit einem Thema.
- Diskussionsanregungen, die *discuss*-Sprechblasen, fordern dazu auf, sich in der
  Gruppe auszutauschen, zu argumentieren, Ideen und Meinungen zu teilen und
  zu hinterfragen.
- Ergänzt werden diese diskursiven Aufträge durch Zitate von Künstler*innen, die
  deren künstlerische Positionen verdeutlichen.
- Zentrales Element der Karten sind Anleitungen zum kreativen und interaktiven
  Gestalten, als analoges und/oder als digitales Format.
- Die jeweiligen Formate (analog/digital) sowie die benötigten Materialien wer-
  den bildlich veranschaulicht.
- Unterschiedliche Sozialformen wechseln sich ab, so gibt es Anregungen für
  Einzel-, Partner- oder Gruppenarbeit.
- Hinweise auf Kunstgattungen und Themenschwerpunkte helfen, die Inhalte
  der Karten zügig zu erfassen. Hier lassen sich Querverbindungen und Ver-
  knüpfungen zu anderen ActioncARTs erzeugen.

Auf den nächsten Seiten folgen Beispiele zu Keith Haring, Arthur Jafa und Bruce
Nauman.

ActioncART zu Keith Haring: ‚Urban und öffentlich!'

Im New York der 1970er- und 1980er- Jahre und inspiriert von der dortigen Graffiti-Szene entwickelte der US-Amerikaner Keith Haring seine eigene Formen- und Bildsprache und hinterließ auf dunklen Werbeflächen seine berühmt gewordenen *Subway Drawings*. Seine Auseinandersetzung mit politischen Systemen, sein unermüdlicher, friedlicher Kampf gegen Ungerechtigkeit und Ausgrenzung jeglicher Art übersetzte er in seine Kunst und machte sie im öffentlichen Raum für alle sichtbar und zugänglich, zunächst in New York, später an zahlreichen weiteren Orten der Welt.

Als populärer Künstler wird Keith Haring in der Schule zwar häufig thematisiert. Doch wird oft zu wenig berücksichtigt, dass er ein durch und durch politisch denkender und handelnder Mensch war und selbst Projekte mit Kindern und Jugendlichen initiierte. Dieser Aspekt sollte genutzt werden, um die Heranwachsenden zu ermuntern, sich für die Missstände ihrer Zeit zu öffnen, sich zu empören und zu engagieren: „Auf welche Themen möchtest du die Öffentlichkeit aufmerksam machen?"

Die Aufgabe, ein politisches Kunstwerk zu schaffen und einen geeigneten öffentlichen Raum für eine digitale Inszenierung zu suchen, wird durch ein *get out* ergänzt: „Sucht in der Umgebung nach geeigneten Orten für eure Kunstwerke." Die Kinder und Jugendlichen werden aktiviert, die Außenwelt jenseits des schulischen Umfelds wahrzunehmen und einen Blick dafür zu entwickeln.

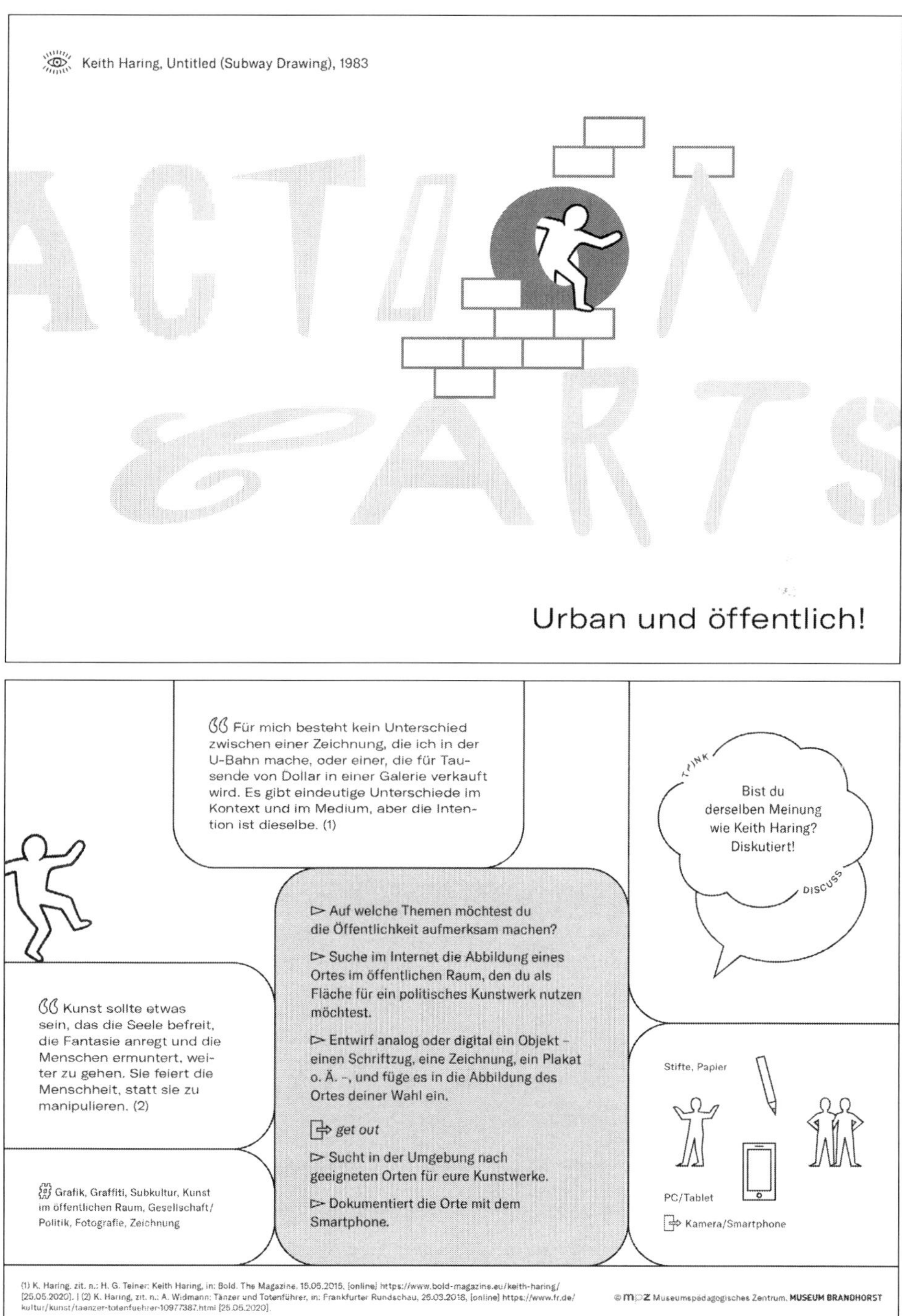

© Museumspädagogisches Zentrum, Museum Brandhorst; Grafik und Illustration: Carla Nagel

131

ActioncART zu Arthur Jafa: ‚Starke Blicke, starke Posen …'

Arthur Jafa, Gewinner des Goldenen Löwen der Biennale 2019 in Venedig, ist US-amerikanischer Künstler, Kameramann und Filmemacher der Black-Cinema-Szene. In seinen Werken thematisiert er den jahrhundertelangen Rassismus in den USA und hält uns den Spiegel vor. *Monster* und *Monster II* aus der Sammlung Brandhorst zeigen dies auf ganz eindrückliche Weise.

Die Karte *Starke Blicke, starke Posen* regt zum Nachdenken an. Jeder kennt seinen Blick in den Spiegel, doch wie sieht es mit dem starken Blick Arthur Jafas aus? Und warum wählt er den Titel *Monster*?

Ergänzend unterstreicht das Zitat die Brisanz und Aktualität von Diskriminierung und Ausgrenzung. Durch gezielte Denk- und Diskussionsimpulse werden die Jugendlichen unmittelbar zum Thema hingeführt: „Welche Person spielt welche Rolle in Film, Politik und Kunst? Welche Beispiele kennst du? Gibt es einen Zusammenhang zu Hautfarbe, Geschlecht oder Herkunft? Kennst du weitere Formen von Diskriminierung und Vorurteilen?" Diese Elemente lassen sich auch unabhängig von der performativen Aktivierung zu den beiden Werken von Arthur Jafa einsetzen. Allerdings erleichtert ein emotionaler Einstieg durch die zentralen interaktiven Aufträge vor bzw. zu den Kunstwerken die Bereitschaft der Jugendlichen zur Diskussion.

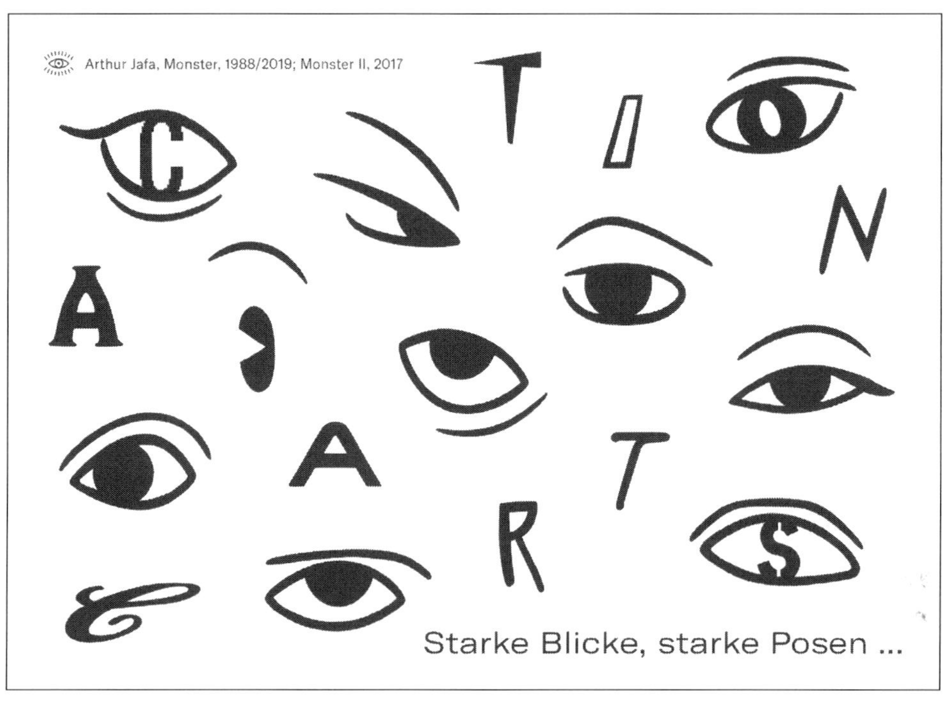

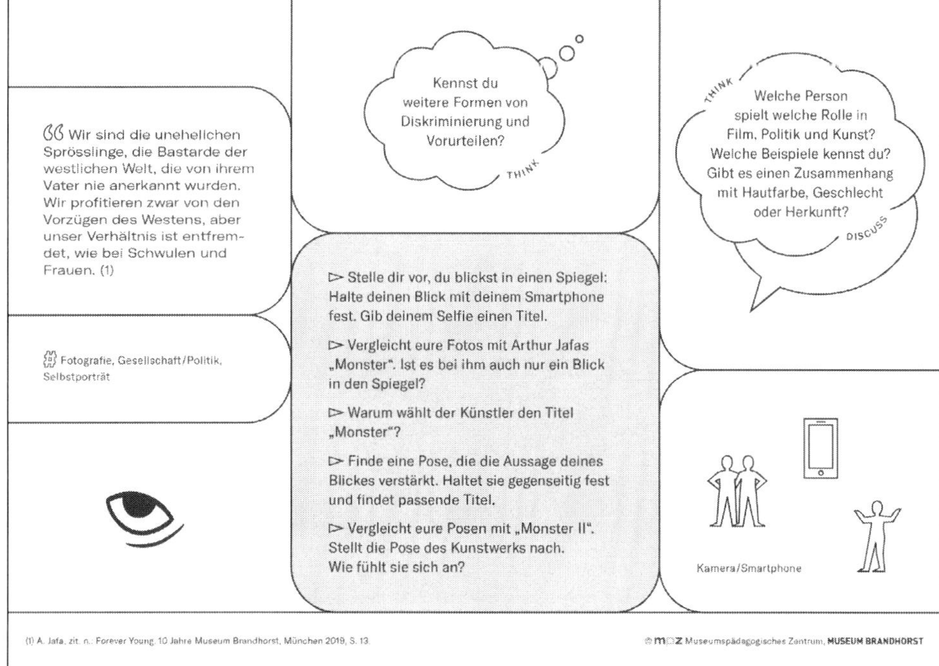

© Museumspädagogisches Zentrum, Museum Brandhorst; Grafik und Illustration: Carla Nagel

ActioncART zu Bruce Nauman: ‚Zeitgenössische Kunst – und was hat das mit mir zu tun?‘

Auf die Wirkung von Kunst zielt der US-amerikanische Konzeptkünstler Bruce Nauman in seinem Werk *Beating with a Baseball Bat* mit einer überlebensgroßen schwarzen Figur mit ausholendem Baseballschläger. Zeitgenössische Kunst solle einen „kalt erwischen" wie ein „Schlag ins Genick", sie solle einen „umhauen"[14]: Zu seinem Werk fragt die ActioncART: „Welche Aufgabe hat Kunst, die im Hier und Jetzt entsteht? Welche Bedeutung kann Kunst für dich und die Gesellschaft spielen? Welche Rollen kann sie einnehmen?" Die Karte regt an, in einer performativen Aktivierung Standbilder fotografisch festzuhalten. Diese Bilder dienen als Diskussionsanregung, um über Bedeutung und Wirkung von Kunst zu sprechen.

Die Karte eignet sich für mehrere Einsatzmöglichkeiten: als vorbereitende Einstimmung auf das Werk Bruce Naumans oder zur Auseinandersetzung mit Gegenwartskunst. Sie veranschaulicht, dass zunächst möglichst ein Sich-Einlassen, ein Sich-Trauen erfolgen sollte, bevor man sich mit Werk und künstlerischer Position auseinandersetzt: „Was macht zeitgenössische Kunst mit dir?"

---

14 Bruce Nauman im Interview mit H. Rauterberg: „Die Kunst erlöst uns von gar nichts", in: Zeit online, 14.10.2004, https://www.zeit.de/2004/43/InterviewB_Nauman [25.05.2020]; vgl. ActioncART zu Bruce Nauman: ‚Zeitgenössische Kunst – und was hat das mit mir zu tun?‘.

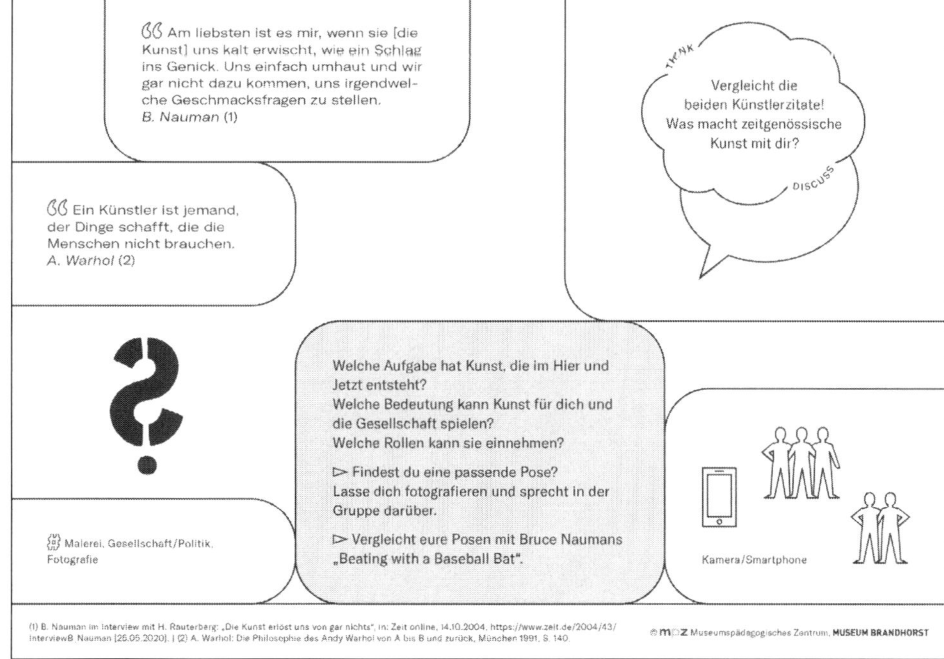

© Museumspädagogisches Zentrum, Museum Brandhorst; Grafik und Illustration: Carla Nagel

Ausblick

Politische Bildung hat in den vergangenen Jahren verstärkt Eingang in die Lehrpläne aller Schulen gefunden und soll sich nicht nur auf die Fächer beschränken, die man klassischerweise damit verbindet. Vielmehr sind alle Fächer – aber auch alle Institutionen, die mit Kindern und Jugendlichen außerhalb der Schule arbeiten – gefordert, sich in einer Zeit der zunehmend lauter werdenden antidemokratischen Stimmen mit politischen Fragestellungen auseinanderzusetzen und demokratisches Denken von klein auf zu fördern. So formuliert auch der Beschluss der Kultusministerkonferenz von 2018: „Demokratie und demokratisches Handeln können und müssen gelernt werden."[15] Das MPZ möchte mit den ActioncARTs einen Beitrag in diese Richtung leisten.

Nora Sternfeld skizziert das Museum der Zukunft als „Kontaktzone, Plattform, Arena und Versammlungsraum".[16] Dies bedeute, „sich der Konfliktualität eines solchen Raumes für Versammlung und Auseinandersetzung zu stellen".[17] Mit Formaten wie den ActioncARTs kann Kunstvermittlung dazu beitragen, gerade für Gruppen genau eine solche diskursive Auseinandersetzung zu fördern und auch gesellschaftsrelevante Inhalte zu thematisieren. Jugendliche können dadurch über zeitgenössische Kunst ins Gespräch kommen, diskutieren, provozieren, Ideen, Gedanken und Empfindungen austauschen. So werden Museen zu überaus geeigneten Orten, kulturelle und politische Bildung miteinander zu verknüpfen.

Wir danken dem Bayerischen Staatministerium für Wissenschaft und Kunst, dem Museum Brandhorst, insbesondere der Kuratorin Dr. Monika Bayer-Wermuth, der Grafikerin und Illustratorin Carla Nagel und der Übersetzerin Carolyn Kelly für die Unterstützung und erfolgreiche Zusammenarbeit!

15 Beschluss der Kultusministerkonferenz vom 06.03.2009 i.d.F. vom 11.10.2018 zur Stärkung der Demokratieerziehung, URL: https://www.bpb.de/gesellschaft/bildung/zukunft-bildung/192243/kultusministerkonferenz-staerkung-der-demokratieerziehung, zuletzt aufgerufen am 07.09.2020.
16 Sternfeld, Nora: Das radikaldemokratische Museum, Berlin 2018, S. 21; vgl. Wenrich, Rainer/Kirmeier, Josef/Bäuerlein, Henrike (Hg.): Heimat(en) und Identität(en), S. 9, in: dies.: Museen im politischen Raum, München 2019: „... dass sich Museen deutlicher als je zuvor zum Ort des Diskurses machen."
17 Sternfeld 2018, S. 21.

LITERATUR

Ammerer, Heinrich/Geelhaar, Margot/Palmstorfer, Rainer (Hg.): Demokratie lernen in der Schule. Politische Bildung als Aufgabe für alle Unterrichtsfächer, Münster 2020.

Bayerische Staatsgemäldesammlungen (Hg.): Museum Brandhorst. Ausgewählte Werke, München u.a. 2009.

Bermes, Christian: Wandel der Sprach- und Debattenkultur. Verbindlichkeit – Artikulation – Meinung, Berlin 2019.

Breit, Gotthard/Schiele, Siegfried (Hg.): Demokratie braucht politische Bildung, Bonn 2004.

Dander, Patrizia/Hochdörfer, Achim/Proctor, Jacob (Hg.): Museum Brandhorst. Die Sammlung, München/London/New York 2019.

Deutscher Museumsbund e. V., ICOM Deutschland (Hg.): Standards für Museen, Kassel/Berlin 2006.

Eschenburg, Theodor u.a. in: Münch, Ursula/ Scherb, Armin/ Schröder, Michael/ Eisenhardt, Walter (Hg.): Politische Urteilsbildung im 21. Jahrhundert: Herausforderungen, Ziele, Formate (Tutzinger Schriften zur politischen Bildung), Schwalbach am Taunus 2015.

Lange, Valerie: Populismus, Fake News, Lügenpresse: Herausforderung politischer Bildung an Schulen #01 Politische Bildung und Demokratieerziehung als Aufgabe aller Fächer, Hanau, 13. September 2019, Friedrich Ebert Stiftung 2019, URL: http://library.fes.de/pdf-files/studienfoerderung/15864.pdf, zuletzt aufgerufen am 10.09.2020.

Mörsch, Carmen: Kunstvermittlung in der kulturellen Bildung: Akteure, Geschichte, Potentiale und Konfliktlinien, in: Bundeszentrale für Politische Bildung (Hg.): Dossier kulturelle Bildung, 2011; URL: http://www.bpb.de/gesellschaft/kultur/kulturelle-bildung/60325/kunstvermittlung, zuletzt aufgerufen am 07.09.2020.

Pornschlegel, Sophie: Wo bleibt die Grauzone? In: Deutschlandfunk Kultur, 10.04.2019, URL: https://www.deutschlandfunkkultur.de/debattenkultur-wo-bleibt-die-grauzone.1005.de.html?dram:article_id=445830, zuletzt aufgerufen am 11.09.2020.

Reinhard, Rebekka/Vasek, Thomas: Es ist Zeit für öffentlichen Vernunftgebrauch, in: Zeit online, 30.09.2019, URL: https://www.zeit.de/kultur/2019-09/debattenkultur-oeffentlichkeit-diskurs-soziale-medien-diskussionen, zuletzt aufgerufen am 08.08.2020.

Sternfeld, Nora: Das radikaldemokratische Museum, Berlin 2018.

Wenrich, Rainer/Kirmeier, Josef/Bäuerlein, Henrike (Hg.): Heimat(en) und Identität(en). Museen im politischen Raum, München 2019.

Performative Elemente in der Museumsvermittlung.
Ein Erfahrungsbericht.

Verena Malfertheiner

Meine erste Arbeitserfahrung im Vermittlungsbereich machte ich bei der Landesausstellung *Labyrinth::Freiheit* in Südtirol. Ich arbeitete in einem elfköpfigen Team, das für die museumspädagogischen Angebote verantwortlich war. Innerhalb des Teams war die inhaltliche und methodische Auseinandersetzung mit unserer Arbeit sehr wichtig. Der Evaluation wurde sehr viel Platz gegeben. Dabei haben wir uns auch die Frage gestellt, was den Personen, die an unseren Angeboten teilnehmen, vom Ausstellungsbesuch in Erinnerung bleibt. Um das zu erfahren, haben wir ihnen die Frage gestellt *„Was nimmst du von dieser Führung für dich mit?"* und um ihre Rückmeldung per Mail gebeten. Die meisten Antworten, die wir erhielten, berichteten von Momenten, in denen die Menschen selbst experimentieren bzw. mit der Vermittlungsperson oder anderen Personen in der Ausstellung interagieren konnten, von Situationen, in denen sie selbst aktiv waren. Bezeichnenderweise ging es in keiner der eingegangenen Nachrichten vordergründig um Fakten – seien es Jahreszahlen, Namen oder historische Kontexte – zu den ausgestellten Objekten. Ich behielt aus dieser Erfahrung die Erkenntnis, dass bei einem Ausstellungsbesuch vor allem jene Momente nachhaltig wirken, in denen die Menschen auf unterschiedlichen Ebenen involviert und mit verschiedenen Sinnen aktiv sind. Von dieser Erkenntnis lasse ich mich in meinem Beruf, auch und vor allem in der Arbeit mit Schulklassen, leiten.

Im Laufe der Jahre kam ich dann immer wieder in Kontakt mit Theater, sei es als Objekttheater im Museum oder in Fortbildungen, in denen theatrale Ausstellungsführungen thematisiert wurden. Diese Inputs flossen in meine Arbeit als Museumsvermittlerin ein und ich habe begonnen, in mehreren Vermittlungsprojekten performative Elemente einzubauen. Gerade bei der Arbeit mit Schulklassen stoßen entsprechende Methoden auf ein positives Feedback. Es scheint, dass das Arbeiten mit spielerischen Elementen bei Kindern und Jugendlichen sehr gut ankommen. Von diesen Projekten möchte ich in diesem Beitrag berichten. Theater und Museum haben viele Berührungspunkte.

Ötzis Töchter – ein Theaterstück im Rahmen der Langen Nacht der Bozner Museen

Eine Zusammenarbeit im Rahmen eines Schulprojektes – die Jugendlichen waren zwischen 15 und 16 Jahre alt – bot im Jahr 2015 zum ersten Mal die Gelegenheit,

Abb. 1: Die Ausstellung wird zur Bühne für das Theaterstück.
Foto: Südtiroler Archäologiemuseum/Martin Rattini

ein theaterpädagogisches Projekt im Museum zu realisieren. Das Südtiroler Archäologiemuseum hatte als Gastgeber zwei Gymnasialklassen eingeladen, gemeinsam mit dem Vermittlungsteam des Museums das Programm für die Lange Nacht der Bozner Museen 2015 zu gestalten. Das Projekt folgte einem partizipatorischen Grundsatz, auch wenn wir als Vermittlerinnen einige Grundparameter bereits im Vorfeld definieren mussten. Wir haben vier Künstler aus unterschiedlichen Disziplinen eingeladen, darunter Fotografie, bildende Kunst, Comic und Theater. Die Jugendlichen konnten sich für eines der Medien entscheiden und arbeiteten dann in Workshops mit den Künstlern an der Präsentation für den Veranstaltungsabend. Die Zusammenarbeit begann mit einem Rundgang durch das Museum, bei dem die Jugendlichen die Museumsarbeit kennenlernten. Sie erhielten eine Führung durch die Ausstellung, in der es vor allem um Ötzi, den Mann aus dem Eis, ging, und trafen die Mitarbeiter*innen des Hauses, mit denen sie in den folgenden Monaten zusammenarbeiteten.

Für den Workshop zum Theater meldeten sich vier Jugendliche. Gemeinsam mit dem Theaterpädagogen Michele Fiocchi und mir als Museumsvermittlerin erarbeiteten die Jugendlichen ein halbstündiges Theaterstück, das am Abend der Langen Nacht der Museen sechsmal aufgeführt werden sollte. An die Handlung näherte sich die Jugendlichen über performative Übungen und die Auseinandersetzung mit dem aktuellen Wissensstand zu Ötzi an. Zu dem Mann aus dem Eis gibt es umfangreiche Forschungen, trotzdem kann die Wissenschaft keine Aussagen treffen in Bezug auf seinen sozialen Status, den Grund seines Aufenthalts auf dem Gletscher oder das

Abb. 2: Die Jugendlichen führen das Theaterstück inmitten des Publikums auf.
Foto: Südtiroler Archäologiemuseum/Martin Rattini

Motiv für den Mord an ihm. Die Jugendlichen sollten sich damit auseinandersetzen, wie das Leben der Gletschermumie ausgesehen haben könnte, und daraus eine fiktive und unterhaltsame Erzählung über ihn entwickeln. Die historischen Fakten rund um den Mann aus dem Eis wurden mit neuen, fiktiven Erzählsträngen verknüpft. So entwickelten die Jugendlichen eine Science-Fiction-Geschichte über Ötzi und seine Familie mit folgender Handlung: Ein exzentrischer Wissenschaftler findet bei Grabungsarbeiten in einem Keller drei kupferzeitliche Mädchen, die drei Töchter Ötzis, und präsentiert sie daraufhin im Museum. Dabei erwachen die drei Mädchen zum Leben und begeben sich, begleitet von der besorgten Mutter, auf die Suche nach ihrem verschwundenen Vater. Der Wissenschaftler, der in dieser außergewöhnlichen Wendung sofort seine Chance zu einem internationalen Durchbruch erkennt, unterstützt die drei Mädchen bei der Suche. Als die Mädchen und ihre Mutter Ötzi mit der Unterstützung des Forschers in der Kühlzelle des Museums finden, beraten sie mit ihm darüber, wie sie dem hageren Eismann helfen können. Sie entscheiden sich dafür, eine gewagte Operation durchzuführen, durch die der Gletschermumie der tödliche Pfeilspitz entfernt werden soll.

Das Theaterstück wurde als Wandertheater konzipiert. Die Geschichte spielte entlang der verschiedenen Säle der Ausstellung. So entstand ein niederschwelliges Stück, das die Zuschauer direkt involvierte. Für die Jugendlichen lag die Herausforderung darin, aus dem Kenntnisstand zum Mann aus dem Eis und den darin enthaltenen Lücken eine schlüssige Erzählung zu konstruieren.

Das erforderte eine profunde Beschäftigung mit der Gletschermumie und dem Leben in der Kupferzeit. Unter Anleitung des Theaterpädagogen erprobten sie während der Vorbereitung ihre Ausdrucksmöglichkeiten mit dem eigenen Körper und näherten sich auf diese Weise der Geschichte an. Diese konnten sie dann mit ihrer Fantasie bereichern und haben es geschafft, eine unterhaltsame und humorvolle Geschichte zu entwickeln, die am Abend der Veranstaltung sehr viel Anklang fand.

Das Leben in einer mittelalterlichen Stadt erfahren

Natürlich benötigt eine Präsentation vor einem größeren Publikum, wie beim eben beschriebenen Projekt, eine entsprechende Vorbereitungszeit. Performative Methoden können aber auch in zeitlich weniger umfangreichen Aktivitäten wie den klassischen ein- bis zweistündigen museumspädagogischen Formaten für Schulklassen angewandt werden. Im kommunal geführten Palais Mamming Museum, das die Geschichte der Stadt Meran in Südtirol thematisiert, habe ich gemeinsam mit Mitarbeiter*innen ein anderthalbstündiges museumspädagogisches Angebot für Schulklassen der Mittelstufe (11 bis 14 Jahre) entwickelt, das sich mit dem Alltag im mittelalterlichen Europa beschäftigt und den Kindern die Möglichkeit geben soll, das Leben der mittelalterlichen Bewohner*innen einer Stadt durch Rollenspiele zu erleben. Unsere Erfahrung hat gezeigt, dass sich Kinder in diesem Alter noch gerne auf Rollenspiele einlassen, gleichzeitig verfügen sie bereits über genügend fundierte Geschichtskenntnisse, um die erzählte Geschichte in einen größeren historischen Kontext zu stellen.

Das Feedback der Lehrkräfte auf das Angebot ist durchwegs positiv. Sie schätzen die unkonventionelle Herangehensweise an das Thema und berichten, dass selbst Klassenmitglieder, die normalerweise eher zurückhaltend sind, beim Theaterstück mit Begeisterung teilnehmen. Eine Schwierigkeit, mit der wir umgehen mussten, war auch hier die ziemlich reduzierte Faktenlage und die einseitige Geschichte, die unsere Ausstellungsexponate erzählen. Die Objekte aus dem 14. Jahrhundert – der Zeit, in der die Geschichte handelt – beziehen sich vor allem auf den kultischen oder adeligen Kontext und auf Personen aus höheren sozialen Schichten. Neben Münzen, Siegeln und Einrichtungsgegenständen aus Klöstern ist aus dieser Zeit in der Sammlung des Museums wenig erhalten. Mit der Entscheidung, die Ausstellung und die dort gezeigten Exponate zur Kulisse für ein Theaterstück zu machen, konnten wir auf spielerische Weisen unterschiedliche Aspekte des mittelalterlichen Lebens thematisieren. In dem Workshop *Eintauchen in das mittelalterliche Meran* stellen die Kinder in kurzen, in den Grundzügen vorgegebenen Szenen die Geschichte rund um einen mittelalterlichen

Abb. 4: Die Kinder interpretieren die Rollen mit Überzeugung.
Foto: Palais Mamming Museum/Renzo Dalla Torre

Bauern nach. Das Theaterstück gibt uns die Möglichkeit, eine authentische, wenn auch fiktive Geschichte zu erzählen, die im mittelalterlichen Meran handelt. Die einzigen überlieferten Informationen aus jener Zeit stammen aus Bürgerregistern oder Chroniken. Sie enthalten in der Regel nicht genügend Informationen, um das Leben einer einzelnen Person ausreichend zu rekonstruieren. Trotzdem erlaubt es uns der aktuelle Wissensstand über das 14. Jahrhundert, die Geschichte eines Bauern zu erzählen, der auf dem Markt in Meran einen Teil seiner Ernte verkaufen will.

Vor der Aufführung erhalten die Schulkinder eine kurze Einführung in die Struktur einer mittelalterlichen Stadt. Anschließend werden die Rollen vergeben. Der Aufbau des Theaterstücks ermöglicht es den Kindern, selbst die verschiedenen Charaktere des Stückes zu spielen. Dazu erhalten sie Plankarten, auf denen alle Informationen zur Szene enthalten sind, in der sie mitspielen: Details über den sozialhistorischen Kontext, eine Beschreibung der Szene und zum Teil die bereits vorgefertigten Dialoge. Die Handlung der Geschichte ist folgende: Bereits in den frühen Morgenstunden macht sich ein Bauer aus einem benachbarten Tal auf den Weg, um zu Sonnenaufgang in Meran durch das Stadttor in die Stadt und auf den Marktplatz zu gelangen. Nach einer kurzen Diskussion mit dem Stadtwächter über seinen Status als freier bzw. leibeigener Bauer und also sein Recht das Korn zu verkaufen und die Regeln der Meraner Marktordnung begibt sich der Bauer auf den Marktplatz, wo er mit zwei bürgerlichen Frauen um den Preis für das Korn verhandelt. Er muss dabei auch abklären, ob sie das Korn für den Privatgebrauch oder für die Weiterverarbeitung in einer Zunftbäckerei

Abb. 3: Durch Requisiten werden die Szenen realistischer.
Foto: Palais Mamming Museum/Renzo Dalla Torre

kaufen, da es für beide unterschiedliche Mengenbegrenzungen gibt. Da sein ältester Sohn bald heiraten wird, will sich der Bauer von dem verdienten Geld einen Gürtel anschaffen. Dieser soll seine Festtagskleidung aufwerten. Daher geht er zum Sattler. Hier muss er über Qualität und Preis verhandeln.

Nachdem er all seine Erledigungen erfüllt hat, gönnt er sich eine kurze Rast im Wirtshaus, wo er auf einen norditalienischen Tuchhändler und einen Gaukler trifft, mit denen er ins Gespräch kommt. Die zwei erzählen von ihrem Alltag und ihren Reisen, der Bauer erzählt von seinem Leben und seinen Hoffnungen und Ängsten. Aufgrund von Hunger und Missernten hat er bereits einige Kinder verloren, sodass er jetzt viel Hoffnungen auf den Pflug setzt, von dem er sich höhere Erträge und eine sicherere Ernährungslage erhofft und für den er schon lange spart. Die Dreifelder-wirtschaft hingegen ist ihm noch etwas suspekt, weshalb er die beiden weitgereisten Gesprächspartner nach ihrer Meinung zu dieser neuen Bebauungsform befragt. Bevor sich der Bauer auf den Weg zurück auf seinen Hof macht, besucht er noch die Kirche, betet dort ein Gebet in lateinischer Sprache und bittet seinen Gott um Unterstützung und den Schutz für seine Frau bei der anstehenden Geburt des jüngsten Kindes. Vor der Kirche hockt ein Bettler, dem er Almosen gibt, wobei er sich aber vergewissert, dass der Mann nicht an Aussatz leidet. Auf dem Weg aus der Stadt hinaus unterhält sich der Bauer mit dem Wächter am Stadttor noch über die Vorzüge und Nachteile des Lebens in der Stadt. Dabei kommen sie auch auf das Sprichwort „Stadtluft macht frei" zu sprechen.

Zu jeder Rolle bekommen die Kinder eine Requisite: eine Kettenhaube für den Stadtwächter, eine Haube für die bürgerlichen Frauen, Zinnbecher und Tonkrüge für die Gäste im Wirtshaus usw. In 15 Minuten können sich die Kinder ausreichend auf ihre Szene vorbereiten. Je nach Klassengröße können die Szenen ausgeschmückt und dem Wächter z.B. zwei Gehilfen oder dem Sattler ein Lehrling zur Seite gestellt werden. So bekommt jedes Kind eine Rolle und hat am Erfolg der gesamten Aufführung teil. Die Handlung der Geschichte erschließt sich den Kindern dann aber erst bei der Aufführung. Sie sind nicht nur Schauspieler, sondern in den jeweils anderen Szenen die Zuschauer. Die Spannung über den Verlauf und den Ausgang der Geschichte bleibt erhalten. Die Vermittlungsperson fungiert als Bindeglied und schlüpft dafür in die Rolle des Bauern, die einzige Figur, die in jeder Szene vorkommt. Sie kann auf diese Weise Episoden, die sich in den vorherigen Szenen ereignet haben, in die nächsten Szenen übertragen und Unsicherheiten und Blockaden bei den interpretierenden Kindern auffangen, um das Stück am Laufen zu halten.

Auch dieses Theaterstück ist als Wandertheater konzipiert. Jede Szene wird an einem anderen Ort in der Ausstellung aufgeführt. Das Publikum der Aufführung sind, wie gesagt, die Kinder selbst. Zwischen einer Szene und der nächsten wandert die Gruppe durch das Museum. Das gibt Gelegenheit, die Szene nachzubesprechen und in den historischen Kontext einzubetten.

Das Rollenspiel gibt den Kindern die Möglichkeit, sich in die Lebensbedingungen im Mittelalter hineinzuversetzen. Das geschieht über kognitive Wissensaneignung, und durch Körperarbeit und die Aktivierung verschiedener Sinne. Wie fühlt es sich an, eine Kettenhaube zu tragen? Welche Wirkung hat es, ein Gebet in lateinischer Sprache zu hören? Diese Erfahrungen und noch weitere können die Kinder im Laufe des Theaterworkshops machen.

Die Geschichte der Stadt aus ‚erster Hand' erzählt

Aufgrund der positiven Erfahrung mit dem beschriebenen Theaterworkshop haben wir für das Palais Mamming Museum auch für Grundschulkinder im Alter von 7 bis 10 Jahren ein Angebot entwickelt, das mit performativen Methoden arbeitet. In diesem einstündigen Rundgang durch die Ausstellung lernen die Kinder Persönlichkeiten aus der Geschichte der Stadt Meran kennen und erfahren von ihnen hautnah, wie das Leben in den verschiedenen Jahrhunderten war und was sich damals ereignet hat. Die Kinder sollen auf diese Weise die Stadtgeschichte von den Anfängen als Siedlung an der Grenze zwischen zwei Reichen bis in die heutige Zeit kennen lernen und über Nachhaltigkeit und Fairness mancher in der Vergangenheit getroffener Entscheidungen nachdenken.

Abb. 6: Die Handpuppe erklärt den Kindern die Bedeutung der Deckenmalerei.
Foto: Palais Mamming Museum/Renzo Dalla Torre

In Anlehnung an Castingshows wie *Deutschland sucht den Superstar* ernennen wir die Kinder zur Jury einer Castingshow, in der fünf historische Persönlichkeiten aus der Geschichte Merans auftreten. Dafür lassen wir die fünf historisch dokumentierten Figuren in Form von Handpuppen zum Leben erwachen. Der Rundgang durch die Ausstellung orientiert sich an einer klassischen Ausstellungsführung. Die Vermittlungsperson bespricht mit den Kindern die Objekte in der Ausstellung. An fünf Orten bleibt die Gruppe stehen und eine Handpuppe, die jeweils eine der historischen Persönlichkeiten darstellt, betritt die Bühne. Die Handpuppen, die von der Vermittlungsperson gespielt werden, erzählen aus der Zeit, in der sie lebten, und den Beiträgen, die sie zur Entwicklung Merans geleistet haben.

Die Kinder schlüpfen dabei in die Rolle der Jury und bewerten aus ihrer Perspektive den Superstar von Meran. Sie erhalten dafür einen Bewertungsbogen, anhand dessen sie die Taten der Figuren nach den Kriterien Nachhaltigkeit, Innovation, Gerechtigkeit und Sympathie bewerten und zum Schluss jene Figur auswählen, die in ihren Augen den positivsten Einfluss auf die Entwicklung Merans hatte. Diese wird dann zum Superstar von Meran gekürt. Indem wir die Kinder in die Rolle der Jury versetzen und ihnen die Gelegenheit geben, die Persönlichkeiten zu beurteilen, übertragen wir ihnen eine Verantwortung und geben ihrer Meinung maßgeblichen Einfluss. Sie können die Erfahrung machen, dass ihre Sicht eine Wirkung hat und sich dieser auch bewusstwerden.

Abb. 7: Es entsteht ein Gespräch zwischen den Kindern und der Handpuppe.
Foto: Palais Mamming Museum/Renzo Dalla Torre

Bei der Wahl der Persönlichkeiten war es für uns wichtig, Figuren auszuwählen, die die Geschichte der Stadt maßgeblich beeinflusst haben. Dabei konnten wir auch damalige Lebensmodelle und Werte einfließen lassen. So wundert sich Waltrada, eine historisch dokumentierte Frau, die im 9. Jahrhundert ein Stück Grund an den Bischof verschenkte, über die komischen Glasscheiben, die die Menschen heutzutage vor den Augen tragen. Heinrich VI., Graf von Tirol, der die Marktsiedlung zur Stadt erhoben hat, zeigt sich erstaunt, dass die Kinder, die in seinen Augen im besten Heiratsalter wären, noch nicht geehelicht haben wie seine Tochter Margarete, die bereits im Alter von 12 Jahren verheiratet wurde. Benedikt von Mamming, der das Museumsgebäude im 16. Jahrhundert als Stadtpalais für seine Familie errichten ließ, erzählt vom Dornröschenschlaf der Stadt und befragt die Kinder nach der heutigen Funktion des Gebäudes, in dem nun keine Menschen mehr zu wohnen scheinen, sondern nur mehr Glaskuben mit Objekten drinnen stehen. Als jüngste Figur im Repertoire haben wir eine zeitgenössische Person gewählt: Ein städtischer Gärtner, der die öffentlichen Grünflächen pflegt, unterhält sich mit den Kindern über die jetzige Lebensqualität in der Stadt, darüber was gut funktioniert und was verbessert werden könnte.

Die Interaktion, die in den Gesprächen der Handpuppen mit den Kindern stattfindet, lässt die Grenzen zwischen Realität und Fiktion verschwimmen. Die Kinder stellen den Figuren Fragen und können sich so ein persönlich motiviertes Bild der verschiedenen historischen Epochen machen.

Fazit

In meinem beruflichen Alltag haben sich theaterpädagogische Techniken als sinnvolle Erweiterung des museumspädagogischen Repertoires erwiesen. Was alle drei beschriebenen Projekte gezeigt haben, ist, dass Kinder und Jugendliche durch die spielerische Ebene verstärkt motiviert werden, etwas über sich selbst, ihr Gegenüber und die Welt, in der sie leben, zu erfahren. Soziale Kompetenzen wie Solidarität, Achtsamkeit und Respekt für andere können so vermittelt werden. Eine Bestätigung für die Bedeutung multisensorischer Impulse für den Lernprozess liefert die neurowissenschaftliche Forschung. Diese kam in den letzten Jahren zum Ergebnis, dass körperliche Aktivität und Lernen in direktem Zusammenhang stehen. Sie kommt sogar zu dem Schluss, dass Emotionen „enorm wirksame *Lernkraftverstärker*" sind, die die Motivation steigern und die Gedächtnisleistung erhöhen. Eine Herausforderung – wie etwa ein Auftritt vor Publikum–, die wir erfolgreich bewältigen, setzt den Neurotransmitter Dopamin frei.[1] Tatsächlich steigt die Fähigkeit der Schüler*innen, neue Informationen zu verarbeiten und sich zu merken, solange sie in Bewegung sind.[2] Diesen Ansatz teilt auch die Erlebnispädagogik: Schüler*innen, die aktiv sind, also mit dem ganzen Körper mitarbeiten, nehmen die vermittelten Inhalte leichter auf und behalten sie.[3] Die konstruktivistischen Lerntheorie argumentiert, dass es kein Wissen „da draußen", also unabhängig vom Wissenden, gibt, sondern umgekehrt, dass es nur Wissen gibt, das von uns selbst während des Lernprozesses konstruiert wird. Lernen läuft laut Konstruktivismus darauf hinaus, Verbindungen zwischen verschiedenen Wissensbereichen herzustellen und dadurch Bedeutung zu konstruieren.[4] Lernende erschaffen sich ihre eigene Darstellung der Welt, entsprechend den individuellen Erfahrungen und der Art, wie sie neues Wissen mit diesen in Einklang bringen. Je vielschichtiger die Erfahrungen sind, die die Kinder und Jugendlichen machen, um so vielseitiger ist der Lerneffekt. Auch der Austausch mit den Mitmenschen stimuliert die Gehirnaktivität, setzt Neuromodulatoren frei und regt die erfolgreiche Auseinandersetzung an.[5]

---

1   Heckmair, Bernd/Michl, Werner: Bewegung und Erlebnis als Nährboden des Lernens, in: Nuissl von Rein, Ekkehard (Hg.): Lernen in Bewegung, DIE Zeitschrift für Erwachsenenbildung 1/2011, S. 37-40, S. 38, URL: http://www.die-bonn.de/id/9133, zuletzt aufgerufen am 21.02.2020.
2   Wikipedia: Movement in learning, URL: https://en.wikipedia.org/wiki/Movement_in_learning, zuletzt aufgerufen am 16.06.2021.
3   Heckmair/Michl 2011, S. 39.
4   Hein, George E.: Constructivist Learning Theory. URL: https://www.exploratorium.edu/education/ifi/constructivist-learning, zuletzt aufgerufen am 16.06.2021.
5   Heckmair/Michl 2011, S. 38.

Theater ist per Definition eine kollaborative Kunst, bei der die Darsteller eine reale oder imaginäre Handlung vor einem Publikum in Szene setzen. Es ist eine figurative Darstellung innerhalb einer visuellen Umgebung. Dabei geht es um die Anregung mehrerer menschlicher Sinne. Bertolt Brecht, der als einer der ersten die didaktischen Qualitäten des Theaters hervorhob, sprach von ihm als der menschlichsten und umfassendsten aller Künste.[6] Es ist dem realen Leben am nächsten, weil es verschiedene Formen der bildenden Kunst miteinander verbindet. Damit Theater funktioniert, muss der Zuschauer sich mit allen Sinnen auf das Dargestellte einlassen.

Die Verbindung von museumspädagogischen Formaten mit Elementen aus dem Theater scheint mir unter diesen Aspekten eine gewinnbringende Bereicherung. Sie gibt den Teilnehmer*innen die Möglichkeit, sich spielerisch mit den Museumsexponaten in Verbindung zu setzen und dabei persönlichen Impulsen nachzugehen. Die Kinder und Jugendlichen setzen die musealen Themen so mit ihrer eigenen Lebenswelt in Beziehung. Ich stelle mir vor, dass eine performative Annäherung auch bei zeitgeschichtlichen Themen eine sinnvolle Erweiterung darstellen. Die Brücke zwischen Vergangenheit und Gegenwart lässt sich hier noch leichter schlagen, zumal die umfangreichere Faktenlage eine weitaus konkretere Gestaltung der Handlung erlaubt. Durch die schauspielerische Komponente kann bei kontroversen Themen ein Perspektivwechsel ermöglicht werden. Ein Rollenspiel führt dazu, dass sich die Teilnehmer*innen in die Perspektive unterschiedlicher Positionen hineinversetzen und sich mit dem komplexen Zusammenspiel vielseitige Positionen konfrontieren.

LITERATUR

Brecht, Bertolt (Hg.): Schriften zum Theater I. Gesammelte Werke in 20 Bänden, Bd. 15, Frankfurt am Main 1967.
Heckmair, Bernd/Michl, Werner: Bewegung und Erlebnis als Nährboden des Lernens, in: Nuissl von Rein, Ekkehard (Hg.): Lernen in Bewegung, DIE Zeitschrift für Erwachsenenbildung, 1/2011, S. 37-40, URL: http://www.die-bonn.de/id/9133, zuletzt aufgerufen am 16.06.2021.
Hein, George E. (1991). Constructivist Learning Theory.
URL: https://www.exploratorium.edu/education/ifi/constructivist-learning, zuletzt aufgerufen am 16.06.2021.

---

6   Brecht, Bertolt (Hg.): Schriften zum Theater I. Gesammelte Werke in 20 Bänden, Bd. 15, Frankfurt am Main, S. 433.

Künstlerische Migrationsforschung im Museum

Susanne Rieper

Als weiße Migrationsforscherin werde ich hier der Frage nachgehen, wie man denn aus dieser Position heraus Migration in einem Museum erzählen könnte. Dabei greife ich den Gedanken meines Workshops „Wir sind alle Migrant*innen" auf und entwickle diesen hinsichtlich der Methodik weiter.

Migration – eine historische Konstante, erzählt von Menschen mit Migrationserfahrung und anderen Museumsbesuchenden

„In seinen Inhalten und Arbeitsweisen naturalisiert das Museum [...] die nationale Idee zur unhinterfragbaren Matrix; Sesshaftigkeit und kulturelle Homogenität werden aus dieser Perspektive als Normalfall mythologisiert, Mobilität, kulturelle Dynamik und Mehrfachverortung werden dagegen zur Abweichung und Gegenfolie deklarier- und ausschließbar."[1]

In vielen Museen Deutschlands, die sich mit dem Thema Migration beschäftigen, ist diese Markierung von Migration als Ausnahme die gängige Erzählweise. Die Autoren dieser Erzählung sind meist weiße, privilegierte Museumsmacher, Wissenschaftler und Politiker.[2]

Ich schlage vor, Migration in einem Museum anders zu erzählen und zwar als Teil der jeweiligen lokalen Geschichte, nicht als ihre Ausnahme. Migration stellt eine historische Konstante[3] dar, wenn sich auch die jeweiligen Migrationen voneinander unterscheiden. Ihre jeweiligen Formen sind geprägt von zahlreichen Faktoren, wie der staatlichen bzw. zwischenstaatlichen Migrationskontrolle als auch von den diversen Praktiken der Migranten und der Personen, welche Migranten bei ihrer Migration unterstützen. Diese sogenannten Migrationspraktiken „von unten" beeinflussen die staatliche Migrationskontrolle und sind somit ebenso maßgebend für die jeweilige Form der Migration.[4] Eine solche Erzählung von Migration im Museum verhandelt das nationale Geschichtsnarrativ[5] neu und gibt den Blick frei auf einen neuen Diskurs

---

1 Bayer, Natalie: Migration und die museale Wissenskammer. Von Evidenzen, blinden Flecken und Verhältnissetzungen, in: Yildiz, Erol/Hill, Marc (Hg.): Nach der Migration. Postmigrantische Perspektiven jenseits der Parallelgesesellschaft, Bielefeld 2015, S. 207-224, S. 211.

2 Bayer 2015, S. 209.

3 Siehe dazu Gritsch, Kurt: Vom Kommen und Gehen. Migration in Südtirol, Bozen 2016.

4 Siehe dazu Papadopoulos, Dimitris/Stephenson, Niamh/Tsianos, Vassilis (Hg.): Escape Routes. Control and Subversion in the 21. Century, London 2008, S. 162-221.

5 Siehe dazu Anderson, Benedict: Die Erfindung der Nation. Zur Karriere eines folgenreichen

über Migration, einen Diskurs jenseits der Momentaufnahme des Heute, in der wir oft gefangen zu sein scheinen, auf ein neues Bewusstsein jenseits der üblichen, konfliktreichen Zugehörigkeit: Die Welt gehört niemandem. Wir sind alle Reisende. Wir sind alle Migranten.

Wie sich sowas umsetzen lässt, macht das relativ kleine, von außen eher unscheinbare Bezirksmuseum FHXB Friedrichshain-Kreuzberg in Berlin mit seiner inklusiven Herangehensweise vor. Geleitet wird es von Natalie Bayer. In der Ausstellung „Ortsgespräche" wird lokale Geschichte aus Sicht von Personen aus der Nachbarschaft erzählt, zu denen Menschen mit und ohne Migrationserfahrung zählen. Auf diese Weise wird Migration zu einem selbstverständlichen Bestandteil der Berliner Stadtgeschichte.

Des Weiteren schlage ich vor, Migration im Museum anhand von migrantischen Stimmen zu erzählen. Als weiße, privilegierte Migrationsforscherin habe ich u.a. die Aufgabe, meine Sprechposition zu hinterfragen. Ich stelle mir die Frage, was mich dazu berechtigt über andere Menschen zu sprechen, sie zu definieren, über sie zu urteilen, wenn diese Menschen doch über eine eigene Stimme verfügen, mit welcher sie ihre Geschichte selbst erzählen können. Migration im Museum muss von Migranten selbst erzählt werden. Migranten müssen den Diskurs im Museum über sich selbst selber bestimmen können. Dazu gehört selbstverständlich auch das Recht, sich dazu nicht äußern zu wollen und nicht ausschließlich auf die eigene Migrationsexpertise reduziert zu werden. Meine Arbeit als Migrationsforscherin geht dadurch nicht verloren. Es verschiebt sich lediglich mein Aufgabenbereich, der nun vornehmlich darin besteht, dafür zu sorgen, dass Migration von Migranten selbst erzählt werden kann sowie dass ihre Erzählung auch gehört wird. Es gilt somit im Museum eine transversale Erzählung der Migration möglich zu machen, wodurch Migration neu erzählt wird. Diese neue Erzählung folgt nicht mehr den üblichen Themen der Exotisierung, Viktimisierung und Kriminalisierung von Menschen mit Migrationserfahrung, sondern es kann endlich von dem unaufgeregten Mit- und Nebeneinander im postmigrantischen Alltag, von Transnationalismen, identitären Ambilvalenzen und kulturellen Uneindeutigkeiten erzählt werden. Auch eine kritische Perspektive auf vorherrschende Rassismen muss Teil dieses Diskurses sein.[6]

Konzepts, Frankfurt am Main 1996; Hobsbawm, Eric J.: Nationen und Nationalismus. Mythos und Realität seit 1780, München 1996.

6   Bayer 2015, S. 220, 221. Siehe dazu auch Peterlini, Hans Karl: Lebenswelten im Zwischen. Ansichten der Migrationsgesellschaft an Schnittstellen von Öffnung und Schließung: Franzensfeste/Fortezza, Brenner/Brennero, in: Pfanzelter, Eva/Rupnow, Dirk (Hg.): Einheimisch, zweiheimisch, mehrheimisch. Geschichte(n) der neuen Migration in Südtirol, Bozen 2017; Ballhaus Naunynstraße, Berlin: Auch dieses Theater in Berlin-Kreuzberg erzählt Migration neu. Mit seinen Inhalten ist es Teil der postmigrantischen Kulturproduktion.

Solch eine transversale Erzählung von Migration im Museum soll fortgesetzt werden, indem Besucher*innen von Museen aufgefordert werden, von ihrer eigenen Migrationserfahrung zu erzählen, wie dies bereits in der Sonderausstellung „Memoria e Migrazioni"[7] des Meeresmuseums Galata in Genua der Fall ist. Ich möchte damit gerne den Blick auf die eigene Migrationserfahrung schärfen, sodass wir Migration nicht mehr nur weit weg von uns selbst verorten, beispielsweise in Afrika, sondern näher bei uns, vielleicht sogar bei uns selbst, also ganz dem Narrativ entsprechend „Wir sind alle Migranten".

Die Öffnung des Diskurses

Der Diskurs im Museum über Migration darf also nicht weißen, privilegierten Museumsmachern vorbehalten sein, sondern der Diskurs muss für Menschen mit Migrationserfahrung und anderen Museumsbesuchenden geöffnet werden. Das Ziel ist eine geteilte Autorenschaft, wobei auf Zuschreibungen von außen bezüglich der Darstellung von Migration im Museum verzichtet werden sollte.

Die Öffnung des Diskurses hat Vorteile. Durch die Öffnung des Diskurses gewinnt die Darstellung von Migration im Museum an Authentizität. Beispielsweise sieht meine Erzählung von einer libanesischen Migrantin in Berlin-Neukölln anders aus als ihre eigene Erzählung über sich selbst. Auch können sich durch eine Öffnung des Diskurses – durch das aktive Einbinden von Migranten und anderen Museumsbesuchenden in die Museumsgestaltung – mehr Menschen mit dem im Museum Dargestellten identifizieren, wodurch sich mehr Menschen für einen Museumsbesuch interessieren. Die Öffnung des Diskurses erleichtert also Wissenstransfer und Vermittlung des im Museum Dargestellten. Auch gesellschaftspolitisch ist die Öffnung des Diskurses von Bedeutung. Eine inklusivere Geschichtsschreibung, in der sich diverse Mitglieder der Gesellschaft wiederfinden, führt letztendlich zu einer harmonischeren Gesellschaft. Darüberhinaus werden durch die Öffnung des Diskurses Machtverhältnisse verschoben. Weiße, privilegierte Museumsmacher, welche bisher den musealen Diskurs bestimmten, teilen sich nun die Sprechposition mit Menschen mit Migrationserfahrung und anderen Museumsbesuchenden. Diese momentane Neuverteilung von Macht kann zu einer zukünftigen strukturellen Machtverschiebung beitragen. Das Museum gewinnt so als demokratischer Ort gesellschaftlicher Auseinandersetzung massiv an Bedeutung.

---

7   URL: memoriaemigrazioni.it, zuletzt aufgerufen am 29.01.2020.

Künstlerische Forschung als Methode

Welcher Methodiken bedarf es nun, wenn im Museum Migranten und andere Museumsbesuchende die Ausstellungsinhalte konzeptionell und inhaltlich mitgestalten können? Hierfür bieten sich Konzepte Künstlerischer Forschung an. Dieser Forschungsansatz bezieht Alltagsexperten, wie Menschen mit Migrationserfahrung und Museumsbesucher*innen in den Forschungsprozess ein und zwar nicht mehr wie bisher nur als Forschungsobjekte, sondern als aktiv Forschende und Sprechende. Künstlerische Forschung bedeutet das gemeinsame Forschen aller und zwar das gemeinsame Forschen von Wissenschaftlern, Künstlern und Alltagsexperten. Als Alltagsexperten gelten Menschen, die über ein Alltagswissen verfügen, das eine Praxis sein kann, eine Erfahrung, über welche Wissenschaftler und Künstler oft nicht verfügen und welche sie sich nicht aneignen können.[8]

Ihren Anfang nahm die Künstlerische Forschung zu Beginn der 1990er Jahre im englischen Sprachraum, von wo aus sie sich in Skandinavien, in den Niederlanden, in der Schweiz, in Deutschland und nun auch in den osteuropäischen Ländern etablierte. Kunstströmungen wie die der Renaissance und des Bauhauses zeigen jedoch, dass bereits zuvor anhand von Kunst Forschung betrieben wurde. Künstlerische Forschung, so wie sie in den 1990er Jahren begründet wurde, erforschte zunächst ausschließlich die Künste an sich, mittlerweile auch Themen außerhalb der Künste.[9] Der Forschungsprozess besteht in der Verbindung der sinnlichen, erfahrbaren, unbegrifflichen Erkenntnis der Kunst mit der rationalen, logischen, abstrakten Erkenntnis der Wissenschaften.[10] Diese beiden Erkenntnismodi werden in einem, den Forschungsprozess abschließenden Kunstwerk zusammengeführt.[11] Dabei nehmen sich die Forschenden als Teil des zu Erforschenden wahr. Sie sind keine objektiven Außenstehenden. Sie sind Forschende und Erforschte zugleich. Sie forschen aus einer subjektiven Perspektive heraus, wodurch keine vereinnahmenden Erzählungen mit Objektivitätsanspruch entstehen, jedoch persönliche Erfahrungsberichte jenseits des

---

8   Peters, Sibylle: Vorwort, in: Peters, Sibylle (Hg.): Das Forschen aller. Artistic Research als Wissensproduktion zwischen Kunst, Wissenschaft und Gesellschaft, Bielefeld 2013, S. 9, 12, 13; Ziemer, Gesa/Reimers, Inga: Wer erforscht wen? Kulturwissenschaften im Dialog mit Kunst, in: Peters (Hg.) 2013, S. 50-52.

9   Borgdorff, Henk: The Production of Knowledge in Artistic Research, in: Karlsson, Henrik/Biggs, Michael (Hg.): The Routledge Companion to Research in the Arts, New York 2011, S. 47; Caduff, Corina: Literature and Artistic Research, in: Caduff, Corina/Siegenthaler, Fiona/Wälchli, Tan (Hg.): Art and Artistic Research, Zürich 2010, S. 98.

10 Borgdorff 2011, S. 44; Bergermann, Ulrike: Occupy Wissen. Institutionalisierungsfragen zur „Forschung aller", in: Peters (Hg.) 2013, S. 241.

11 Caduff 2010, S. 98; Borgdorff 2011, S. 45.

modernen Glaubens an Ratio, Wahrheit und Fortschritt, die dennoch Wissen generieren.[12] Künstlerische Forschung beruht im Gegensatz zum Objektivitätsanspruch der „klassischen" Wissenschaften gerade auf der Prämisse, dass es sich bei allem Dargestellten, bei allem Erzählten um subjektive Konstruktionen handelt, die individuellen oder kollektiven Agenden folgen. Sie stellt monolithische Konzeptionen von Wahrheit in Frage und verneint absolute Garantien bezüglich des Wahrheitsgehalts von Aussagen.[13] Diese Unsicherheit bezüglich Wissen und Nicht-Wissen gilt es auszuhalten. Mehr noch wird diese in der künstlerischen Forschung bewusst eingesetzt, um so neue Fragestellungen zu formulieren.[14] Auf diese Weise verfügt Künstlerische Forschung über eine große Lebendigkeit, wodurch diese Art der Forschung dem Leben sehr nahe und potentiell niedrigschwellig ist.[15]

Ein Beispiel künstlerischer Migrationsforschung

Abschließen möchte ich gerne mit einem Beispiel künstlerischer Migrationsforschung und zwar mit der Videoarbeit NADYM HWRY[16]. Diese ist aus der Zusammenarbeit zwischen Nadym Hwry, einem in Berlin lebenden syrischen Geflüchteten, der Kamerafrau Katharina Schelling[17] und mir, einer Migrationsforscherin[18] entstanden. Alles begann, als ich mir die Frage stellte, ob denn Prekarität, neben dem Gefühl ständiger Instabilität, Verletzlichkeit und Angst, auch ein kreatives Potential in sich bergen kann. Inwieweit lassen sich prekäre Menschen nicht nur als Opfer stigmatisieren, sondern verfügen darüber hinaus über einen selbstbestimmten Handlungsspielraum und daraus resultierende Ressourcen?[19] Ich wandte mich an Nadym Hwry, von dem ich annahm, dass er über ein dementsprechendes Wissen, eine dementsprechende Praxis verfügen würde. Gemeinsam gingen wir der Forschungsfrage nach. Mir war dabei

---

12 Peters 2013, S. 11; Royo, Victoria Pérez/Sànchez, José A./Blanco, Cristina, In-definitions. Forschung in den performativen Künsten, in: Peters (Hg.) 2013, S. 27-31. Siehe dazu auch Lyotard, Jean-Francois: The Postmodern Condition: A Report on Knowledge, Minnesota 1984.

13 Royo/Sànchez/Blanco 2013, S. 28, 29; Roms, Heike: Künstlerisch-wissenschaftliche Forschung in den Ruinen der Universität? Performance als wissenschaftliche Veröffentlichungsform, in: Peters (Hg.) 2013, S. 219.

14 Ziemer/Reimers 2013, S. 55-58.

15 Bergermann 2013, S. 239.

16 URL: vimeo.com/351147582, zuletzt aufgerufen am 29.01.2020.

17 URL: katharinaschelling.com, zuletzt aufgerufen am 29.01.2020.

18 URL: vimeo.com/200540583, zuletzt aufgerufen am 29.01.2020; URL: vimeo.com/267008558, zuletzt aufgerufen am 29.01.2020.

19 Siehe dazu Papadopoulos/Stephenson/Tsianos (Hg.) 2008, S. 222-258; Parasite, Regie: Bong John Ho, Südkorea 2019: Auch dieser Film zeigt, dass Prekarität kreatives Potential in sich birgt. Prekarität wird zu einer Resource.

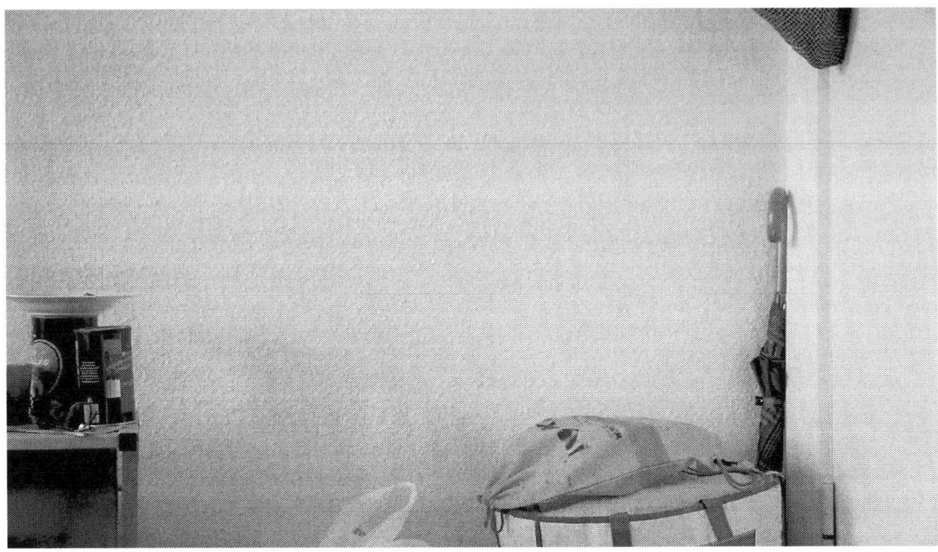

Abb. 1: NADYM HWRY 2018, Bildgestaltung: Katharina Schelling

wichtig, dass das Forschungsresultat kein Text, sondern eine Videoarbeit sein würde, da ich meine Forschungsfragen neben einer begrifflichen, textlichen Ebene, immer auch auf einer unbegrifflichen, bildlichen, sinnlichen Ebene erörtern und erfahrbar machen möchte. Nadym Hwry war damit einverstanden, da er als Theaterschauspieler die Kamera nicht scheute. So entstand eine Videoarbeit zwischen Kunstfilm und Dokumentarfilm, welche von Nadym Hwry geschrieben und performed wurde. Er erzählt darin als Protagonist von Momenten, in denen er kreative Wege fand, seine Prekarität zu überwinden und als Ressource nutzbar zu machen. So erzählt er, wie er vom türkischen Festland auf eine griechische Insel schwamm, um in Deutschland um Asyl anzusuchen, wie er ein Video von sich selbst machte, um sich am schwierigen Wohnungsmarkt in Berlin durchzusetzen, wie es dazu kam, dass nicht mehr das Jobcenter für ihn, sondern er selbst seine Miete bezahlt und er so Eigenverantwortung zurückgewann und wie er seine Kleider selber schneidert, weil er Wert auf schöne Kleidung legt, diese für ihn aber oft zu teuer ist. Als Drehort entschied sich Nadym Hwry für sein WG-Zimmer in Berlin-Kreuzberg. Anhand ihrer ruhigen, statischen Bilder von Nadym Hwry, seinem WG-Zimmer und seiner darin befindlichen Alltagsgegenständen, gibt Katharina Schelling ihm und seiner Erzählung Raum. Man kann ihn in seinem Zimmer spüren. Katharina Schellings ruhige, intime Kameraführung ermöglicht eine nahezu schamhafte Nähe zu Nadym Hwry's bewegter, ausdrucksstarker Erzählung, zugleich schafft sie so eine respektvolle Distanz.

Abb. 2: NADYM HWRY 2018, Bildgestaltung: Katharina Schelling

Fazit

Die Videoarbeit NADYM HWRY zeigt wie künstlerische Migrationsforschung als Methode im Museum einen neuen inklusiven Diskurs über Migration etablieren kann: Migration ist Teil jeder lokalen Geschichte und kann von Migranten selbst erzählt werden, wobei diese Forschende und Erforschte zugleich sind.

LITERATUR

Anderson, Benedict: Die Erfindung des Nation. Zur Karriere eines folgenreichen Konzepts, Frankfurt am Main 1996.
Bayer, Natalie: Migration und die museale Wissenskammer. Von Evidenzen, blinden Flecken und Verhältnissetzungen, in: Yildiz, Erol/Hill, Marc (Hg.): Nach der Migration. Postmigrantische Perspektiven jenseits der Parallelgesesellschaft, Bielefeld 2015, S. 207-224.
Bergermann, Ulrike: Occupy Wissen. Institutionalisierungsfragen zur „Forschung aller", in: Peters (Hg.) 2013, S. 239-256.
Borgdorff, Henk: The Production of Knowledge in Artistic Research, in: Karlsson, Henrik/ Biggs, Michael (Hg.): The Routledge Companion to Research in the Arts, New York 2011, S. 44-63.
Caduff, Corina: Literature and Artistic Research, in: Caduff, Corina/Siegenthaler, Fiona/ Wälchli, Tan (Hg.): Art and Artistic Research, Zürich 2010, S. 98-105.
Gritsch, Kurt: Vom Kommen und Gehen. Migration in Südtirol, Bozen 2016.
Hobsbawm, Eric J.: Nationen und Nationalismus. Mythos und Realität seit 1780, München 1996.

Lyotard, Jean-Francois: The Postmodern Condition: A Report on Knowledge, Minnesota 1984.

Papadopoulos, Dimitris/Stephenson, Niamh/Tsianos, Vassilis (Hg.): Escape Routes. Control and Subversion in the 21. Century, London 2008.

Peterlini, Hans Karl: Lebenswelten im Zwischen. Ansichten der Migrationsgesellschaft an Schnittstellen von Öffnung und Schließung: Franzensfeste/Fortezza, Brenner/Brennero, in: Pfanzelter, Eva/Rupnow, Dirk (Hg.): Einheimisch, zweiheimisch, mehrheimisch. Geschichte(n) der neuen Migration in Südtirol, Bozen 2017, S. 283-304.

Peters, Sibylle: Vorwort, in: Peters, Sibylle (Hg.): Das Forschen aller. Artistic Research als Wissensproduktion zwischen Kunst, Wissenschaft und Gesellschaft, Bielefeld 2013, S. 7-21.

Roms, Heike: Künstlerisch-wissenschaftliche Forschung in den Ruinen der Universität? Performance als wissenschaftliche Veröffentlichungsform, in: Peters (Hg.) 2013, S. 205-223.

Royo, Victoria Pérez/Sànchez, José A./Blanco, Cristina: In-definitions. Forschung in den performativen Künsten, in: Peters (Hg.) 2013, S. 23-45.

Ziemer, Gesa/Reimers, Inga: Wer erforscht wen? Kulturwissenschaften im Dialog mit Kunst, in: Peters (Hg.) 2013, S. 47-61.

Inklusion im Museum: Ein Gesamt-Kunst-Werk

Katharina Fink

Der Titel klingt vielversprechend – aber warum über Inklusion als Kunstwerk, noch dazu eins mit dem Anspruch, ein allumfassendes zu sein, nachdenken? Führt das nicht weg vom Kern der Forderungen nach Inklusion an Museen, die doch ein grundlegendes Recht ist und ihre Wirkkraft vor allem in DIN-Normen, Richtlinien und Handlungsanweisungen entfaltet? Keineswegs. Zwar ist die Ansicht verbreitet, dass sich Barrierefreiheit, Zugänglichkeit und freie Bewegung für Alle im Museum auf das Abhaken von Richtlinien beschränken. Diese Einstellung unterschätzt das Potential inklusiven Arbeitens, das hier vor allem in Bezug auf das Museum diskutiert wird, aber auf tragische Weise. Auf den folgenden Seiten möchte ich die durchdringende Kraft des inklusiven Arbeitens, eben das ‚Gesamt-Kunst-Werk' Inklusion anhand von drei Paragraphen skizzieren. Inklusion ist dabei nicht das pflichtschuldige Abarbeiten, sondern eine gewinnbringende Haltung für Alle, die die alltägliche Museums-Arbeit, die Aufstellung von Teams und die Grundfragen unserer Arbeit als Kustod*innen, Kurator*innen und Vermittler*innen grundlegend verändert. Oder verändern kann. Um diese Dimension zu eröffnen, skizziere ich zunächst einen philosophischen Ansatz, der aus der Praxis an einem Museum entsteht, in diesem Fall dem Iwalewahaus der Universität Bayreuth, einem Raum für zeitgenössische und moderne afrikanische Kunst. Wir nennen diesen Ansatz in unserer[1] Arbeit „inklusive Ästhetik". Ich möchte die inklusive Ästhetik anhand von einigen Szenen greifbar machen, unter anderem anhand von einer Ausstellungskuration mit der damaligen Beauftragten der Bayerischen Staatsregierung für die Belange von Menschen mit Behinderung, Irmgard Badura. Auf dieser Grundlage der inklusiven Ästhetik aufbauend, möchte ich danach die Furcht vor dem Scheitern oder der generellen Unerreichbarkeit qualitätvoller Arbeit nehmen: Keine Angst vor DIY. Zusammengenommen werden wir da ankommen, wo wir mit der zugegeben großmäuligen Überschrift bereits waren: Beim utopischen Potential der Inklusion. Dieses möchte ich abschließend nochmals auf den Punkt bringen — und damit auch einige Forderungen verknüpfen.

---

[1] Es ist mir wichtig zu betonen, dass alles, was wir im Sinne der Inklusion und Zugänglichkeit erproben und entwickeln, im Austausch und gemeinsam entsteht. Als das Team, mit dem ich arbeiten durfte und von dem ich lerne, möchte ich hier nennen: Philipp Schramm, Sarah Böllinger, Lena Naumann, Ulf Vierke, Claudia Böhme, Emeka Alams, Girmay Gebrehmedin, Bastian Beekes, Samanea Linnaea Hunter Karrfalt, Stefanie Scheer.

Inklusive was? Warum inklusives Arbeiten mehr als Nachteilsausgleich ist

Beginnen wir ganz grundlegend: Inklusion, dies soll noch einmal gesagt werden, ist kein wünschenswertes Beiwerk, sondern ein globales Grundrecht. Der Zugang zu kulturellen Veranstaltungen, zu Kunst und Kultur, zu Diskussionen um die Verfasstheit der Gesellschaft ist ein Recht. Es ist kein Bonusprogramm, zu dem Museen eingeladen sind, sondern eine Kern-Aufgabe: Die gleichberechtigte Verteilung der Möglichkeit zum Staunen zu ermöglichen. Die UN-Konvention über die Rechte von Menschen mit Behinderungen trat 2009 in Deutschland in Kraft. Spätestens seither sind Argumente, dass Zugänglichkeit nicht zu leisten sei, nicht haltbar. Dies alles ist vor dem Hintergrund zu sehen, dass die notwendigen Strukturen für inklusive Arbeit noch immer nicht gewährleistet sind. Oder wie inklusiv ist Ihr Team aufgestellt?

Dabei gibt es ausreichend Literatur zum Thema, und ausreichend Beispiele aus der Praxis. Und mehr und mehr Institutionen machen sich auf den Weg. Was nottut, ist ein Teilen der Erfahrungen – von der Technik in der Erstellung von Tastkopien bis zu druckbaren Vorlagen für 3-D-Objekte. Möglich ist vieles! Unsere Arbeit ist orientiert am «radical sharing», jener konsequenten Hinwendung zum Teilen von Ideen, Lösungen und Problemen, welche die Performer*in Goldendean mit Verweis auf die Gedanken der Künstlerin Thenjiwe Niki Nkosi so formuliert:

„Thenjiwe Niki Nkosi, a friend and fellow artist, proposes that we must make work within a conceptual framework of 'radical sharing' to: 'privilege the power of human interaction, of creating community, of deep listening, of sharing ownership, of really seeing one another. There is a sense of agency evoked in an act of radical sharing. Radical sharing as a strategy allows us to envision new possibilities for human community.'"[2]

Diese Strategie bedeutet im Museum, dass das Wissen, das wir dank der Mithilfe vieler Freund*innen und Kolleg*innen erzeugen, immer weitergegeben wird: In Weiterbildungen, Publikationen und Vernetzungs-Veranstalten für Museen und andere Kultureinrichtungen. Die Arbeit, von der ich im Folgenden erzähle, ist derzeit am Iwalewahaus der Universität Bayreuth angesiedelt. Hier ist auch das Team von BayFinK zu Hause, das es sich zum Auftrag gemacht hat, was wir „inklusive Ästhetik" nennen: Die Verdichtung durch die Verwendung einer Vielzahl von sinnlichen Zugängen und Ausdrucksformen eines Kunstwerks oder eines Objekts. Wir sprechen von Verdichtung, da wir das Zusammenführen vieler sinnlicher Zugänge zu einem Werk oder einer Veranstaltung nicht als Addition einzeln abgegrenzter Erfahrungen

2   Goldendean: Plan B. A Gathering Of Strangers Or: This Is Not Working,
Bayreuth/Johannesburg 2018, S. 57.

Abb. 1: Taktiles Leitsystem im Iwalewahaus, Universität Bayreuth.

Design: Emeka Alams. Projekt von BayFinK, in Kooperation mit Emeka Alams und Claudia Böhme.
Photograph: Emeka Alams, 2020

begreifen, sondern als ein durch viele Erfahrungsweisen immer dichter werdendes Netz. So ist zum Beispiel die Komposition, die ein Gemälde für sehbeeinträchtigte Besucher*innen erlebbar macht, nicht als abgetrennte Übersetzung von einem visuellen in ein Ton-Kunstwerk zu sehen, sondern als ein auf das Werk einwirkende, in seine Rezeptionsgeschichte eingehendes Angebot sich ihm auszuliefern. Dieses Verständnis ist geht an die Wurzel der ästhetischen Erfahrung, da es auch die Idee eines abgeschlossenen Werkes in Frage stellt.

Unserem Team stellen sich daher für die Präsentation in Ausstellungen eine Reihe von Fragen: Wer kann es erleben? Und wer nicht? Wie können wir anspruchsvolle, schwellenarme Angebote für viele Sinne bereitstellen, die miteinander in Dialog treten?

Das Team der Bayerischen Forschungs- und Praxisstelle Inklusive Kultureinrichtungen besteht derzeit aus den Mitarbeiter*innen der Universität Bayreuth versteht sich aber als ein Knotenpunkt in einem Netzwerk großartiger Kolleg*innen in Kunst und Wissenschaft. Ohne sie wäre nichts, was wir umsetz(t)en, denkbar und möglich.[3] Die Kunst ist in unserer Arbeit immer präsent und richtungsweisend. Seit über 40 Jahren ist an der Universität Bayreuth das Iwalewahaus, als Museum für zeitgenössische und moderne Kunst aus Afrika, Asien, dem pazifischen Raum und der Diaspora, im Dialog aktiv. Durch diese an Erfolgen und Versäumnissen reiche Geschichte ist es der ideale Ort, um Ideen, Wissen und Visionen zwischen Wissenschaft

---

3 Es handelt sich hierbei um Emeka Alams, Claudia Böhme, Architekt Shawn Constant, Künstlerin Alexandra Makhlouf, Museumsstratege und Designer Windsor Harper, Denker und Perkussions-Künstler Tumi Mogorosi, Künstler*in Goldendean, Künstler, Architekt und Wissenschaftler Alexander Opper, sowie die Wissenschaftler*innen Melissa Steyn, Haley McEwan, Kudzai Vanyoron.

und Gesellschaft auszutauschen. Dieser Austausch, entlang der Leitlinien des Hauses „Archiv – Kunst – Utopie", ist als Grundlage einer inklusiven Gesellschaft in unserer Arbeit immer präsent: Barrierefreie Gestaltung ist ein Gewinn für alle, da die Vielfältigkeit des ästhetischen Erlebens gesteigert wird. Das Iwalewahaus eignet sich hervorragend als anwendungsorientierte Spielwiese, um die Ergebnisse des Forschungsprojektes zur Barrierefreiheit im öffentlichen Raum umzusetzen. Ein gutes Beispiel dafür ist die Winterausstellung 2017/18 des Iwalewahauses, „Lieblingsstücke – 36 Objekte des Monats", die inklusiv gestaltet ist und barrierefreie Zugänge zu den Kunstwerken bietet. Jedes Ausstellungsobjekt war hier auf multiple Weisen erlebbar – verdichtet durch Audio-Beiträge der Künstler*innen, durch Tastobjekte, Tastkopien, Kompositionen, Puzzles und vieles mehr.

Der Ansatz, den wir mit dieser sinnlichen Verdichtung verfolgen, lässt sich am treffendsten als «inklusive Ästhetik" beschreiben. Er bedeutet eine Verschiebung in der Sichtweise auf Inklusion. Inklusion ist hier kein Nachteilsausgleich, sondern bedeutet ein laborhaftes, ästhetisches Arbeiten. Es geht nicht um das Aus-Gleichen sinnlicher ‚mangelnder' Fähigkeiten, sondern um eine Verdichtung sinnlicher Erfahrungsräume im Museum. Den Unterschied zwischen zwei Herangehensweisen – zwischen einer sinnlichen Addition und einer anderen sinnlichen Erfahrung durch die Kombination, das Verqueren – klingt recht kompliziert. Er wird durch wunderbare Zeilen der Autorin Minna Salami, bekannt auch als Bloggerin MsAFropolitan in einfacher, anregender Sprache erlebbar. Minna Salami schreibt in ihrem jüngsten Buch „Sensuous Knowledge, a Black Feminist Approach for Everyone", dass wir Arten von Wissen und Erkenntnis brauchen, die über das rationale Wissen als eine, ideologisch geformte Weise, Welt zu begreifen, hinausweisen. Um ihren Punkt zu stützen, macht sie die Unterscheidung zwischen den englischen Begriffen „sensual", auf die unterschiedlichen Sinne Riechen, Hören, Schmecken etc. bezogen, und „sensuous", zu übersetzen mit einer sinnlichen, die einzelnen Sinne aber übertreffenden Verbindung von Körper, Geist und Seele. Sie schreibt:

„We need knowledge that affects the interior as well as the exterior (…) By sensuous, I don't mean sensual. While sensuality is related to bodily appetites and self-indulgent pleasure involving the physical senses (touch, taste, sight, smell, and hearing), sensuousness transcends the instincts. When something is sensuous, it affects not only your senses but your entire being – your mind, body and soul."[4]

4 Salami, Minna: Sensuous Knowledge. A Black Feminist Approach for Everyone, New York 2020, S. 35.

Der Begriff „sensuous knowledge" bringt gut zum Ausdruck, worum es mir geht: Eine über die reine Verkettung von sinnlichen Eindrücken hinausgehende Form der Auseinandersetzung mit sinnlicher Erfahrung im Museumsraum, ermöglicht durch vielsinnige, miteinander verwobene Zugänge zu Raum, Objekt und Erzählung. Inklusives Handeln ist immer ästhetisches Handeln, eben weil es die Wahrnehmung betrifft, es ist aber auch utopisches Handeln. Es will aus der barrierebeladenen Situation der Gegenwart in eine bessere, zugängliche und damit interessantere Zukunft. Der Begriff der Utopie ist überlastet von kulturpessimistischen Positionen, die ihn als Träumerei und Weltflucht, also gerade als ein Zurückschrecken vor den Anforderungen von Inklusion, darstellen – oder er ist in den Bereich der Postkarten-Industrie verbannt. Im Gegensatz dazu halten wir es mit Menschen wir Ernst Bloch, Paolo Freire und Jose Munoz, die uns daran erinnern, dass die Utopie immer als vielleicht unerreichbarer, dafür aber anspornender und sehend machender Antrieb zu verstehen ist. Die Gewerkschaft für Erziehung, der sich einige Universitätsangestellte angehörig fühlen, lud vor einer Weile zu einem Treffen mit dem Begriffspaar Inklusion und Ästhetik und bezog sich in ihrer Ankündigung auf Referent Wolfgang Jantzen, der „Inklusion weit mehr als Transformation einer bisherigen Absonderungspädagogik in die sogenannten Regelschulen" versteht. Sie, die Inklusion, formuliert er, „verlangt als reale Utopie einen Abschied von jeder Form des Ableism (Fähigkeitsfaschismus) und die Begründung gemeinsamen Lernens in wechselseitiger Infragestellung, also eine Pädagogik der Befreiung (Paulo Freire)." Der Begriff der Befreiung hilft hier, weil er den Bezug zu anti-kolonialen Bewegungen herstellt. Inklusion ist immer auch dekoloniales Handeln, da es sich gegen auferlegte und gewaltvolle Normen ausspricht und auch, wie die Befreiungsbewegungen dies taten und tun, eine radikal andere Welt in Wissen und Handeln fordert. Museen, die sich als inklusive Einrichtungen begreifen, können „radikaldemokratische" Orte sein, wie Nora Sternfeld[5] es benannte, in denen Austausch möglich ist, weil Zustimmung und Widerspruch möglich sind.

Es geht aber noch weiter. Inklusives Handeln führt zum Objekt zurück, und zu seiner Wirkung, die poetisch ist, den Menschen als sinnliches Wesen fordert, anregt und bestärkt. Besonders deutlich wurde uns dies in einer Szene, in der die damalige Beauftragte für die Belange von Menschen mit Behinderung in Bayern, Irmgard Badura, nach einer Besprechung mit uns recht spontan zu einer Ko-Kuratorin der Ausstellung „Lieblingsstücke – 36 Objekte des Monats"[6] wurde. Im Rahmen dieser Ausstellung half uns Irmgard Badura, eine Steinskulptur des nigerianischen Künstlers Buraimoh

---

5   Sternfeld, Nora: Das radikaldemokratische Museum. Berlin 2018.
6   Fink, Katharina/Siegert, Nadine: Lieblingsstücke: 36 Objekte des Monats. Bayreuth 2018.

Gbadamosi über den Tastsinn zu erschließen. Was den sehenden Kurator*innen erst in der Auseinandersetzung von Frau Badura sehenden Händen mit dem Objekt klar wurde, waren die filigranen Details der Skulptur, die von den allesamt sehenden Kurator*innen nicht beachtet worden waren, da sie von vermeintlich ‚offensichtlicheren' Aspekten des Werks überlagert wurden. Wir stellten den von Irmgard Badura eingesprochenen Text als Audio-Guide für das Objekt bereit und luden die Besucher*innen dazu ein, das Objekt mittels der Führung durch ihre Stimme zu erleben.

Dieses alltägliche Beispiel soll zeigen, dass inklusive Kuration, hier zunächst verstanden als die Einbeziehung aller Sinne, Objekt-Ebenen eröffnet, die ohne die Zusammenarbeit nicht präsent gewesen wären. Kuration ist also das Gesamt-Werk von Menschen mit unterschiedlich gelagerten Fähigkeiten.

Abb. 2: Ein Objekt, viele Sinne: Der Abguss eines Werks von Buraimoh Gbadamosi ist hier auch für den Tastsinn zu erleben.

Photographie: Andi Weiland | Gesellschaftsbilder.de

Inklusion ist poetisch!

Ein Beispiel für das Potential der inklusiven Kuration ist die taktil-visuelle Poesie, die im Leitsystem für das Iwalewahaus begründet liegt. Bis 2020 verfügten die Ausstellungsräume des Iwalewahaus über kein taktiles Leitsystem. Seit über acht Jahren arbeite ich gern und eng mit Emeka Alams zusammen. Er ist Modeschöpfer und Designer, international bekannt mit seinem Label Gold Coast Trading Company (www.before1444.com) und durch seine Arbeiten für international renommierte

Musiker*innen wie MIA, Jillionaire, Petit Noir, Kae Sun und andere. Wir begannen unsere intensive Zusammenarbeit im Rahmen einer Ausstellung, die ich 2013 in Bayreuth und Bordeaux kuratierte: virtual/material: Logbuch Mode. In ihr ging es um die Fähigkeit von Mode, Zukünfte zu entwerfen, und die Grauzonen ihrer Materialität und Virtualität. Zuletzt setzten wir unsere Zusammenarbeit fort, um mit unserem Team um Inklusion und Ästhetik ein taktiles Leitsystem zu entwickeln, das sowohl die Funktionalität für eingeschränkt oder nicht-sehende Menschen gewährleistet und gleichzeitig ein visueller Genuss ist. Ein taktiles Leitsystem ist dazu da, es für sehbeeinträchtigte und blinde Menschen möglich zu machen, ein Museum, seine Räume und seine Objekte eigenständig zu erleben. Die Möglichkeiten, die in diesem einfachen, DIN-normierten System aus Plastik-Stäben und Punkten liegen, sind nicht ausgeschöpft. Sie bieten den Spielraum für eine künstlerische Auseinandersetzung mit den Fragen nach Raum und Bewegung. Im Fall des Iwalewahaus fragten wir uns, ob es möglich sein könnte, einen Dialog zwischen dem von Emeka Alams gestalteten Licht-Design und der Funktionalität einer Besucher-Führung herzustellen, die mit dem Langstock erfahrbar und manövrierter ist. Dieses ästhetische ‚Gespräch' zwischen Besucher*innen, Raum und Werken sollte sowohl taktil als auch visuell funktionieren, anregend und aufregend sein — und keinesfalls, wie eine Befürchtung lautete, die Bedürfnisse von Besucher*innen, die die Ausstellungen vor allem über das Fühlen und Hören erleben, einer diskursverliebten Spielerei unterzuordnen. Wir legten also los, in dem wir unserem Gast-Künstler Emeka Alams baten, eine Skizze für ein Leitsystem zu entwerfen. Wir luden den marktführenden Anbieter für Leitsysteme ein, um mit uns die unterschiedlichen Optionen durchzusprechen. Und wir sprachen mit unserer Kollegin Claudia Böhme über Emeka Alams Skizzen und unser Vorhaben. Nachdem wir die benötigte Maße, Stäbchen und Punkte berechnet hatten, harrten wir der Dinge, klebten Versuchsstrecken, die besonders interessante Ecken und Skulpturen beinhalteten, und testeten sie mit Claudia Böhme als Expertin. Wir holten ebenfalls die Expertise von Jürgen Trinkus und den wunderbaren Aktivist*innen von Andersicht[7] ein. Im Gespräch mit Claudia Böhme und Emeka Alams entstand ein taktiles Leitsystem, nun permanent geklebt, das die visuelle Kunst am Bau, die Leuchtskulpturen von Emeka Alams spiegelt und verdichtet: Ein aufregendes Wagnis, da gerade in diesem Bereich die Einbeziehung von Expert*innen ihrer eigenen Wahrnehmung unerlässlich ist.

Wie bei allen unseren künstlerisch-wissenschaftlichen Arbeiten ist der Labor-Prozess das eigentliche Ergebnis und Gesamt-Werk: Der Austausch über Wahrnehmungsweisen,

---

7   Andersicht ist ein Verein für taktile Kulturarbeit: www.andersicht.net.

über Zugänglichkeit, über tiefes Interesse, über Hingabe an eine mögliche Erfahrung. In einer Diskussion, die wir über zoom abhielten, brachte es Jürgen Trinkaus auf den Punkt, in dem er paraphrasiert sagte: In einem Kunstmuseum muss man doch in die Spur einer anregenden und im positiven Sinne verwirrenden Erfahrung gebracht werden. Und natürlich stellen sich Fragen: Wo liegen die Grenzen einer ästhetischen ‚Verdichtung'? Was ist interessant, was ist aneignend und was nicht hilfreich? Wir kamen auf wunderbare Weise von der hundertsten Frage zur tausendsten Idee. Alle gründeten sie auf dem zutiefst poetischen Ansatz, dass die Zusammenführung von sinnlichen Erfahrungsweisen nicht additiv funktioniert, sondern durch ihre Verwebung ganz neue Weisen des Verstehens von Werk und Raum aufruft.

Achtung: Inklusion ist intersektional

Bei all der Poetik ist es aber wichtig zu beachten, dass Inklusion immer intersektional zu verstehen ist. Intersektionalität ist ein Begriff, dem in der kulturwissenschaftlichen und aktivistischen Szene seit den 1990er Jahren eine große Bedeutung zukommt. 1989 prägte Kimberley Crenshaw den folgenschweren Begriff, der die Analyse von Macht in ihren sich überschneidenden Formen möglich machte. In einer im Jahr 2019 veröffentlichen Schrift zum 30-jährigen Jubiläum des Begriffs umschrieb Kimberlé Crenshaw, wieso der Begriff für sie, als junge Jura-Professorin wichtig wurde:

„Intersektionalität war somit mein Versuch, Feminismus, antirassistischen Aktivismus und Antidiskriminierungsrecht zu ihrem eigentlichen Ziel zu verhelfen: Ich wollte die verschiedenen Straßen aufzeigen, welche Unterdrückung aufgrund von Rasse und Geschlecht transportieren, sodass die Probleme einfacher zu diskutieren und zu verstehen sind. Intersektionalität ist eine analytische Sensibilität, eine Möglichkeit, über Identität und ihr Verhältnis zu Macht nachzudenken."[8]

Inklusives Handeln in einer Institution ist somit immer auch selbstreflexives Handeln. Es stellt die Institutionen selbst auf den Prüfstand, wenn sie aufrichtig und nicht im Sinne politischer Camouflage für das einundzwanzigste Jahrhundert betrieben wird. Denn es fordert: Walk the talk! Macht, was Ihr behauptet! Ein Haus, das diversitätsorientierte Arbeit fordert und Inklusion betont, aber selbst gesellschaftlich homogen aufgestellt ist, ist trotz aller hervorragenden Arbeit nicht zukunftsweisend. Der Klassiker ist eine Institution, die fast ausschließlich mit *weißen* Kolleg*innen in festen Stellen auftritt. Das Iwalewahaus ist hier noch keine Ausnahme. Unser Team

---

8   Crenshaw, Kimberly: Warum Intersektionalität nicht warten kann, in: Gunda-Werner-Institut in der Heinrich-Böll-Stiftung und Center for Intersectional Justice (Hg.): „Reach Everyone on the Planet…" – Kimberlé Crenshaw und die Intersektionalität, Berlin 2019, S. 14.

zum Thema Inklusion ist inklusiv aufgestellt, mit Menschen mit unterschiedlichen sinnlichen Befähigungen – ein anderer Zugang wäre nicht möglich.

Inklusive Arbeit fängt nicht bei Null an. Es ist wichtig, auf die jahrzehnte- bis jahrhundertelange Arbeit von Aktivist*innen und Denker*innen zurückzugreifen. Zum Schreiben der Zukunft gehört auch die neue Betrachtung der Geschichte. Diversitätsorientierte Arbeit ist somit auch immer eine machtkritische Arbeit.[9] Sie analysiert, legt offen, und fordert Veränderung.

Was sich aus der Erfahrung mit dem Erzeugen des taktilen Leitsystems ableiten lässt, ist die Notwendigkeit des intersektionalen inklusiven Denkens: Ist die Idee in einem inklusiven Team entstanden? Wird sie mit einem inklusiven Team umgesetzt? Nimmt sie die divers ausgestaltete Neugier ernst?

"I like this painting because it has a bench."

Abb. 3: Comic von Amy Hwang aus der New York Times.
Copyright: Amy Hwang.

Ein beliebter Comic aus der New York Times zeigt eine vielen bekannte Museumssituation. Amy Hwang hat ihn gezeichnet: zwei Menschen mit schulterlangen Haaren sitzen auf einer Bank vor einem abstrakten Gemälde und unterhalten sich. Unterhalb des Bildes erklärt eine Zeile, worüber sie reden: „I like this painting because it has a bench". Der simple Comic spricht die Erfahrungen vieler Museums-Besucher*innen an: Kunst strengt an. Kunst macht Genuss zum Teil unmöglich.

---

9 Hierzu besonders lesenswert: Piesche, Peggy: Reflexionen einer Institutstesterin oder: Versuch einer Gebrauchsanweisung für deutsche (Kultur-)Institute, in: Griffith, Karina (Hg.): Republik Repair. Zehn Punkte, zehn Forderungen, ein Festival, Berlin 2019, S. 106-117.

„Was für Menschen ohne Beeinträchtigung mühselig ist, wird für Menschen mit Beeinträchtigungen zum Ausschlussfaktor. Obwohl per definitionem ein der Öffentlichkeit verpflichteter Ort, folgt das Museum einer Ökonomie der Effizienz – es bevorzugt Menschen, die einem normalisierten Bild von Funktionsfähigkeit entsprechen. Die laufen, lesen, sich intellektuell beschäftigen können. Es privilegiert den abled body."[10]

Museumsarbeit, die sich als inklusiv versteht, muss sich also permanent selbst befragen – angefangen von den Sammlungs-Weisen, über die Wegeführung im Museum, hin zu den Sprachen des Audio-Guides. Die Kernfragen inklusiver Museumsarbeit müssen sein: Haben wir an alle gedacht? Wer ist eingeladen? Wen laden wir durch unsere Arbeit momentan nicht ein? Verfügen wir wenigstens über zwei sinnliche Zugänge für jedes Werk, für jedes Objekt? Wie ist unsere Sammlung zu Stande gekommen? Haben wir Arbeiten von Künstler*innen mit Behinderung? Wie können wir unsere Sammlung und unsere Geschichte neu lesen, in dem wir auf Mechanismen von Ausschluss schauen?

Keine Angst vor dreckigen Händen: DIY als Strategie

Wir wissen es: All dies klingt enorm aufwendig. Angesichts der Reichweite der Forderungen an eine inklusive Museumsarbeit erscheint es gar nicht mehr so paradox, dass ausgerechnet gegenüber der Barrierefreiheit eine ausgesprochene Schwellenangst existiert. Zu teuer, zu aufwändig, zu komplex, unmöglich für kleine Häuser und Einrichtungen zu bewerkstelligen – dies sind nur einige der Einwände, die der Frage, wie es denn mit der Inklusion am eigenen Haus stehe, gemeinhin folgen. Dass all diese nicht immer zutreffen und häufig als Ausrede dafür dienen, nicht an die festgefahrenen Strukturen zu gehen, zeigt aufs Beste mein Kollege Philipp Schramm. Sein Einfallsreichtum, seine Präzision und Hingabe an die ganz konkrete Utopie eines zugänglichen Museums sind unübertroffen. Aus kleinsten Mitteln entwirft er Möglichkeiten für multifunktionale Stelen, die Gebärdenvideos, Audio-Informationen sowie Tastkopien gleichermaßen unterbringen und damit Eleganz ausstrahlen. Durch ihn angeleitet waren wir in der Lage, unser taktiles Leitsystem selbst zu verlegen. Was er immer wieder betont, ist eine Lehre, die ich nur weitergeben kann: DIY hilft. Ausprobieren hilft. Vernetzen hilft. Der lokale Gehörlosen-Verein, Fab-Lab, die lokale Universität, die queere Bar – sie alle sind mögliche Partner*innen für die museale Inklusions-Arbeit. Denn der wichtigste Faktor für eine glaubwürdige und ernsthafte

---

10 Fink, Katharina, Vierke, Ulf: Radikanten und Radikale Inklusion, in: Annäherungen an die aktuelle Praxis und die Ökonomie radikaler Inklusion im Iwalewahaus. Zeitschrift für Inklusion, 4-2019, o.S. URL: https://www.inklusion-online.net/index.php/inklusion-online/article/view/544, zuletzt aufgerufen 16.06.2021.

Arbeit ist der Respekt vor der Expertise von Menschen, die mit Erfahrungen von (sinnlichem) Ausschluss leben, und die Zusammenarbeit mit ihnen. Sie wissen, was Unzugänglichkeit bedeutet und wie sie sich anfühlt.

Nur gemeinsam! Eine bessere Welt ist im Museum möglich.

Was diese Reflexionen der eigenen Arbeit zeigen, ist folgendes: Inklusion ist kein schmückendes Beiwerk, sondern ein Anspruch auf ansprechende, anregende Teilhabe an einem öffentlichen Gespräch über Bedeutungen. Diese muss in Institutionen, die sich mit Kunst auseinandersetzten, keine ‚Übersetzung' sein, sondern ein sinnlicher, poetischer Zugewinn, eine Verdichtung im Sinne von Minna Salamis sensuous knowledge. Inklusion führt also zurück zu den Ursprüngen des Museums. Sie tut das aber nicht in einer exklusiven Form der ermüdeten, kolonialen Wunderkammer, sondern als intersektionale Juke-Box, inklusive Mit- und Selbstbestimmung.

LITERATUR

Crenshaw, Kimberlé: Warum Intersektionalität nicht warten kann, in: Gunda-Werner-Institut in der Heinrich-Böll-Stiftung und Center for Intersectional Justice (Hg.): „Reach Everyone on the Planet…" – Kimberlé Crenshaw und die Intersektionalität, Berlin 2019.
Fink, Katharina/Siegert, Nadine: Lieblingsstücke – 36 Objekte des Monats, Bayreuth 2018.
Fink, Katharina/Vierke, Ulf: Radikanten und Radikale Inklusion, in: Annäherungen an die aktuelle Praxis und die Ökonomie radikaler Inklusion im Iwalewahaus. Zeitschrift für Inklusion, 4-2019, o.S. URL: https://www.inklusion-online.net/index.php/inklusion-online/article/view/544, zuletzt aufgerufen 16.06.2021.
Goldendean: Plan B. A Gathering Of Strangers Or: This Is Not Working, Bayreuth/Johannesburg 2018.
Piesche, Peggy: Reflexionen einer Institutstesterin oder: Versuch einer Gebrauchsanweisung für deutsche (Kultur-)Institute, in: Griffith, Karina (Hg.): Republik Repair. Zehn Punkte, zehn Forderungen, ein Festival, Berlin 2019, S. 104-112.
Salami, Minna: Sensuous Knowledge. A Black Feminist Approach for Everyone, New York 2020.
Sternfeld, Nora: Das radikaldemokratische Museum, Berlin 2018.

Gemeinsam ins Museum.
Erfahrungen aus einer inklusiven Museumsreihe für die Bewohner*innen einer sozialen Eingliederungseinrichtung

Alessandra Vicentini

„Das Museum erfüllt als Ort lebenslangen Lernens einen Bildungsauftrag."[1] Dieser Auftrag richtet sich grundsätzlich an alle Menschen, d. h. auch an diejenigen, die sich in besonderen Lebenslagen befinden, in ihrem Handeln eingeschränkt oder ausgegrenzt sind.[2] Museen sind durch die 2008 in Kraft getretene UN-Behindertenrechtskonvention verpflichtet,[3] Menschen mit besonderen Bedürfnissen eine soziale und kulturelle Teilhabe zu ermöglichen.[4] Spezifische Angebote der museumspädagogischen Arbeit sind geeignet, dieses Ziel zu unterstützen.

Auf diesen Ansätzen beruhte die Museumsreihe des Museumspädagogischen Zentrums München (MPZ) in Zusammenarbeit mit einer sozialen Eingliederungseinrichtung, die von August 2018 bis März 2019 stattfand.[5] Dank des Einverständnisses und der Unterstützung der Leitungen und Mitarbeiter*innen beider Institutionen konnte auf die Wünsche der Teilnehmer*innen eingegangen werden: Aus einer einzelnen Führung entstand ein wiederkehrendes Format, so dass insgesamt sieben Münchner Museen besucht werden konnten.

Eine Dokumentation zu museumspädagogischen Angeboten für Bewohner*innen einer sozialen Eingliederungseinrichtung ist laut meiner Recherche ausständig. Deswegen soll der folgende Beitrag Einblicke in die Realisierung dieser Führungen geben, Möglichkeiten für die Nachbereitung des Besuches in der Einrichtung aufzeigen und

---

1 Deutscher Museumsbund e.V. gemeinsam mit ICOM-Deutschland (Hg.): Standards für Museen,
3. Auflage, Berlin 2011, S. 20.

2 Zu den Schnittstellen zwischen Kultureller Bildung und Sozialer Arbeit vgl. Treptow, Rainer: Hand in Hand. Soziale Arbeit und Kulturelle Bildung, in: KULTURELLE BILDUNG ONLINE 2016, URL: https://www.kubi-online.de/artikel/hand-hand-soziale-arbeit-kulturelle-bildung, zuletzt aufgerufen am: 03.02.2020.

3 Vgl. Beauftragte der Bundesregierung für die Belange von Menschen mit Behinderung: UN-Behindertenrechtskonvention, Januar 2017, URL: https://www.behindertenbeauftragte.de/SharedDocs/Publikationen/UN_Konvention_deutsch.pdf?__blob=publicationFile&v=2, zuletzt aufgerufen am: 03.02.2020, S. 4. Deutschland unterzeichnete am 26. März 2009 die Konvention. Vgl. ebd., S. 2.

4 Vgl. ebd., Art. 30, Abs. 1, 2, S. 26–27.

5 Jene Lücke gab u. a. den Anstoß, meine Abschlussarbeit der Kunsttherapie-Ausbildung über die Museumsreihe zu verfassen, insbesondere im Kontext therapeutischer Wirksamkeiten im Museum. Daran ist dieser Beitrag angelehnt. Hier möchte ich das Potenzial solcher Veranstaltungen aufzeigen und zu weiteren motivieren.

die daraus gezogenen Erkenntnisse für Museumsvermittler*innen sowie Kunsttherapeut*innen im sozialen Bereich bereitstellen.

Akteur*innen und Zielgruppe

Das MPZ ist eine Einrichtung des Freistaates Bayern und der Landeshauptstadt München und vorwiegend in staatlichen und städtischen Museen in München tätig. Den interdisziplinären Austausch im Haus garantieren die fachwissenschaftlich und pädagogisch qualifizierten Mitarbeiter*innen. Sie konzipieren zielgruppenspezifische, handlungsorientierte, auf Exponate bezogene und methodisch vielfältige Angebote für kulturhistorische, naturwissenschaftliche Museen sowie für Kunstmuseen und den Stadtraum. Zielgruppen sind u. a. Kinder aus Kindertagesstätten (Kinderkrippen, Kindergärten, Horte), Schulklassen aller Schularten, Freizeitgruppen, Gruppen mit besonderen Bedürfnissen wie Senior*innen aus Pflegeheimen, Menschen mit Migrationserfahrung oder Menschen mit Behinderungen – um nur einige zu nennen.[6]

Die Adressaten der hier vorgestellten Museumsreihe sind Bewohner*innen einer Eingliederungseinrichtung (wohnungslose Personen mit einer Suchtkrankheit, mit psychosozialen oder mit seelischen Problemen). Eines der Ziele dieser Einrichtung ist es, die in einer Lebenskrise befindlichen Bewohner*innen zu stabilisieren, damit sie wieder eigenständig ihr Leben in die Hand nehmen können. An der Reihe nahm eine mehr oder weniger gleichbleibende Gruppe aus der Kunsttherapie der Einrichtung teil.[7]

Intentionen der Museumsreihe

Die Bewohner*innen der Einrichtung sollen sich anhand der Führungen am gesellschaftlichen Diskurs sozial und kulturell beteiligen können. Die Teilhabe wird durch das „museumspädagogische Handeln"[8] vonseiten der Vermittler*innen im Museum

---

6 Vgl. MPZ: Leitbild, URL: https://www.mpz-bayern.de/das-mpz/leitbild/leitbild.html, zuletzt aufgerufen am: 03.02.2020. Außerdem bietet das MPZ bayernweit Weiter- und Fortbildungen und ist eine der Gründungsinstitutionen der Bayerischen Museumsakademie. Das MPZ veröffentlicht regelmäßig museumspädagogische Publikationen. Vgl. ebd.

7 Zum Schutz und Wohle der Teilnehmer*innen ist alles, was mit der sozialen Einrichtung in Verbindung gebracht werden könnte, in anonymer Form dargestellt. Für die Entstehung und das Funktionieren der Reihe ist die Unterstützung beider Leitungen und aller involvierten Mitarbeiter*innen gleichermaßen essenziell.

8 Zur Vertiefung: Rudnicki, Gabi: Erste Begegnung: Was ist museumspädagogisches Handeln? Eine Bilanz aus der Praxis, in: Czech, Alfred/Kirmeier, Josef/Sgoff, Brigitte (Hg.): Museumspädagogik. Ein Handbuch. Grundlagen und Hilfen für die Praxis, Schwalbach/Ts. 2014, S. 60–71. Der gesamte Aufsatz ist sehr empfehlenswert zum Verständnis einer praxisorientierten Auslegung museumspädagogischen Handelns.

initiiert, begleitet und gefördert: Dadurch entstehen idealerweise Beziehungen zwischen Besucher*in und Objekt, Objekt und Vermittler*in, Vermittler*in und Besucher*in.[9] Auch innerhalb der Gruppe verändert sich die Dynamik: Die Besucher*innen treten miteinander in Dialog und lernen sich so (neu) kennen. Sie entdecken, kommunizieren, fühlen und lernen in der Gruppe und erhalten gleichzeitig die Möglichkeit, ihre eigenen Interessen zu vertiefen. Die Teilnehmer*innen greifen auf das eigene Wissen sowie auf eigene Erfahrungen und Erinnerungen zurück. Für Bewohner*innen einer Eingliederungseinrichtung ist es, mit ihren individuellen Geschichten und sozialen Ausgrenzungen, ein ganz besonderer Moment um zwischenmenschliche, wohlwollende Begegnungen an einem gesellschaftlichen Ort zu erfahren. Wie Gabi Rudnicki in ihrem grundlegenden Artikel schreibt, soll durch museumspädagogisches Handeln die „Wahrnehmungsfähigkeit im Sinne einer Erweiterung der Selbstkompetenz" gefördert und das Museum als positiver Ort verankert werden.[10] Das gilt auch explizit bei den Teilnehmer*innen dieser Gruppe. Dies wird nicht nur durch den interaktiven und partizipativen Ansatz von Gesprächsführungen gefördert, sondern findet bereits in der Auswahl des Museums statt, die auf Wunsch der Bewohner*innen erfolgt. Die Führungen sollen allerdings auch über die Museumsräume hinaus weiterwirken: Die Themen und Inhalte sind so ausgelegt, dass sie sich für eine kreative Nachbereitung anbieten oder für eine kunsttherapeutische Intervention im geschützten Setting unter der Anleitung von Therapeut*innen eignen. Damit verzahnen sich die Bereiche der kulturellen Bildung und der sozialen bzw. kunsttherapeutischen Arbeit eng miteinander, so dass die Adressat*innen auf vielfältige Weise davon profitieren.

Rahmenbedingungen der Konzeption

Für die Konzeption der Museumsreihe dienten folgende drei Modelle als Inspirationsquellen und praktische Referenzen:

1. Ein Beispiel therapeutischer Interventionen im Museum stellt Karolina Sarbia in ihrem Beitrag *Traut euren Augen! Traut euren Empfindungen. Neue Wege der Kunstwahrnehmung* vor, worin sie die Kunsttherapeutische Werkbetrachtung (KT WB) als neues Verfahren der Kunsttherapie präsentiert. Das Werk steht hier im Rampenlicht – nicht die Person, die Biografie oder die Aussagen des des Künstlers*der Künstlerin.[11] Sie wendet diesen Ansatz bei einer Gruppe

9 Vgl. Rudnicki 2014, S. 65–68.

10 Vgl. ebd., S. 64.

11 Vgl. Sarbia, Karolina: Traut euren Augen! Traut euren Empfindungen! Neue Wege der Kunstwahrnehmung, in: Spreti, Flora von/Martius, Philipp/Steger, Florian (Hg.): KunstTherapie. Wirkung – Handwerk – Praxis, Stuttgart 2018, S. 257–267, hier S. 259, Sp. 1.

von jungen essgestörten Frauen in einem digitalen Spiegelarchiv an, in dem zeitgenössische Videokunst gezeigt wurde.[12] Eine feststehende Gruppe aus vier bis acht Frauen bespricht in regelmäßigen Abständen an einem musealen Ort ein bis zwei Werke in je zwei Stunden. Das reduzierte Angebot an Werken intensiviert das gezielte Wahrnehmen der Objekte.[13] Fragen nach dem Wahrgenommenen, nach den dabei entstandenen Emotionen und Gedanken sowie die Brücke zur eigenen Lebenssituation sind hier zentral. Im Anschluss erweitert die Besprechung in der Gruppe die eigene Sichtweise, denn die unterschiedlichen Beiträge machen die Vielzahl an möglichen Deutungen bewusst.[14]

2. Sonja Pöppel besuchte mit von ADS (Aufmerksamkeitsdefizitsyndrom) betroffenen Kindern zwischen sechs und elf Jahren das Museum Sinclair Haus in Bad Homburg vor der Höhe. Dort begegneten sie zeitgenössischer Kunst aus der ALTANA Kunstsammlung zum Thema „Natur" mittels rezeptiv-kunsttherapeutischen Verfahrens.[15] Die Gruppe bestand aus maximal sechs Teilnehmer*innen.[16] Die Treffen erfolgten drei Monate lang einmal die Woche für zwei Stunden und gliederten sich in drei Teile: „Kunstrezeption", „ästhetische Produktion" und „ästhetische Naturerfahrung".[17] Am Ende, nach zwölf Sitzungen, wurde das eigene Gestaltete der Kinder ausgestellt.[18] Pöppel definiert die Werkauswahl in ihrem Interventionsmodell, indem sie die kunstpädagogischen Gesichtspunkte – die „Relevanz für die eigene ästhetische Praxis", die „Möglichkeiten für Lern- und Erkenntniserfahrungen" und die „Bedeutung von Inhalten" nach Kirchner[19] – berücksichtigt, und passt sie für therapeutische Maßnahmen, die sich an der Symptomatik von ADS ausrichten, an.[20] Sie verwendet verschiedene Herangehensweisen, um Zugänge zu den Kunstwerken zu schaffen: „verbal-sprachliche, spielerische und produktiv-nachschaffende Verfahren".[21]

---

12 Vgl. ebd., S. 261–266.

13 Vgl. ebd., S. 259, Sp. 1.

14 Vgl. ebd., S. 260, Sp. 1–2.

15 Vgl. Pöppel, Sonja: Das therapeutische Potenzial der Kunstrezeption, Berlin 2015, S. 177–202, hier S. 177. Für eine Auseinandersetzung mit dem Thema „Rezeptive Kunsttherapie" ist das gesamte Buch, die Dissertation von Sonja Pöppel, grundlegend.

16 Vgl. Pöppel 2015, S. 198.

17 Vgl. ebd., S. 197.

18 Vgl. ebd., S. 201.

19 Kirchner, Constanze: Kinder und Kunst der Gegenwart. Zur Erfahrung mit zeitgenössischer Kunst in der Grundschule, 2. Auflage, Frankfurt a. M. 2001, zit. nach: Pöppel 2015, S. 182.

20 Vgl. ebd., S. 182, S. 184–188.

21 Ebd., S. 200.

3. Ein weiteres Modell, das sich auf die gesellschaftliche Teilhabe von Menschen mit Demenz konzentriert, bietet das individuell anwendbare modularisierte System zur sinnesorientierten Kunstvermittlungspraxis für Menschen mit Demenz, das Michael Ganß, Sybille Kastner und Peter Sinapius im Buch *Kunstvermittlung für Menschen mit Demenz. Kernpunkte einer Didaktik* vorstellen. Entwickelt wurde es basierend auf den Erfahrungen aus der Vermittlungspraxis für Menschen mit Demenz im Lehmbruck Museum in Duisburg. Das Angebot wurde deutschlandweit in elf kooperierenden Museen getestet und implementiert.[22] Die Führung dauert durchschnittlich 90 Minuten und gliedert sich im Wesentlichen in vier Punkte: „Ankommen, Brücke zur Kunstbetrachtung, Kunstvermittlung und Abschlussrunde".[23] Das Akronym „SINNE", was sich aus „Sinnlich – Interessegeleitet – Neugierde fördernd – Narrativ – Erfahrungsgeleitet" zusammensetzt, dient den Vermittler*innen als Anleitung, um das Modell individuell anzuwenden.[24] Insbesondere stehen hier Kommunikation, Emotion, Erinnerung und Wahrnehmung im Fokus, die anhand unterschiedlicher sinnesorientierter Zugänge aktiviert und gefördert werden.[25]

Zentrale Anregungen dieser drei Modelle waren, erstens, die strukturierte Vorgehensweise, worin Rahmenbedingungen, wie z. B. Absicht, Thema, Ablauf, Dauer und Gruppengröße definiert werden, zweitens, die Verbindung der Inhalte mit der Lebenswelt der Zielgruppe und drittens, die reduzierte Objektauswahl sowie der Einsatz verschiedener Methoden, v. a. jene die Sinne aktivieren, um individuelle Zugänge zu den Inhalten zu schaffen und, um diese dann zu kontextualisieren.

Als Mitarbeiterin des MPZ war ich für die Konzeption zuständig – meine Aufgabe lag v. a. darin, die Führungen zu organisieren und koordinieren. Dabei ging es besonders darum, als Mittlerin der sozialen Einrichtung die Möglichkeiten des MPZ vorzustellen und die speziellen Anforderungen an die Planung dieser Führungen mit meinen Kolleg*innen abzusprechen.[26]

In der Konzeptionsphase stimmte ich mit meiner Ansprechperson aus der Einrichtung den zeitlichen Rahmen, die Themen und den Ablauf der Museumsbesuche ab.

---

22 Vgl. Ganß, Michael/Kastner, Sybille/Sinapius, Peter: Kunstvermittlung für Menschen mit Demenz. Kernpunkte einer Didaktik, in: Jahn, Hannes (Hg.): Transformation, Bd. 2, Berlin/Hamburg 2016, S. 8–9.

23 Ebd., S. 89.

24 Ebd., S. 102.

25 Vgl. ebd. S. 37–87, 102–160.

26 Da ich sowohl eine Ausbildung zur Kunsttherapeutin abgeschlossen habe, als auch im museumspädagogischen Bereich tätig bin, kenne ich beide Seiten und konnte so jeweils Potenziale und Herausforderungen kommunizieren.

Wünsche und Interessen der Teilnehmer*innen standen dabei im Zentrum der Überlegungen, um diese Bedürfnisse zu bestärken und zu untermauern. Somit konnten Bezüge zur eigenen Person und Lebenswelt hergestellt werden, um diese im gesellschaftlichen Kontext zu verorten. Demzufolge richtete sich die Wahl der Museen, die Themen und die jeweilige Schwerpunktsetzung nach diesen Aspekten und dem Stimmungsbild der Bewohner*innen. So flexibel und individuell auf die Wünsche der Gruppe reagieren zu können war nur möglich durch die museumsübergreifende Tätigkeit des MPZ in momentan 32 Museen und seine interdisziplinäre Ausrichtung.[27]

Über den Verlauf von circa einem halben Jahr besuchten die Teilnehmer*innen einmal im Monat an einem Vormittag verschiedene Münchner Museen.[28] An den Terminen nahmen jeweils maximal zehn erwachsene Personen unterschiedlichen Alters teil, die der Kunsttherapiegruppe der Einrichtung angehörten. Sie kamen eigenständig mittels öffentlicher Verkehrsmittel zu den Museen. Vonseiten der Einrichtung begleiteten die zuständige Ansprechperson und meistens die diensthabende Kunsttherapeutin die Gruppe. Als Ansprechpersonen und konstante Begleiterinnen waren vom MPZ die stellvertretende Leitung Brigitte Wormer und ich beteiligt.[29] Die Bewohner*innen haben eine sehr niedrige Schamschwelle, sodass die Befürchtung im Raum stand, sie könnten sich durch die zahlreichen Begleitpersonen bevormundet fühlen, was durchaus kontraproduktiv gewesen wäre. Aus diesem Grund nahmen alle Begleitungen trotz ihrer Aufsichtspflicht wie die Bewohner*innen am Vermittlungsgeschehen teil und versuchten, sich in die Gruppe zu integrieren, indem sie Inputs und Anregungen gaben. So begegneten sich alle auf Augenhöhe und kamen ins Gespräch. Diese Rahmenbedingungen sowie die gleichbleibenden Ansprech- und Begleitpersonen schufen eine vertraute Struktur. Damit entstand Kontinuität bei den Führungssituationen und ein Gefühl der Sicherheit bei den Teilnehmer*innen. Sowohl das Setting als auch die Vermittler*innen wechselten bei jedem Treffen. Denn die jeweiligen Führungen wurden von den zuständigen Museumsbetreuer*innen des MPZ konzipiert und auch selbst durchgeführt.

---

27 Vgl. MPZ, Leitbild, Wo. Wo wir tätig sind, URL: https://www.mpz-bayern.de/das-mpz/leitbild/leitbild.html, zuletzt aufgerufen am: 03.02.2020.

28 Bis auf die Führung in der Krippensammlung vom Bayerischen Nationalmuseum fanden alle Besuche von 10.00 bis 12.00 Uhr am Vormittag statt.

29 Als Brigitte Wormer bei der Veranstaltung im Valentin-Karlstadt-Musäum verhindert war, kam Gabi Rudnicki statt dessen mit. Beim letzten Treffen war nur ich als Begleitperson vonseiten des MPZ dabei.

Ablauf der Führungen

Im Vordergrund aller Führungen stand das Erlebnis am Exponat, das sich durch die Wahrnehmung, die Erfahrung, das Wissen und die Emotion der Teilnehmer*innen manifestierte und durch das Heranführen und Begleiten der Vermittler*innen konstituierte.[30] Diese Ausrichtung auf den persönlichen Bezug ist durch das Format der Gesprächsführungen möglich und wird durch entsprechende methodische Zugriffe verstärkt. Im Allgemeinen dauerten die Veranstaltungen 90 Minuten. Je nach Museum stand ein anderes Schwerpunktthema im Fokus, das an unterschiedlichen Exponaten vermittelt wurde.

Einblicke in die einzelnen Besuche

Im Folgenden werden die Führungen in chronologischer Abfolge kurz mit den entsprechenden Themen und inhaltliche Anknüpfungspunkte für eine kreative Nachbereitung in der Einrichtung vorgestellt. Damit soll verdeutlicht werden, wie viel ressourcenorientiertes Potenzial und nachhaltige Möglichkeiten museumspädagogische Führungen aufweisen und für das weitere Vorgehen in den Einrichtungen haben können.[31]

I. Besuch in der Glyptothek: „Die antiken Götter und ihre Sagen"

Das bereits bestehende Konzept wurde gemeinsam von Brigitte Wormer[32] und mir der Zielgruppe angepasst. Auf Anraten der Ansprechpersonen aus der sozialen Einrichtung begrenzten wir die Führung im Museum und die Arbeit mit den Götterstatuen für den Anfang auf etwa 45 Minuten. Länger hätte die Führung nicht sein dürfen, da sich die Konzentration der Teilnehmer*innen am Ende der Führung schwer aufrecht halten ließ.

Im Anschluss setzten wir uns mit einer Tasse Kaffee in den Innenhof des Museums, lernten uns besser kennen und sprachen über die Führung. Wir griffen dabei das in der Führung behandelte Thema „Attribute" als Kennzeichnung der Götter wieder auf, und überlegten gemeinsam, welche Attribute wir uns für die eigene Person zur

---

30 Das gehört zu den Standards der Führungen des MPZ. Vgl. MPZ, Leitbild, Wie. Wie wir unser Angebot gestalten, URL: https://www.mpz-bayern.de/das-mpz/leitbild/leitbild.html, zuletzt aufgerufen am: 03.02.2020.

31 Aus Platzgründen konnten die detaillierten Konzepte der Führungen, in denen die einzelnen Objekte, Methoden und Anmerkungen aufgelistet sind, nicht abgedruckt werden. Die Konzepte dienen der Dokumentation, um den Prozess der Gruppe aufzuzeigen, und zur Orientierung, um das Vermittlungsgeschehen besser nachvollziehen bzw. sich daran anlehnen zu können. Bei Interesse wenden Sie sich bitte an das MPZ: https://www.mpz-bayern.de/.

32 Sie und Gabi Rudnicki sind die Betreuerinnen beim MPZ für die drei antiken Museen in München.

Identifikation zuschreiben würden. Ein praktischer Teil vor Ort war von den Teilnehmer*innen nicht gewünscht. Als Erinnerung und zum Ausmalen für zu Hause bekamen sie eine Kopie der Athene-Statue mit.

Vorschlag zur kreativen Nachbereitung: Inspiriert von der Führung und der Nachbesprechung zu den Attributen könnten die Teilnehmer*innen ihre persönlichen Attribute in einem Bild gestalterisch festhalten.

II. Besuch im Bayerischen Nationalmuseum: „Ritter und Turniere"

Michael Bauereiß konzipierte die Führung und legte die inhaltlichen Schwerpunkte auf Macht, Schutz und Helden. Die Führung dauerte 60 Minuten. Anschließend gab es die Möglichkeit, die Nachbildung eines Kettenhemds und eines Helms anzuprobieren. Nicht alle Teilnehmer*innen probierten sie an, allerdings hielten alle fasziniert das Hemd in den Händen. Durch die Motivation und die vielen Fragen der Teilnehmer*innen erstreckte sich die Führung inklusive Praxisteil auf etwa 90 Minuten.

Am Ende der Führung stellte Michael Bauereiß die Frage, warum Heinrich der Löwe den Löwen als Namenszusatz gewählt hatte und nicht den Floh. Dadurch wurde die Gruppe angeregt, zu diskutieren, welche Eigenschaften man mit bestimmten Tieren verbindet.

Vorschläge zur kreativen Nachbereitung: Als Übung in der Einrichtung würde sich „Mein Krafttier" anbieten. Einige Teilnehmer*innen nannten bereits während der Führung für sich selbst ein Tier: den Adler, das Nilpferd, die Eule usw.

Da „Ritter" ein zentrales Thema der Führung war, könnte man auch daran in der kreativen Nachbereitung anknüpfen und folgende Fragen stellen: Wie ist ein Ritter? Gibt er nur oder braucht er auch Schutz? Über den Ritter als Identifikationsfigur könnten die Teilnehmer*innen ein eigenes „Schutzschild" bauen.[33]

III. Besuch im Verkehrszentrum des Deutschen Museums: „Mobilität"

Gabriele Kisser-Priesack konzipierte die Führung und führte sie auch durch. Der Fokus lag hier auf Verkehrsmittel, ihrer Bedeutung als Statussymbole und ihr ästhetischer sowie technischer Wandel. Insgesamt dauerte diese Führung eine Stunde und 45 Minuten.

Vorschläge zur kreativen Nachbereitung: Als Abschluss gab die Vermittlerin den Teilnehmer*innen eine von ihr entwickelte Vorlage mit: Ein Leporello mit den verschiedenen Fahrzeugen, die im Museum gezeigt wurden. Davon ausgehend könnten

---

33 Vgl. Trüg, Erich/Kersten, Marianne: Praxis der Kunsttherapie. Arbeitsmaterialien und Techniken, 3. Auflage, Stuttgart 2013, S. 111.

die Teilnehmer*innen angeregt werden, ein Fahrzeug für sich selbst zu gestalten. Welches Fahrzeug würde sich der*die einzelne Teilnehmer*in aussuchen? Während der Führung wurde besprochen, dass Kühlerfiguren entstanden sind, um das eigene Fahrzeug zu individualisieren und es aus der Masse hervorzuheben. Welche Kühlerfigur würde sich der*die jeweilige Teilnehmer*in für sich selbst aussuchen?

IV. Besuch im Bayerischen Nationalmuseum: Krippensammlung

In der Weihnachtszeit führte der vierte Besuch in die Krippensammlung des Bayerischen Nationalmuseums. Die Teilnehmer*innen wünschten sich, auf Anregung von Michael Bauereiß, der bereits die Führung zu den Rittern übernommen hatte, diesen Besuch mit ihm.[34] Da die Weihnachtszeit für die zum Teil alleinstehenden Teilnehmer*innen eine schwierige Zeit ist, lag der Fokus dieser Führung bewusst nicht auf dem Thema Familie, sondern auf Christus als Mensch gewordenem Gott, als Symbol des Neuanfangs, als Wunder und Hoffnungsträger. Die Teilnehmer*innen erzählten zum Teil auch persönliche Erlebnisse, die sie mit den Krippen verbanden. Michael Bauereiß lenkte das Geschehen immer wieder auf eine sachliche Ebene, damit die Führung nicht zu emotional aufgeladen wurde und nicht in Familienthemen mündete.

Im Anschluss an die Führung durften die Teilnehmer*innen originale neapolitanische Gliederpuppen anfassen. Anschließend folgte eine kurze Besprechung. Die Führung samt Besprechung im Studio dauerte etwa 90 Minuten und verlief – trotz der schwierigen Zeit – problemlos.

Vorschläge zur kreativen Nachbereitung: Das Thema des Neuanfangs bietet sich auch für eine kreative Übung an. Worauf könnte sich für jede*n einzelne*n Teilnehmer*in ein Neuanfang beziehen? Was braucht es für einen Neuanfang? Damit ein solcher stattfinden kann, bedarf es bestimmter Bedingungen. Man muss sich darum kümmern, damit der Neuanfang gelingt. Die eigene Selbstwirksamkeit, Autonomie und Verantwortung werden damit gefördert. Jede*r könnte ein Rahmenbild gestalten, worin ein Symbol für einen Neuanfang (der individuell definiert wird) eingebettet ist. Der Rahmen ist der Hoffnungsträger und bietet Schutz bzw. Stabilität.[35]

---

34 Die Sammlung ist erfahrungsgemäß zu dieser Jahreszeit am Vormittag sehr voll, weshalb diese Führung ausnahmsweise am Nachmittag stattfand. Die regelmäßigen Termine und die gleichbleibende Uhrzeit der verschiedenen Besuche sind dahingehend wichtig, weil sie Struktur und Rhythmus vorgeben.

35 Vgl. Trüg/Kersten 2013, S. 49.

V. Besuch in der Pinakothek der Moderne, Sammlung Moderne Kunst: „Porträts"

Andrea Feuchtmayr konzipierte die Führung zum Thema „Porträts" mit den Schwerpunkten Selbst- und Fremddarstellung und führte die Gruppe etwa 90 Minuten durch die Sammlung Moderne Kunst.

Einige Teilnehmer*innen schienen im Verlauf müde zu werden, die Vermittlerin fragte nach der allgemeinen Stimmung, ob sie aufhören oder fortfahren solle: Auf Wunsch der Mehrheit besprach sie noch ein weiteres Bild. Trotz Müdigkeit hielten alle durch, waren interessiert und konzentriert.

Andrea Feuchtmayr schloss mit einem zeitgenössischen Werk die Veranstaltung ab, um dann an die eigene Gestaltung der Bewohner*innen zu appellieren. Die Vermittlerin teilte den Teilnehmer*innen eine Kopie mit einem Porträt von Andy Warhol aus und schlug ihnen vor, es auszumalen und dann in der Gruppe zu vergleichen. Dabei sollten sie darauf achten, wie sich das Porträt durch die individuelle Gestaltung verändert hat und wie es im Vergleich mit den anderen wirkt. Der praktische Teil fiel allerdings vor Ort aus angesichts mangelnder Zeit und Erschöpfung der Teilnehmer*innen. Sie nahmen die Kopie mit in die Einrichtung.

Vorschläge zur kreativen Nachbereitung: Ein eigenes Foto in Schwarz-Weiß öfters zu kopieren und dann jedes Bild einzeln nach Belieben zu gestalten könnte eine Weiterführung der praktischen Arbeit darstellen, die Andrea Feuchtmayr den Bewohner*innen angeboten hat. Beim Thema „Porträt" bietet es sich u. a. an, über Identität und Selbstverwirklichung nachzudenken. Dazu könnten auch anleitende Fragestellungen gegeben werden, z. B. „Wie sehe ich mich?", „Wie nehmen mich andere wahr?" oder „Wie möchte ich gesehen werden?". Das eigene Abbild verändert sich und unterscheidet sich womöglich wesentlich von einem Bild zum anderen.

VI. Besuch im Valentin-Karlstadt-Musäum

Passend zur anstehenden Faschingszeit galt das sechste Treffen Karl Valentin, seinem Humor und seiner Verwendung von Sprache. Markus Wagner führte nach seinem Konzept die Gruppe durch das Valentin-Karlstadt-Musäum. Trotz der fehlenden Sitzmöglichkeiten (das Museum ist sehr klein) lief die Führung problemlos – angesichts des Themas wurde viel gelacht.

Nach der 45-minütigen Führung gingen wir mit der Gruppe zu einer ungezwungenen Kaffeerunde im Café Turmstüberl über, das im Museum integriert ist. Wer wollte, konnte hier einen sogenannten „Kurzroman" verfassen, den Markus Wagner als praktische Sequenz anbot. Dazu teilte er eine Vorlage mit sechs Zeilen aus. Jede Zeile begann mit einem Wort: „Ein/eine", „in", „als", „jeder/jede", „aber", „trotzdem". Bis

auf zwei Teilnehmer*innen ließen sich alle auf das kreative Schreiben ein und lasen anschließend ihren Kurzroman vor. Insgesamt dauerte die Veranstaltung 90 Minuten.
Vorschlag zur kreativen Nachbereitung: Um an den praktischen Teil anzuschließen, könnten die Teilnehmer*innen, inspiriert von ihrem Kurzroman oder von jenem eines anderen, eine Szene mithilfe der Collagetechnik gestalten. Die weitere Arbeit am eigenen Text bzw. die Auswahl einer Passage kann bestimmte Aspekte hervorheben, die dem*der Betreffenden wichtig sind.

VII. Besuch im Museum Fünf Kontinente: „Indianer"

Der letzte Besuch der Museumsreihe fand auf Wunsch eines Teilnehmers in der Nordamerika-Abteilung des Museums Fünf Kontinente statt. Susanne Bischler konzipierte die Veranstaltung und führte die Teilnehmer*innen etwa 60 Minuten durch das Museum. Anschließend folgte mit Zustimmung der Teilnehmer*innen eine praktische Arbeit. Susanne Bischler schlug dafür zwei Möglichkeiten vor: zum einen das Anfertigen eines rituellen Medizinbeutelchens, das einem Schutzamulett entspricht, zum anderen das Gestalten eines Kästchens anhand einer Vorlage, worauf ein rituelles Schutztier der Indianer abgebildet war. Die Teilnehmer*innen, die nicht praktisch arbeiteten, schauten den anderen interessiert zu.
Vorschlag zur kreativen Nachbereitung: Um an einen der Vorschläge von Susanne Bischler anzuknüpfen, könnten die Teilnehmer*innen in einer Folgeübung eine kleine „Schutzschachtel" basteln und gestalten. Für die äußere Gestaltung der Schachtel dient die Leitfrage nach einem Symbol, das das Innere der Schachtel schützt und das Böse abwehrt. Sie könnten auch die Vorlagen, die sie von der Vermittlerin erhalten haben, nutzen und in die eigene Gestaltung integrieren. Anschließend sollten die Teilnehmer*innen dazu eingeladen werden, in den eigenen Taschen bzw. im Geldbeutel nach etwas Persönlichem zu suchen, um es in die Schachtel zu legen. In den meisten Fällen findet man etwas Passendes.[36]

Erkenntnisse

Die hier vorgestellten Erkenntnisse dieser Museumsreihe sollen Vermittler*innen motivieren und inspirieren, genauso Führungen und Reihen für diese und ähnliche Zielgruppen anzubieten. Außerdem soll das Potenzial der Museumsbesuche für die Arbeit von Museumsvermittler*innen und Kunsttherapeut*innen aufgezeigt werden. Allerdings gilt es für die Durchführung solcher Veranstaltungen manches zu beachten.

---

36 Vgl. Dreier, Michaela: Skript zu „Ritual und Archetypen", Methodenseminar, 02.–03.07.2016, APAKT München, Übung vom 03.07.2016 (nicht veröffentlicht).

Einige Aspekte dieser Reihe sind übertragbar, andere hingegen weniger, weil sie unter speziellen Gegebenheiten stattgefunden haben.

Welche spezifischen Besonderheiten wies diese Reihe auf?

- Die Gruppe konnte zwischen unterschiedlichen Museen in München wählen, weil das MPZ viele Museen in München betreut. Das Prinzip, die Gruppe in den Auswahlprozess einzubeziehen, kann allerdings auch bei einzelnen Museen umgesetzt werden, z. B. für Abteilungen, Ausstellungen und Objekte.

- Um das Führungskonzept auf die Gruppe aus der sozialen Einrichtung zuzuschneiden, besprachen sich die Vermittler*innen mit mir. Ich gab ihnen die nötigen Informationen, damit sie im Vorfeld die Bedürfnisse der Bewohner*innen berücksichtigen konnten. Ohne Person mit Vorerfahrung aus der Kunsttherapie und der Museumspädagogik müssten voraussichtlich mehrere Vorbesprechungstreffen zwischen Einrichtung und Museum eingeplant werden, um Möglichkeiten und Herausforderungen abzustecken.

Was muss man bei der Planung einer Veranstaltungsreihe mit einer Eingliederungseinrichtung wie der hier Beschriebenen beachten und welche Erkenntnisse sind nun auf andere Projekte potenziell übertragbar?

- Eine enge Absprache mit allen Ansprechpartner*innen und Museumsmitarbeiter*innen ist unerlässlich! So müssen mit den Ansprechpersonen aus der Einrichtung grundsätzliche Bedürfnisse der Teilnehmer*innen abgeklärt werden, wie z. B. Sitzmöglichkeiten bei höherem Alter oder Bewegungseinschränkungen. Die Teilnehmer*innen ermüdeten während der Führungen relativ schnell. Es ist ratsam, dass mehrere Begleitpersonen während der Vermittlung präsent sind. So waren die Treppen im Karl-Valentin-Musäum, trotz der körperlichen Einschränkungen einiger Teilnehmer*innen, dank dem hohen Betreuungsschlüssel kein Problem. Für den optimalen Ablauf müssen auch die Mitarbeiter*innen des Museums über die Bedürfnisse der Zielgruppe in Kenntnis gesetzt werden.

- Das nötige Know-How, Erfahrung, Flexibilität und Empathie ist bei dieser Zielgruppe besonders wichtig. Es ist notwendig, dass Vermittler*innen bereits fundierte Kenntnisse in der museumspädagogischen Arbeit mit Menschen mit besonderen Bedürfnissen vorweisen können. Vorteilhaft sind sozialpädagogische bzw. kunsttherapeutische Kenntnisse.

- Es können besondere Herausforderungen auftreten, wie etwa eine erhöhte Schamgrenze. Es ist wichtig, dass alle Begleitpersonen um die Themen wissen, welche sich anbieten und welche lieber nicht angeschnitten werden sollten. Im Allgemeinen ist bei solchen Gruppen eine erhöhte Aufmerksamkeit während der Veranstaltung notwendig. Das zeigt die Erfahrung während der Krippenführung im Bayerischen Nationalmuseum: der Vermittler wusste um die heikle Situation zur Weihnachtszeit und konnte so entsprechend reagieren, als die Gespräche auf die Familienthematik kam.

- Scheinbar kleine Gesten können anfängliche Barrieren abbauen und zu einer wohlwollenden Stimmung beitragen: Begrüßt wurden alle einzeln bei jedem Treffen mit einem Händedruck, einem wertschätzenden Willkommenszeichen. Viele dieser Personen müssen erst wieder ihren Platz in der Gesellschaft finden. Solche „Kleinigkeiten", wie ein Händedruck, ein Lächeln oder ein nettes Wort, können die Suche erleichtern.

- Es gilt zu beachten, dass, wenn die Gruppenkonstellation variiert, sich auch die Gruppendynamik erheblich ändern kann. Beim Besuch in der Pinakothek der Moderne nahmen auch drei Personen und eine Kunsttherapeutin aus einer anderen Einrichtung teil. Die Dynamik der Gruppe veränderte sich durch die neue Gruppenkonstellation.

- Es ist nicht ungewöhnlich, wenn sich jemand von der Gruppe während der Führung entfernt. So erkundete der Teilnehmer, der sich die Führung zum Thema „Indianer" im Museum Fünf Kontinente gewünscht hatte, den Raum selber. Allerdings schloss er sich nach kurzer Zeit interessiert der Gruppe wieder an.

- Die Dauer der Veranstaltung hängt vom Befinden der Teilnehmer*innen ab. Sie muss abgesprochen werden, besonders bei den ersten Führungen. Entgegen den anfänglichen Einschätzungen zeigte die Reihe, dass die Konzentrationsfähigkeit stieg, weil die Teilnehmer*innen motiviert waren. Je nach Vermittlungsgeschehen variierte die Zeit, welche die Gruppe vor den Exponaten im Ausstellungsraum verbrachte, und die Nachbesprechung, die verbal oder mit einer gestalterisch-praktischen Sequenz (oder manchmal auch gar nicht) stattfand.

- Nachbesprechungen, sowohl unter den Begleitpersonen als auch gemeinsam mit der Gruppe, fördern den Austausch und liefern Inputs für das weitere Vorgehen.

- Die beschriebenen Vorschläge zur kreativen Nachbereitung sollen nicht von museumspädagogischen Vermittler*innen allein durchgeführt werden, sondern bestenfalls von Kunsttherapeuten*Kunsttherapeutinnen geleitet werden. Kunsttherapeutische Expertise ist hier notwendig, um aufzufangen, was eventuell an persönlichen Themen bei den praktischen Arbeiten an das Tageslicht kommt.

- Hauptsächliche Ziele solcher Veranstaltungen sind die gesellschaftliche Teilhabe zu ermöglichen und persönliche Ressourcen zu aktivieren. Anhand unterschiedlichster Methoden lassen sich Zugänge dafür legen.[37]
- Was bei keinem Treffen fehlen darf: die nötige Portion Spaß![38]

Zum Schluss

Positiv ist der Eindruck, der die Museumsreihe hinterlässt: Dies drückte sich nicht zuletzt in dem Wunsch der Teilnehmer*innen aus, die Reihe stets fortzusetzen. Ihre Begeisterung äußerte sich u. a. im Vorhaben, an einem Sonntag, wenn der Eintritt nur einen Euro kostet, das Bayerische Nationalmuseum auf eigene Initiative zu besuchen. Sie schienen nach jedem Treffen ein bisschen selbstbewusster, offener, autonomer und belastbarer. Ihre Konzentrationsfähigkeit und Motivation wuchsen mit jedem Besuch, was die zunehmende Dauer der Führungen deutlich macht.

Rückblickend greifen bei der Museumsreihe die Grundsätze, die Werner Schlummer und Ute Schütte für die Bildungsarbeit für erwachsene Menschen mit geistiger Behinderung formuliert haben: Durch die museumspädagogische Führung im Museum wurde das Lernen zu einem besonderen Moment („Besonderheit des Lernens"). Das methodische Vorgehen bot durch einen handlungsorientierten Zugang zu den Objekten und Möglichkeiten an, einen Lebensbezug herzustellen („Lebensnähe und Lernen durch Handeln"). Die Teilnehmer*innen bekamen so die Möglichkeit, sinnliche Erfahrungen zu machen, zu kommunizieren und sich auszudrücken sowie mit anderen in Kontakt zu treten. Die Auswahl der Museen und Themen der Führung und Nachbereitung orientierten sich an den Bedürfnissen, Interessen und Wünsche der Bewohner*innen („Subjektorientierung und Individualisierung", „Prozessgeleitetes Vorgehen"). Die Zusammensetzung der Gruppe (erwachsene Personen aus der Kunsttherapiegruppe, die sich kennen und an Museen interessiert sind) und freiwillige Teilnahme trugen sicherlich zu zum positiven Verlauf der Reihe bei („Freiwilligkeit, Wahlmöglichkeit, Selbst- und Mitbestimmung"). Die Treffen fanden regelmäßig über einen bestimmten Zeitraum statt. Es war ein strukturierter Ablauf geboten und Bezugspersonen begleiteten die Gruppe („Zeit und Kontinuität"). Die Veranstaltungsreihe bestand aus zielgruppengerechten, methodisch abwechslungsreichen dialogischen Führungen und sah eine Nachbereitung in Form von Gesprächen und praktischer, kreativer Sequenzen vor („Erwachsenengemäße Ansprache"). Diese sollten nicht nur

---

37 Eine Vielfalt museumspädagogischer Methoden sind auf www.xponat.net aufgelistet und erklärt.
38 Diese Museumsreihe ist nicht wissenschaftlich evaluiert worden, die Erkenntnisse basieren auf den subjektiven Erfahrungswerten der Durchführenden und Beteiligten.

im Museum erfolgen, sondern nachhaltig in der Einrichtung fortgeführt und vertieft werden. Das Erlebnis und die Erfahrung der Treffen wirkten ressourcenaktivierend sowie selbststärkend und konnten bestenfalls für andere Situationen genutzt werden („Ganzheitlich-integratives Prinzip").[39] Alle Treffen der Reihe kennzeichneten schöne Momente, die wertschätzend und anerkennend waren.[40]

Mit solchen Reihen wird nicht nur die soziale und kulturelle Teilhabe der Bewohner*innen von sozialen Einrichtungen ermöglicht, sondern auch ein Format geboten, das die Einrichtung unterstützen soll, um weiter mit den erlebten museumspädagogischen Führungen zu arbeiten, deren Wirkungen wahrzunehmen und die angestoßenen Themen sowie Aspekte zu nutzen, zu festigen bzw. auszubauen.[41]

Gemäß dem afrikanischen Sprichwort „Wenn Du schnell gehen willst, gehe alleine. Wenn Du weit kommen willst, dann mußt du mit anderen zusammen gehen"[42], speisen sich die Museumsbesuche aus fachwissenschaftlichen, museumspädagogischen sowie kunsttherapeutischen Ansätzen und aus der Kompetenz vieler Mitwirkenden. Das Ziel lautet: für Menschen mit besonderen Bedürfnissen positive Erfahrungen – ob persönlich oder gesellschaftlich – zu ermöglichen. Die Besuche zeigen sich nicht nur für den Moment positiv, sondern wirken auch nachhaltig, wenn man daran anknüpft. Unter dem Strich lässt sich festhalten: Durch die Zusammenarbeit von kulturellem und sozialem Bereich ergeben sich auf lange Sicht viele Möglichkeiten, die danach rufen gefunden und genutzt zu werden. Lasst uns gemeinsam ins Museum gehen!

39 Die einzelnen Punkte nach Schlummer und Schütte sind in den Klammern aufgelistet. Schlummer, Werner/Schütte, Ute: Mitwirkung von Menschen mit geistiger Behinderung, München 2006, S. 157, zit. nach: Schlummer, Werner: Museum inklusive. Herausforderungen für die Erwachsenenbildung für und mit Menschen mit geistiger Behinderung, in: Maul, Bärbel/Röhlke, Cornelia (Hg.): Museum und Inklusion. Kreative Wege zur kulturellen Teilhabe, Bielefeld 2019, S. 17–32, hier S. 24–25.
40 Das MPZ setzt sich für eine gesellschaftliche Diskussionskultur ein, die sich durch Offenheit, Toleranz, Respekt und Wertschätzung auszeichnet. Vgl. MPZ: Leitbild. Wofür. Wofür wir stehen, URL: https://www.mpz-bayern.de/das-mpz/leitbild/leitbild.html, zuletzt aufgerufen am: 03.02.2020.
41 Die Führungen sind ein museumspädagogisches Angebot, kein kunsttherapeutisches. Die Praxis zeigt allerdings, dass kunstpädagogische und kunsttherapeutische Wirkfaktoren nicht immer klar voneinander abzugrenzen sind. Zur Vertiefung des Themas: Insbesondere die Beiträge von Gunter Otto und Karin-Sophie Richter-Reichenbach, in: Wichelhaus, Barbara (Hg.): Kunsttheorie, Kunstpsychologie. Kunsttherapie. Festschrift für Hans-Günther Richter zum 60. Geburtstag, Berlin 1993; Fritsche, Jürgen: Der schöpferische Prozess in Kunst, Kunsttherapie und Kunstpädagogik. Das Künstlerische als Katalysator in der Persönlichkeitsbildung, München 2016 und Seiler, Brigitte: Wirkfaktoren in Kunsttherapie und Kunstpädagogik: ein Vergleich, in: Kunst & Therapie. Zeitschrift für bildnerische Therapien. Kunsttherapeutische Ausstellungspraxis I Jahresband Juli (2019), S. 107–119.
42 Zitat aus Afrika, URL: https://www.aphorismen.de/zitat/144019, zuletzt aufgerufen am: 03.02.2020.

LITERATUR

Beauftragte der Bundesregierung für die Belange von Menschen mit Behinderung: UN-Behindertenrechtskonvention, Januar 2017, URL: https://www.behindertenbeauftragte. de/SharedDocs/Publikationen/UN_Konvention_deutsch.pdf?__blob=publicationFile&v=2, S. 4, zuletzt aufgerufen am: 03.02.2020.
Deutscher Museumsbund e.V. gemeinsam mit ICOM-Deutschland (Hg.): Standards für Museen, 3. Auflage, Berlin 2011.
Dreier, Michaela: Skript zu „Ritual und Archetypen", Methodenseminar, 02.–03.07.2016, APAKT München, Übung vom 03.07.2016 (nicht veröffentlicht).
Fritsche, Jürgen: Der schöpferische Prozess in Kunst, Kunsttherapie und Kunstpädagogik. Das Künstlerische als Katalysator in der Persönlichkeitsbildung, München 2016.
Ganß, Michael/Kastner, Sybille/Sinapius, Peter: Kunstvermittlung für Menschen mit Demenz. Kernpunkte einer Didaktik, in: Jahn, Hannes (Hg.): Transformation, Bd. 2, Berlin/Hamburg 2016.
Kirchner, Constanze: Kinder und Kunst der Gegenwart. Zur Erfahrung mit zeitgenössischer Kunst in der Grundschule, 2. Auflage, Frankfurt a. M. 2001.
Pöppel, Sonja: Das therapeutische Potenzial der Kunstrezeption, Berlin 2015.
Rudnicki, Gabi: Erste Begegnung: Was ist museumspädagogisches Handeln? Eine Bilanz aus der Praxis, in: Czech, Alfred/Kirmeier, Josef/Sgoff, Brigitte (Hg.): Museumspädagogik. Ein Handbuch. Grundlagen und Hilfen für die Praxis, Schwalbach/Ts. 2014, S. 60–71.
Sarbia, Karolina: Traut euren Augen! Traut euren Empfindungen! Neue Wege der Kunstwahrnehmung, in: Spreti, Flora von/Martius, Philipp/Steger, Florian (Hg.): KunstTherapie. Wirkung – Handwerk – Praxis, Stuttgart 2018, S. 257–267.
Schlummer, Werner/Schütte, Ute: Mitwirkung von Menschen mit geistiger Behinderung, München 2006.
Schlummer, Werner: Museum inklusive. Herausforderungen für die Erwachsenenbildung für und mit Menschen mit geistiger Behinderung, in: Maul, Bärbel/Röhlke, Cornelia (Hg.): Museum und Inklusion. Kreative Wege zur kulturellen Teilhabe, Bielefeld 2019, S. 17–32.
Seiler, Brigitte: Wirkfaktoren in Kunsttherapie und Kunstpädagogik: ein Vergleich, in: Kunst & Therapie. Zeitschrift für bildnerische Therapien. Kunsttherapeutische Ausstellungspraxis I Jahresband Juli (2019), S. 107–119.
Treptow, Rainer: Hand in Hand. Soziale Arbeit und Kulturelle Bildung, in: KULTURELLE BILDUNG ONLINE 2016, URL: https://www.kubi-online.de/artikel/hand-hand-soziale-arbeit-kulturelle-bildung, zuletzt aufgerufen am: 03.02.2020.
Trüg, Erich/Kersten, Marianne: Praxis der Kunsttherapie. Arbeitsmaterialien und Techniken, 3. Auflage, Stuttgart 2013.
Wichelhaus, Barbara (Hg.): Kunsttheorie, Kunstpsychologie. Kunsttherapie. Festschrift für Hans-Günther Richter zum 60. Geburtstag, Berlin 1993.

Inklusive Führungen für Hörgeschädigte im Museum – Chancen und Umsetzungsmöglichkeiten

Miriam Krauß

Im Jahr 2009 verpflichtete sich die Bundesrepublik mit der Ratifizierung der UN-Behindertenrechtskonvention (UN-BRK) Maßnahmen einzuleiten, um inklusive Bestrebungen in Deutschland umzusetzen. Inklusion bedeutet, eine gleichwertige Teilhabe aller Menschen in der Gesellschaft zu ermöglichen.[1] Die UN-BRK fordert deshalb, dass auch Menschen mit Behinderung von Anfang an in selbstbestimmter Weise an allen gesellschaftlichen Bereichen teilhaben können. Es ist die Aufgabe der Gesellschaft, Strukturen zu etablieren, die es allen Menschen erlauben, sich barrierefrei in ihr zu bewegen.[2] Für den Bildungsbereich bedeutet das nach Artikel 24 und 30, einen uneingeschränkten Zugang zu Bildungseinrichtungen zu schaffen, um ein lebenslanges Lernen möglich zu machen. Eine Umgestaltung des Gemeinwesens ist die Folge, da dieses nach derzeitigem Stand nicht vollständig barrierefrei ist. Auch Museen stehen vor der Aufgabe, ihr Angebot im Zuge der Inklusion so umzugestalten, dass eine gleichberechtigte Teilhabe aller Menschen garantiert werden kann. Es stellt sich demnach die Frage, wie die pädagogischen Aufgabenfelder in Museen zukünftig zu gestalten sind, um dies zu ermöglichen. Auch wenn der Inklusionsbegriff auf alle Menschen einer Gesellschaft abzielt, ist er in Bezug auf Menschen mit Behinderung besonders populär und findet in diesem Zusammenhang häufige Verwendung.[3] Interdisziplinäre Zusammenarbeit ist bei der Umsetzung von inklusiven Maßnahmen für Menschen mit Behinderung von großer Bedeutung. Der Sonderpädagogik wird die Aufgabe zuteil, die Besonderheiten und Bedürfnisse der verschiedenen Förderschwerpunkte zu vermitteln.[4] Im Bereich der Hörgeschädigtenpädagogik bedarf es hierbei keiner eigenen ‚inklusiven Didaktik', wohl aber einer Anpassung grundlegender Maßnahmen an die kommunikativen Kompetenzen und individuellen Bedürfnisse.[5]

<hr>

1   Fischer, Erhard et al.: Vorwort der Reihenherausgeber, in: Leonhardt, Annette (Hg.): Inklusion im Förderschwerpunkt Hören, Stuttgart 2018, S. 5.

2   Schöb, Andrea: Definition Inklusion, 2013, o.S.. URL: http://inklusion-schule.info/inklusion/definition-inklusion.html, zuletzt aufgerufen am 02.05.2021.

3   Praetor Intermedia UG 2019, Bildung. URL: https://www.behindertenrechtskonvention.info/inklusion-3693/, zuletzt aufgerufen am 05.02.2021.

4   Kaul, Thomas: Der Hörgeschädigtenpädagoge als Experte, in: Leonhardt, Annette (Hg.): Inklusion im Förderschwerpunkt Hören, Stuttgart 2018a, S. 51ff.

5   Pospischil, Melanie: Didaktisch-methodische Grundlagen, in: Leonhardt, Annette (Hg.): Inklusion im Förderschwerpunkt Hören, Stuttgart 2018a, S. 157.

Personenkreis der Hörgeschädigten und Auswirkungen einer Hörschädigung

In welchem Maß eine Hörschädigung die Beziehung zwischen Umwelt und Individuum beeinträchtigt, wird meist unterschätzt. Die Tragweite eines eingeschränkten Hörvermögens ist jedoch enorm, da die Kommunikation mit der Umwelt nicht ungehindert ablaufen kann. Die Bezeichnung ‚hörgeschädigt' fasst eine Vielzahl an Störungen des gesamten Hörorgans zusammen. Inwiefern sich die Hörschädigung auswirkt, ist abhängig von dem Schweregrad der Ausprägung, dem Zeitpunkt des Eintretens und dem subjektiven Erleben. Hörgeschädigt zu sein kann deshalb mit der Individualität eines Fingerabdrucks verglichen werden und zeigt verschiedenste Ausprägungen und Entwicklungsverläufe auf, die kaum vergleichbar sind. Grundsätzlich kann die Gruppe der Hörgeschädigten jedoch nach der Art des Hörschadens in Haupt- und Subgruppen hierarchisch untergliedert werden. Die zwei Hauptgruppen bilden die peripher und zentral Hörgeschädigten. Bei Menschen mit einer zentralen Hörschädigung liegt eine Auditive Verarbeitungs- und Wahrnehmungsstörung (AVWS) vor, während zu den peripher hörgeschädigten Personen Schwerhörige, Gehörlose, Cochlear Implantat Träger (CI-Träger), Ertaubte und einseitig Hörgeschädigte gehören. Einen Überblick über die Zuteilung verschiedenster Hörschädigungen gibt Abbildung 1. Diese orientiert sich an der Einteilung von Leonhardt (2019).

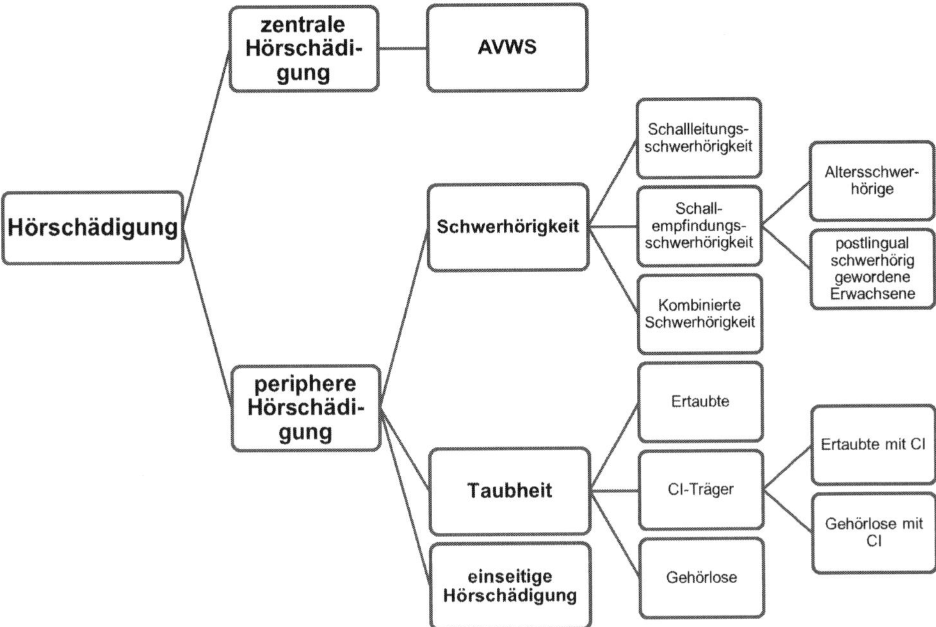

Abb. 1: Übersicht über die Arten von Hörschädigungen

Es bleibt jedoch zu berücksichtigen, dass die Einteilung trotzdem keine Aussage über das subjektive Empfinden der Hörschädigung zulässt, sondern auf objektiven, medizinischen Faktoren beruht. Inwiefern sich eine Hörschädigung bei der Person konkret auswirkt, ist und bleibt individuell.[6]

Arbeit mit Hörgeschädigten im Museum

Museumspädagogik setzt sich zum Ziel, Vermittlungsarbeit zu leisten. Dabei soll vor allem zielgruppen-, methoden- und handlungsorientiert gearbeitet werden und neben der geleisteten Personalbetreuung auch ein gutes Verhältnis zwischen Wissensvermittlung, Wahrnehmungsförderung und Spaß hergestellt werden.[7] Die Methodik muss dabei sowohl zum angesprochenen Personenkreis als auch zum Museum, der Veranstaltung und dem Exponat passen. Die Methoden sind demnach „keine einfachen Rezepte [...], die auf jede Situation unverändert anwendbar sind",[8] sondern müssen an die Besuchergruppe und den Inhalt der Führung stark angepasst werden.[9] Dabei sollen die Objekte für alle Teilnehmer*innen erkennbar, erspürbar und erfahrbar gemacht werden.[10] Die angemessene Vermittlung von Inhalten bildet dementsprechend den Hauptaspekt der Museumspädagogik, wobei die Zielgruppen- und Besucherorientierung im Vordergrund steht. Nur so kann allen Menschen eine gleichberechtigte Teilhabe am kulturellen Erbe ermöglicht werden.[11]

Herausforderungen und Methoden in der Arbeit mit Hörgeschädigten im Museum

Die spezifischen Maßnahmen der Hörgeschädigtendidaktik fokussieren besonders eine gelingende Kommunikation zwischen der hörenden und hörgeschädigten Umwelt. Die Schwerpunkte bilden dabei die optischen und akustischen Rahmenbedingungen einerseits und die sogenannten Unterrichtsprinzipien, die insbesondere im Unterricht mit Hörgeschädigten Anwendung finden, andererseits.[12] Unterrichtsprinzipien sind

---

6 Leonhardt, Annette: Grundwissen Hörgeschädigtenpädagogik, 4. Auflage, München 2019, S. 13-21.

7 Czech, Alfred: Führung – Führungsgespräch – Dialog, in: Czech, Alfred/Kirmeier, Josef/Sgoff, Brigitte (Hg.): Museumspädagogik ein Handbuch, Wiesbaden 2014, S. 230.

8 Dreykorn, Monika/Wagner, Ernst: Erprobte Methoden. Einleitung, in: Wagner, Ernst (Hg.): Museum, Schule, Bildung, München 2007, S. 160.

9 Weschenfelder, Klaus/Zacharias, Wolfgang: Handbuch Museumspädagogik: Orientierungen und Methoden für die Praxis, 3. Auflage, Düsseldorf 1992, S. 190.

10 Deutscher Museumsbund e.V. und Bundesverband Museumspädagogik (DMB/BVMP): Qualitätskriterien für Museen: Bildungs- und Vermittlungsarbeit, Berlin 2008, S. 6.

11 Bundesverband für Museumspädagogik: BVMP Flyer. URL: https://www.museumspaedagogik.org/fileadmin/user_upload/BVMP-Flyer_30_01_18.pdf, zuletzt aufgerufen am 02.05.2021.

12 Pospischil 2018a, S. 157.

handlungsleitende Grundsätze, die die Begegnung zwischen Gegenstand und Individuum möglichst effektiv gestalten sollen.[13] Passende Bedingungen und Prinzipien können den Betroffenen entlasten und so eine gelungene Teilhabe ermöglichen.[14]

Akustische Bedingungen

Die Möglichkeit zu hören ist hochgradig abhängig von der vorliegenden Raumakustik.[15] Schlechte akustische Bedingungen können sich je nach Art und Ausmaß der Hörschädigung gravierend auf die Situation des Betroffenen auswirken. Aus diesem Grund sollten die räumlichen Gegebenheiten bei einer Führung mit Hörgeschädigten möglichst gut angepasst werden. Drei Faktoren sind für die Aufnahme von akustischen Reizen von besonderer Bedeutung: Störschall, Nachhall und Distanz sowie Raumgröße.

In einem geschlossenen Raum nimmt die Lautstärke des Sprachsignals mit der Distanz zwischen Sprecher und Zuhörer kontinuierlich ab. Der Nachhall hingegen nimmt mit der Größe des Raumes zu, während der umgebende Störschall gleich stark bleibt. Folglich wird mit zunehmender Distanz zwischen Sprecher und Zuhörer das Verstehen des Nutzschalls reduziert, während Umgebungsgeräusche und Nachhall das Gesagte übertönen können.[16] Deshalb sollten insbesondere in großen Räumen mit hohen Decken sowohl aktiv produzierter Störschall als auch mögliche Nebengeräusche auf ein Minimum begrenzt sowie der Abstand zwischen Sprecher und Zuhörer verringert werden, um einen passablen Höreindruck trotz schlechter akustischer Bedingungen zu ermöglichen. Zusätzlich können räumliche Veränderungen, wie das Verlegen eines Teppichs oder der Einbau schallschluckender Wände, eingeleitet werden. Die baulichen Gegebenheiten können insbesondere im Museum meist nicht verändert werden. Deshalb ist es besonders wichtig, die ‚Museumsroute' an die Bedürfnisse der geführten Gruppe anzupassen und gegebenenfalls ähnliche Realien an Orten mit besseren akustischen Bedingungen vorzuziehen.[17] Dafür müssen sowohl Informationen über die geführte Personengruppe als auch über die gängige Museumsroute vorliegen.

---

13 Vötterle, 2007, S. 4.

14 Pospischil, Melanie: Verstehen ermöglichen, in: Leonhardt, Annette (Hg.): Inklusion im Förderschwerpunkt Hören, Stuttgart 2018b, S. 159.

15 Leonhardt, Annette, Didaktik des Unterrichts für Gehörlose und Schwerhörige, Berlin 1996, S. 26.

16 Gräfen, Claudia/Pospischil, Melanie: Sächliche Ressourcen, in: Leonhardt, Annette (Hg.): Inklusion im Förderschwerpunkt Hören, Stuttgart 2018, S. 130f.

17 Hermann, Daniela: Menschen mit Hörschädigung? Kein Problem! Eine Handreichung für Museumspädagogen, München 2018, S. 41.

Optische Bedingungen

Um den lückenhaften akustischen Eindruck zu ergänzen, nehmen Hörgeschädigte verstärkt Informationen zur Hilfe, die sie sehen können. Eine besondere Rolle spielt hierbei das sogenannte Absehen. Darunter versteht man die Verwendung der Sprechbewegungen als Zusatzinformation, um das Gesprochene zu verstehen. Es bleibt allerdings zu berücksichtigen, dass das Absehen zwar eine Kompensationsmöglichkeit, aber kein Ersatzsystem darstellt. Auch der visuelle Eindruck bleibt – wie der akustische – stets lückenhaft und bildet nur etwa 30% der Laute ab. Aus diesem Grund kann das Absehen lediglich als Ergänzung genutzt werden.[18] Allerdings kann es durch folgende Faktoren begünstigt werden: Blick- oder Absehwinkel, Sichtbarkeit des Mundbildes, Abstand und Lichtverhältnisse.

Der Blickwinkel, auf dem sich die Kommunikationspartner begegnen, ist entscheidend für das Absehbild. Dabei ist zunächst zu beachten, dass der Hörgeschädigte die Möglichkeit hat, das Mundbild überhaupt zu sehen. Deswegen müssen die Museumspädagog*innen ihren Blick während des Gesprächs unbedingt zu den Teilnehmer*innen richten. Darüber hinaus sollte das Mundbild nicht durch übergroße Schals, Hände vor dem Mund oder Ähnlichem verborgen werden. Nur so bleibt die Möglichkeit, die visuelle Information zu nutzen, erhalten.

Wenn sich die Gesichter von Sprecher*in und Zuhörer*in auf derselben Ebene befinden, begünstigt dies den Absehwinkel und das Mundbild kann ohne Verzerrungen wahrgenommen werden. Sollten bei einer Führung die Teilnehmer*innen dazu aufgefordert werden, sich zu setzen, sollten sich deshalb auch die Museumspädagog*innen setzen. Zusätzlich begünstigt eine halbkreisförmige Anordnung der Besucher*innen die Absehbedingungen. Der optimale Abstand zwischen Sprecher*in und Zuhörer*in beträgt dabei 0,5 – 3,5 Meter.

In Museen wird aus konservatorischen Gründen häufig der Raum leicht abgedunkelt, sodass Gemälde nicht ausbleichen. Sind die Räumlichkeiten allerdings zu dunkel oder liegt das Gesicht des Referenten im Schatten, wird der ohnehin schon geringe absehbare Teil weiter reduziert. Auch zu grelle Beleuchtung kann sich negativ auf das Absehen auswirken, da durch zu helles Licht die Plastizität des Gesichtes verloren geht. Aus diesem Grund sollten Museumspädagog*innen nie mit dem Rücken zum Licht oder Fenster stehen, da der Hörgeschädigte in diesem Fall geblendet werden kann. Ähnlich wie bei den akustischen Bedingungen ist es demzufolge von Bedeutung, gut ausgeleuchtete Räumlichkeiten während der Führung auszuwählen und

---

18 Leonhardt, Annette/Ludwig, Kirsten: Kommunikation, in: Leonhardt, Annette (Hg.): Inklusion im Förderschwerpunkt Hören, Stuttgart 2018, S. 34ff.

geeignete Plätze zum Austausch über die Museumsinhalte ausfindig zu machen. Die ‚Museumsroute' sollte ebenfalls an die optischen Bedingungen angepasst werden.[19]

Visualisierungen

Visualisierungen bestimmter Sachverhalte dienen in der Hörgeschädigtenpädagogik sowohl der Informationsübermittlung als auch der Verständnissicherung. Etwas zu visualisieren bedeutet, den Inhalt für die Partizipierenden sichtbar zu machen und die Zusammenhänge möglichst anschaulich darzustellen. Hauptziel ist es, alle essentiellen Inhalte visuell zu fixieren, um der Flüchtigkeit des Höreindrucks entgegenzuwirken und dem Hörgeschädigten so eine aktive Teilhabe zu ermöglichen. Zu Visualisierungen zählen neben der Darstellung des Sachverhalts durch Realgegenstände auch grafische oder schriftliche Umsetzungen der wichtigsten Inhalte.[20] Es werden grundsätzlich drei Arten von Anschauung unterschieden:

- unmittelbar (Wirklichkeitsbegegnung)
- mittelbar direkt (die Wirklichkeit wird durch ein Medium ersetzt)
- indirekte Anschauung (Symbol, das für das Medium steht, Aufbau mentaler Repräsentationen)[21]

Grundsätzlich gilt, dass für die Begriffsbildung eine unmittelbare Begegnung am gewinnbringendsten ist. Aus diesem Grund eignet sich das Museum optimal für die Begriffsbildung bei Hörgeschädigten, da entweder der Realgegenstand oder ein die Wirklichkeit abbildendes, reales Medium stets vorhanden ist. Dieser Aspekt macht das Museum für die Bildung von Hörgeschädigten besonders wertvoll.

Sprache

Da die Museumspädagog*innen bei der Vermittlung des Inhaltes die Hauptverantwortung tragen und eine Museumsführung zum größten Teil aus verbaler Darbietung besteht, ist der Umgang mit der eigenen Sprache entscheidend für die hörgeschädigten Teilnehmer*innen. Verbale und nonverbale Kommunikation sind dabei gleich wichtig. Die Art und Weise, wie der*die Sprechende sich ausdrückt, kann die Sprachperzeption unterstützen oder hemmen.[22] Eine klare Sprache, die durch langsames und deutliches,

---

19 Hermann 2018, S. 28; Leonhardt, Annette, Didaktik des Unterrichts für Gehörlose und Schwerhörige, Berlin 1996, S. 28ff.
20 Pospischil 2018b, S. 162f.
21 Leonhardt, Annette, Didaktik des Unterrichts für Gehörlose und Schwerhörige, Berlin 1996, S. 115.
22 Leonhardt, Annette, Didaktik des Unterrichts für Gehörlose und Schwerhörige, Berlin 1996, S. 31f.

aber nicht überartikuliertes Sprechen gekennzeichnet ist, ist von besonderer Bedeutung. Auch die Lautstärke sollte sich in normalen Bereichen bewegen und der Sprachpegel nicht, wie oft fälschlicherweise angenommen, angehoben werden. Geben die Richtlinien des Museums vor, den Schallpegel so gering wie möglich zu halten, ist es umso wichtiger, zusätzlich technische Hilfsmittel zu verwenden. Zudem sollte der verbale Input grundsätzlich auf das Minimum begrenzt, an das sprachliche Niveau der Führungsgruppe angepasst und vorwiegend in kurzen Hauptsätzen formuliert sein. Auch sollte eine klare Struktur des Redebeitrages ersichtlich sein sowie Fremdwörter reduziert werden, um den Hörgeschädigten das Verstehen zu erleichtern. Sprachfreie Mittel wie Mimik und Gestik bekräftigen und entlasten den verbalen Input.[23]

Die Anpassung des individuellen verbalen Ausdrucks bedarf einiger Erfahrung und muss zusätzlich auch spontan auf die Bedürfnisse der Teilnehmer angepasst werden. Dafür sind eine hohe Kompetenz und Flexibilität von Nöten, die durch Selbstreflexion und Übung sowie korrektives Feedback durch andere entwickelt werden muss.

Weitere Strategien

Während der Führung mit einer hörgeschädigten Gruppe gibt es weitere didaktische Maßnahmen, die Museumspädagog*innen beachten können, um sie für die Teilnehmer*innen möglichst optimal zu gestalten.

Handlungsorientierte Führungen können von Hörgeschädigten leichter verstanden werden. Das liegt zum einen daran, dass die Aufmerksamkeitsspanne durch den kontinuierlichen Methodenwechsel länger erhalten bleibt. Zum anderen werden die Teilnehmer*innen aktiv handelnd in das Geschehen eingebunden und bekommen somit die Möglichkeit, den Inhalt selbstständig zu reflektieren und ihn durch mehrere Sinne zu verinnerlichen.[24] Sollte die Aufmerksamkeitsspanne dennoch nachlassen, ist es bereits im Vorfeld, aber auch während der Führung sinnvoll, sogenannte Hörpausen einzuplanen, um die auditive Verarbeitung zu entlasten und eine Hörermüdung zu vermeiden. Hörpausen während einer Führung können vielfältig gestaltet werden. Nach einer überwiegend verbalen Sequenz sollte eine Stillarbeitsphase eingebaut werden oder den Teilnehmer*innen die Möglichkeit gegeben werden, den Gegenstand ‚in Ruhe' zu betrachten. Aber auch der Wechsel von Objekt zu Objekt kann, abhängig von den baulichen Gegebenheiten, bereits eine Hörentlastung darstellen. Sind sich die Museumspädagog*innen unsicher, ob der Inhalt verstanden wurde, kann das Verständnis beispielsweise durch Zusammenfassungen der Teilnehmer*innen

---

23 Hermann 2018, S. 20.
24 Stecher, Markus: Guter Unterricht bei Schülern mit einer Hörschädigung, Heidelberg 2011, S. 37f.

überprüft werden. Zudem sollte nach etwa zwei Minuten verbaler Erläuterung nachgefragt werden, ob die Sprache verständlich ist. Daraufhin kann die Intonation, Lautstärke oder Geschwindigkeit gegebenenfalls angepasst werden.

Ein rein auf das Zuhören ausgelegter Vortrag kann ohne Struktur schnell zur Orientierungslosigkeit und Unverständlichkeit führen. Wortkarten, Zusammenfassungen durch Museumspädagog*in oder Teilnehmer*innen und Wiederholungen bieten eine leicht umsetzbare Möglichkeit, um den Vortrag übersichtlicher zu gestalten und das Verständnis abzusichern. Zudem sollte vorab eine klare Gliederung der Museumsführung gegeben werden und die Themenangabe plausibel vermittelt worden sein. Zahlreiche Visualisierungen runden das Führungsangebot ab.

Hörgeschädigte verfügen im Vergleich zu gleichaltrigen Hörenden meist über einen geringeren Wortschatz und zum Teil auch reduziertes Weltwissen. Dies ist darauf zurückzuführen, dass sie Sprache und Umwelt im Gegensatz zu hörenden Menschen weniger gut beiläufig wahrnehmen können. Da Wortschatz und Wissen in aktiven Lernphasen erworben werden muss, kann es sich nicht permanent nebenbei entwickeln. Daraus resultiert die Notwendigkeit, Vorwissen im Vorfeld abzufragen und gegebenenfalls zu ergänzen. Dies bezieht sich sowohl auf den führungsspezifischen Wortschatz als auch auf notwendiges Grundwissen und Zusammenhänge zwischen verschiedenen Aspekten.[25]

Technische Hilfsmittel

Wie bereits erläutert, können die akustischen Rahmenbedingungen eines Museums nur schwer verändert werden. Dennoch ist die unmittelbare Begegnung mit der Realie von größter Bedeutung für die Vermittlung der Inhalte und erhält in diesem Fall die Priorität. Technische Hilfsmittel wie beispielsweise eine Übertragungsanlage können dabei helfen, das Verstehen trotz schlechter akustischer Rahmenbedingungen zu erleichtern. Sie ermöglichen einer hörgeschädigten Person, ihren Gesprächspartner*innen auch bei lauten Umgebungsgeräuschen oder über eine weitere Distanz hinweg zu verstehen. Der*Die Sprechende trägt dafür eine Sendereinheit mit Mikrofon, welches das Gesagte aufnimmt, direkt vom Sender auf die individuelle Hörhilfe der Empfänger*innen überträgt und dort verstärkt. Die verbalen Informationen können folglich über eine größere Distanz ohne Lautstärkeverlust und unter Ausblendung von Störschall weitergeleitet werden. Viele Hörgeschädigte nutzen die drahtlosen Übertragungsanlagen in der Schule aber auch im Privatleben und sind im Besitz eines Exemplars, mit dessen Umgang sie vertraut sind. Für Museumspädagog*innen

---

25 Pospischil 2018b, S. 159ff.

besteht die Chance bereits beim Buchungsprozess auf ungünstige akustische Bedingungen hinzuweisen und die Möglichkeit aufzuzeigen, eine eigene Übertragungsanlage mitzubringen.[26]

Einige Museen sind im Besitz einer Übertragungsanlage, die von den Museumspädagog*innen bei Führungen verwendet werden kann. Allerdings sind diese meist an Übertragungseinheiten mit Kopfhörern gekoppelt und lassen sich nicht mit Hörgeräten verbinden. Dennoch ist der Einsatz dieser für Menschen mit einer AVWS sinnvoll.[27]

Gebärdensprachdolmetscher

Ein Großteil der Hörgeschädigten ist in der Lage, Lautsprache als Kommunikationsmittel zu verwenden. Es kann jedoch vorkommen, dass Teilnehmer*innen auf die Deutsche Gebärdensprache (DGS) oder Lautsprachbegleitende Gebärden (LBG) angewiesen sind, um kommunizieren zu können. Museumspädagog*innen sind in der Regel nicht fähig, DGS oder LBG zu verwenden. Durch den Einsatz von Gebärdensprachdolmetschern kann die vorliegende sprachliche Barriere abgebaut werden. Die Dolmetscher übersetzen die Lautsprache möglichst detailgetreu in Gebärden und die Gebärden der Teilnehmer*innen in Lautsprache. So entsteht die Möglichkeit, dass sich Museumspädagog*innen voll und ganz auf die Führung konzentrieren können und sprachliche Barrieren die Teilnahme von Gehörlosen nicht verhindern. Die Finanzierung erfolgt in Deutschland personenbezogen und stellt eine Form des Nachteilsausgleichs dar. Sie muss folglich nicht vom Museum getragen werden.[28]

Interdisziplinäre Zusammenarbeit

Auch wenn die erläuterten Strategien erlernt und die soeben vorgestellten Hilfsmittel gegeben sind, sind die individuellen Bedürfnisse des Hörgeschädigten bei jeder einzelnen Führung unterschiedlich. Um den Anforderungen gerecht zu werden, müssen sich Museumspädagog*innen im Vorfeld eingehend über die Bedürfnisse der Gruppe oder des Einzelnen sowie die Maßnahmen informieren, die getroffen werden sollten. Hörgeschädigtenpädagog*innen, die mit der Gruppe bereits vertraut sind, besitzen ein differenziertes Wissen über die jeweiligen Entwicklungs- und Lernvoraussetzungen. Deshalb können sie in der Vorbereitung und während der Führung eine unterstützende und beratende Funktion übernehmen. Hierzu gehören zum einen die

---

26 Gräfen, Claudia/Pospischil, Melanie: Sächliche Ressourcen, in: Leonhardt, Annette (Hg.): Inklusion im Förderschwerpunkt Hören, Stuttgart 2018, S. 126; Hermann 2018, S. 56f.

27 Hermann 2018, S. 56f.

28 Kaul, Thomas: Einsatz von Gebärdensprachdolmetschern im Unterricht der allgemeinen Schule, in: Leonhardt, Annette (Hg.): Inklusion im Förderschwerpunkt Hören, Stuttgart 2018b, S. 180f.

Abstimmung der technischen Hörhilfen und die Organisation von Gebärdensprachdolmetscher*innen, zum anderen aber auch das Informieren über die zu führende Gruppe.[29] Durch die Hörgeschädigtenpädagog*innen ist es möglich, die Führung in interdisziplinärer Zusammenarbeit im Vorfeld zu adaptieren und während der Durchführung unterstützend zu interagieren, um den Bedürfnissen der Gruppe gerecht zu werden. Dies kann auch für Museumspädagog*innen entlastend sein und einen reibungslosen Ablauf ermöglichen. Zusätzlich können Hörgeschädigtenpädagog*innen das Museum als Institution, unabhängig von der Gruppe, zu Fragen der Barrierefreiheit für Hörgeschädigte beraten.

Chancen

Insbesondere für Hörgeschädigte ist das Museum ein besonders wertvoller Lernort und kann eine Chance zum lebenslangen und vielseitigen Lernen darstellen.

Wie bereits angemerkt, verfügen Hörgeschädigte meist über ein im Vergleich zu Normalhörenden reduzierten Wortschatz, da Informationen nicht passiv, sondern nur in aktiver Auseinandersetzung erworben werden können. Um einen Begriff im Gedächtnis zu festigen, benötigen Hörgeschädigte im besonderen Maße die direkte Veranschaulichung von Informationen, die sich mit dem wahrgenommenen, unter Umständen lückenhaften Höreindruck verknüpfen lassen. Die Veranschaulichung sollte sich dabei im Idealfall nicht nur auf einen visuellen Eindruck beschränken, sondern mit mehreren Sinnen erfasst werden. Umso mehr Verknüpfungen verschiedenster Art mit einem Begriff entstehen, desto schneller und sicherer kann dieser zukünftig abgerufen werden.[30]

Im Museum findet ein realer Kontakt mit dem Original statt. Das bedeutet, dass eine unmittelbare Anschauung stattfinden kann. Im Gegensatz zur schulischen Arbeitsweise, bei der das Vermitteln eines Gesamtkonzepts der Thematik fokussiert wird, steht bei einem Museumsbesuch das Erleben der Realie und die Vermittlung eines tiefgreifenden Wissens über diese im Vordergrund.[31] Besucht der*die Hörgeschädigte das Museum nicht nur regulär, sondern nimmt an einer museumspädagogischen Führung teil, werden meist neben der inhaltlichen Erschließung auch das Arbeiten mit allen Sinnen, durch den Einbezug verschiedenster Methoden angesprochen. Neben dem Riechen, Schmecken, Hören, Fühlen und Sehen geht es in der museumspädagogischen

---

29 Kaul 2018a, S. 55f.
30 Leonhardt, Annette: Didaktik des Unterrichts für Gehörlose und Schwerhörige, Berlin 1996, S. 114.
31 Kolb, Peter: Museum und Schule, in: Czech, Alfred, Kirmeier, Josef und Sgoff, Brigitte (Hg.):
Museumspädagogik ein Handbuch, Wiesbaden 2014, S. 111.

Arbeit auch um das Experimentieren, Diskutieren und Reflektieren.[32] Diese aktive, ganzheitliche und praxisnahe Auseinandersetzung mit dem Realgegenstand kann sich positiv auf die innere Begriffsbildung des*der Hörgeschädigten auswirken.

Neben Chancen, die das Museum primär für Hörgeschädigte bietet, gibt es zusätzlich weitere Faktoren, die für Normalhörende und Hörgeschädigte gleichsam positive Auswirkungen in Bezug auf die lebenslange Bildung haben.

Bei einem Museumsbesuch wird neben dem vermittelten inhaltlichen Wissen auch das sogenannte episodische Wissen aufgebaut. Dieses ‚Erlebniswissen' wird im Gedächtnis wesentlich dominanter repräsentiert als das semantische, was einen Museumsbesuch viel einprägsamer macht als beispielsweise die Behandlung derselben Thematik in einer regulären Unterrichtsstunde.[33] Des Weiteren regen die unmittelbare Begegnung, die Rahmenbedingungen und die Andersartigkeit der Situation im Museum die intrinsische Motivation der Lernenden an.[34]

Die Schule hat den Bildungs- und Erziehungsauftrag Kernkompetenzen zu vermitteln, die die Schüler*innen zum selbstständigen Handeln befähigen, das auch nach der schulischen Episode anwendbar ist. Im Museum können die Schüler*innen ihre eingeübten Kompetenzen praktisch anwenden, trainieren und ausprobieren. Zu diesen gehören beispielsweise Kommunikations- und Kooperationsfähigkeit, Problemlösefähigkeit, Kreativität, Denken in Zusammenhängen und diese begründen und bewerten.[35] Erfahrungen aus dem Projekt ‚schule@museum' zeigen, dass Schüler*innen durch die Projektarbeit im Museum kulturelle, gesellschaftliche und soziale Kompetenzen sowie die Medien und Präsentationskompetenz deutlich erweitern konnten.[36]

Fazit

Im Zuge der Inklusion und des damit einhergehenden gesellschaftlichen Wandels findet ein Umdenken statt, welches sich ebenfalls auf öffentliche Bildungseinrichtungen wie das Museum auswirkt. Die Museumspädagogik und die Museen versuchen ihr Angebot auf vielfältige Weise für Menschen mit besonderen Bedürfnissen

---

32 Kröll, Ulrich: Lernen und Erleben auf historischen Exkursionen, Münster 2009, S. 107.

33 Schuster, Martin: Lernen im Museum, in: Schuster, Martin/Ameln-Haffke, Hildegard (Hg.):Museumspsychologie: Erleben im Kunstmuseum, Göttingen 2006, S. 86.

34 Rump, Hans-Uwe: Museumspädagogik – zum Nutzen von Schule und Museum, in: Museums-Pädagogisches Zentrum München (Hg.): Museumspädagogik für die Schule. Grundlagen, Inhalte und Methoden, München 1998, S. 22.

35 Kolb, Peter: Museum und Schule, in: Czech, Alfred, Kirmeier, Josef und Sgoff, Brigitte (Hg.):Museumspädagogik ein Handbuch, Wiesbaden 2014, S. 112.

36 Deutscher Museumsbund e.V. (DMB): schule@museum - Eine Handreichung für die Zusammenarbeit, Berlin 2011, S. 55.

auszuweiten. Die Erläuterungen zeigen, dass eine speziell für Hörgeschädigte entworfene Führung nicht von Nöten ist. Allerdings muss eine Anpassung von grundlegenden Maßnahmen an die individuellen Bedürfnisse in Abhängigkeit von Art und Ausmaß der Hörschädigung sowie der Kommunikationskompetenz vollzogen werden. Dafür müssen zum einen äußere Bedingungen wie die Museumsroute oder Methoden der Vermittlung angepasst werden, zum anderen müssen Museumspädagog*innen ihre individuelle Art zu kommunizieren verändern, da insbesondere der verbale Ausdruck und die Absehmöglichkeit für die lautsprachliche Kommunikation entscheidend sind. Museumspädagog*innen sollten folglich das Wissen über den Personenkreis, die hörgeschädigtenspezifischen Maßnahmen und die möglichen Hilfsmittel verinnerlichen, um die Kenntnisse möglichst flexibel in der Praxis anwenden zu können. Hörgeschädigtenpädagog*innen wird dabei die wichtige Aufgabe zu Teil, ihr Fachwissen in interdisziplinärer Zusammenarbeit an die Museumspädagog*innen weiterzugeben und über die eben dargelegten Themen zu informieren. Das Museum stellt für die Hörgeschädigten eine Chance dar, ihr Weltwissen auf vielfältige Weise zu ergänzen. Durch die aktive Auseinandersetzung am Realgegenstand, wie sie im Museum stattfindet, können Kompetenzen erlernt, Lebensweltorientierung aufgebaut und Begriffs- und Weltwissen erweitert und gefestigt werden. Frei zugängliche Bildung, wie im Museum vorhanden, ist das wichtigste Gut der Sozialstruktur unserer Gesellschaft, um deren Weiterentwicklung zu ermöglichen.[37] Aus diesem Grund sollte mit allen Mitteln versucht werden, das Museum für Hörgeschädigte zu öffnen.

LITERATUR

Behörde für Arbeit, Soziales, Familie und Integration (BASFI): UN-Konvention über die Rechte von Menschen mit Behinderungen. Text und Erläuterungen. URL: http://www.hamburg.de/contentblob/2518726//data/un-konvention-menschen-mitbehinderung.pdf; jsessionid=.liveWorker2, zuletzt aufgerufen am 07.07.2019.
Bundesverband für Museumspädagogik: BVMP Flyer. URL: https://www.museumspaedagogik.org/fileadmin/user_upload/BVMP-Flyer_30_01_18.pdf, zuletzt aufgerufen am 02.05.2021.
Czech, Alfred: Führung – Führungsgespräch – Dialog,in: Czech, Alfred/Kirmeier, Josef/Sgoff, Brigitte (Hg.): Museumspädagogik ein Handbuch, Wiesbaden 2014, S. 225 – 231.
Deutscher Museumsbund e.V. und Bundesverband Museumspädagogik (DMB/BVMP): Qualitätskriterien für Museen: Bildungs- und Vermittlungsarbeit. Online: https://www.museumsbund.de/wp-content/uploads/2017/03/qualitaetskriterien-museen-2008.pdf,

37 Fliedl, Gottfried: Museumspädagogik als Interaktion, in: Fast, Kirsten (Hg.): Handbuch der museumspädagogischen Ansätze, Band 9 der Berliner Schriften zur Museumskunde 1995. Opladen 1995, S. 50.

zuletzt aufgerufen am 02.05.2021.

Deutscher Museumsbund e.V. (DMB): schule@museum - Eine Handreichung für die Zusammenarbeit. URL: https://www.museumsbund.de/wp-content/uploads/2017/03/leitfaden-schulemuseum.pdf , zuletzt aufgerufen am 02.05.2021.

Dreykorn, Monika/Wagner, Ernst: Erprobte Methoden. Einleitung, in: Wagner, Ernst (Hg.): Museum, Schule, Bildung, München 2007, S.159–160.

Fischer, Erhard et al.: Vorwort der Reihenherausgeber, in: Leonhardt, Annette (Hg.): Inklusion im Förderschwerpunkt Hören, Stuttgart 2018, S. 5-6.

Fliedl, Gottfried: Museumspädagogik als Interaktion, in: Fast, Kirsten (Hg.): Handbuch der museumspädagogischen Ansätze, Band 9 der Berliner Schriften zur Museumskunde 1995, Opladen 1995, S. 46–70.

Gräfen, Claudia/Pospischil, Melanie: Sächliche Ressourcen, in: Leonhardt, Annette (Hg.): Inklusion im Förderschwerpunkt Hören, Stuttgart 2018, S.126.

Hermann, Daniela: Menschen mit Hörschädigung? Kein Problem! Eine Handreichung für Museumspädagogen, München 2018.

Kaul, Thomas: Der Hörgeschädigtenpädagoge als Experte, in: Leonhardt, Annette (Hg.): Inklusion im Förderschwerpunkt Hören, Stuttgart 2018a, S. 51 – 57.

Kaul, Thomas: Einsatz von Gebärdensprachdolmetschern im Unterricht der allgemeinen Schule, in: Leonhardt, Annette (Hg.): Inklusion im Förderschwerpunkt Hören, Stuttgart 2018b, S.179 – 193.

Kolb, Peter: Museum und Schule, in: Czech, Alfred, Kirmeier, Josef und Sgoff, Brigitte (Hg.): Museumspädagogik ein Handbuch, Wiesbaden 2014, S.81–123.

Kröll, Ulrich: Lernen und Erleben auf historischen Exkursionen, Münster 2009.

Leonhardt, Annette: Didaktik des Unterrichts für Gehörlose und Schwerhörige, Berlin 1996.

Leonhardt, Annette: Grundwissen Hörgeschädigtenpädagogik, 4. Auflage, München 2019.

Leonhardt, Annette/Ludwig, Kirsten: Kommunikation, in: Leonhardt, Annette (Hg.): Inklusion im Förderschwerpunkt Hören, Stuttgart 2018, S.31 – 36.

Pospischil, Melanie: Didaktisch-methodische Grundlagen, in: Leonhardt, Annette (Hg.): Inklusion im Förderschwerpunkt Hören, Stuttgart 2018a, S.157 – 158.

Pospischil, Melanie: Verstehen ermöglichen, in: Leonhardt, Annette (Hg.): Inklusion im Förderschwerpunkt Hören, Stuttgart 2018b, S.158 – 165.

Praetor Intermedia UG (2019): Bildung. URL: https://www.behindertenrechtskonvention. info/inklusion-3693/, zuletzt aufgerufen am 05.02.2021.

Rump, Hans-Uwe: Museumspädagogik – zum Nutzen von Schule und Museum, in: Museums-Pädagogisches Zentrum München (Hg.): Museumspädagogik für die Schule. Grundlagen, Inhalte und Methoden, München 1998, S.12–29.

Schöb, Andrea: Definition Inklusion. URL: http://inklusion-schule.info/inklusion/definition-inklusion.html, zuletzt aufgerufen am 02.05.2021.

Schuster, Martin: Lernen im Museum, in: Schuster, Martin/Ameln-Haffke, Hildegard (Hg.): Museumspsychologie: Erleben im Kunstmuseum, Göttingen 2006, S.81–102.

Stecher, Markus: Guter Unterricht bei Schülern mit einer Hörschädigung, Heidelberg 2011.

Vötterle, Benjamin: Zusammenfassung: Unterrichtsprinzipien – Werner Wiater. URL: https://voetterle.de/wp-content/uploads/2008/08/zusammenfassung_u_prinzp.pdf, zuletzt aufgerufen am 12.03.2019.

Weschenfelder, Klaus/Zacharias, Wolfgang: Handbuch Museumspädagogik: Orientierungen und Methoden für die Praxis, 3. Auflage, Düsseldorf 1992.

Henrike Bäuerlein, M.A., studierte Geschichte und Englische Literaturwissenschaft an der Ludwig-Maximilians-Universität München. Seit 2014 ist sie wissenschaftliche Mitarbeiterin am Museumspädagogischen Zentrum (MPZ), wo sie für die Bayerische Museumsakademie tätig ist. Im Rahmen ihrer Tätigkeit war sie an verschiedenen Ausstellungsprojekten beteiligt, zum Teil als Assistenz der Projektleitung. Freiberuflich ist sie als Lektorin und Autorin tätig, z.B. für Ausstellungstexte oder andere Veröffentlichungen von Museen. Des Weiteren arbeitet sie freiberuflich bei Projekten von ARGUS! Kultur&Kommunikation (Jörg Haller) mit.

Stefan Benedik, Dr., studierte Geschichte und Kulturanthropologie in Graz, Prag und Toronto. Seit Juni 2017 ist er Kuratoram Haus der Geschichte Österreich, wo er das Team Public History leitet. Zuletzt erschienen etwa: Public History, in: Österreichische Zeitgeschichte – Zeitgeschichte in Österreich, 2021 (gemeinsam mit Lisbeth Matzer); Non-committal memory: The ambivalent inclusion of Romani suffering under National Socialism in hegemonic cultural memory, in: Memory Studies, 2019.

Verena von Essen studierte nach einer Buchhändlerlehre Kunstgeschichte und Neuere deutsche Literatur sowie Lehramt Grundschule mit Hauptfach Geschichte. Nach ihrer freiberuflichen Tätigkeit in der Kunstvermittlung ist sie seit 2015 am MPZ fest angestellt und seit Herbst 2019 u.a. zuständig für das Museum Brandhorst. Zudem ist sie als Referentin für die Bayerische Museumsakademie tätig.

Susanne Gesser ist seit 1992 Kuratorin am Jungen Museum Frankfurt (ehemals Kindermuseum Frankfurt), das sie seit 1998 leitet. Sie leitet außerdem die Abteilung Vermittlung und Partizipation am HMF. Von 2003 bis 2017 vertrat sie das Historische Museum Frankfurt in allen Bauangelegenheiten und gehörte zur Arbeitsgruppe für die Neukonzeption des Historischen Museums. Sie legte den Grundstein für die Dauerausstellung *Frankfurt Jetzt!* mit dem partizipativen Ausstellungsformat Stadtlabor, das sie seitdem leitet. Zu ihren Tätigkeitsschwerpunkten gehören die Implementierung partizipativer Strategien, Kindermuseen und Kulturvermittlung. Gesser ist Gründungsmitglied des Bundesverbandes Museumspädagogik e.V. sowie des Bundesverbandes der Deutschen Kinder- und Jugendmuseen e.V. (Vorstandsmitglied von 1997-2000 und 2015-2017). Sie ist Vorstandsmitglied von Hands On! International Association of Children in Museums. Gesser ist außerdem Jurymitglied des internationalen Children in Museums-Awards.

Nina Gorgus, Dr. phil., kam 2010 als Koordinatorin und Kuratorin für die stadtgeschichtliche Dauerausstellung *Frankfurt Einst?* ans Historische Museum Frankfurt. Seit 2012 ist sie Kuratorin für die Sammlungen Spielzeug und Alltagskultur. Nach einem Studium in Freiburg und Tübingen (Empirische Kulturwissenschaft, Französisch und Soziologie) wurde sie 1999 in Tübingen mit der Dissertation „Der Zauberer der Vitrinen. Zur Museologie George Henri Rivières" promoviert (2003 Übersetzung ins Französische). Nach dem wissenschaftlichen Volontariat am Altonaer Museum in Hamburg arbeitete sie für das Haus der Geschichte in Bonn. Zwischen 2002 und 2010 war sie freiberuflich international als Universitäts-Dozentin (Lehraufträge und Ausstellungsprojekte in der Schweiz, Frankreich und Gastprofessur in Wien, DAAD-Postdoc-Stipendiatin in Paris) und als freie Kuratorin für Ausstellungsprojekte tätig (u.a. Militärhistorisches Museum Dresden, Fußballmuseum Dortmund).

Josef Kirmeier, Dr. phil., ist seit 2010 Leiter des Museumspädagogischen Zentrums in München. Nach dem Studium der Geschichte und Politikwissenschaft in München und Berlin und der Promotion in mittelalterlicher Geschichte war er Mitarbeiter am Haus der Bayerischen Geschichte, Projektleiter zahlreicher Ausstellungen, darunter die Landesausstellungen: 1991 *Glanz und Ende der alten Klöster, Säkularisation 1803 in Benediktbeuern*, 1993 *Herzöge und Heilige. Das Geschlecht der Andechs-Meranier im europäischen Hochmittelalter*, 1997/98 Ausstellungen zum Bürgertum in schwäbischen Reichsstädten in Augsburg, Memmingen und Kempten, 2002 *Kaiser Heinrich II.*, Bamberg, 2006 *200 Jahre Franken in Bayern*, Nürnberg und 2009 *Wiederaufbau und Wirtschaftswunder*, Würzburg. Er war Leiter des Referats Didaktik und Ausstellungsplanung sowie Stellvertreter des Direktors im Haus der Bayerischen Geschichte; seit 2005 ist er Lehrbeauftragter am Institut für Bayerische Geschichte an der Ludwig-Maximilians-Universität München.

Miriam Krauß, M.Sc., studierte Prävention, Inklusion und Rehabilitation bei Hörschädigung mit Schwerpunkt Schwerhörigenpädagogik im Departement für Pädagogik und Rehabilitation an der Ludwig-Maximilians-Universität München. Ihr Studium beendete sie erfolgreich im Herbst 2019. Seit 2017 arbeitete sie im Rahmen ihrer Bachelor- und Masterarbeit mit dem Museumspädagogischen Zentrum München (MPZ) zusammen und adaptierte für dieses bereits Museumsprogramme, um sie an die Bedürfnisse von Hörgeschädigten anzupassen. Seit Mai 2019 hält Frau Krauß Fortbildungen und Workshops für die Mitarbeiter*innen des MPZs, um sie auf die Arbeit mit Hörgeschädigten im Museum vorzubereiten.

Eva Meran, Mag.a, studierte Kunstgeschichte in Graz und Venedig sowie Ausstellungstheorie und -praxis in Wien. Über die Jahre war sie in einer Vielzahl von Initiativen und Organisationen aktiv (Grazer Kunstverein, the smallest gallery, kunsttext.werk u.a.). Von 2010 bis 2015 war sie Mitarbeiterin bei <rotor> Zentrum für zeitgenössische Kunst Graz; von 2016 bis 2017 Associate Curator an der Kunsthalle Wien, seit 2017 ist sie verantwortlich für den Bereich Vermittlung am Haus der Geschichte Österreich.

Hannes Obermair, Dr. phil., ist seit 2019 als Senior Researcher (Philosopher-in-Residence) an Eurac Research, der Europäischen Akademie Bozen, tätig. Nach einem Studium an den Universitäten Innsbruck und Wien (Geschichte, Literaturwissenschaften und Philosophie) war er 2001 Fellow des Max-Planck-Instituts für Geschichte in Göttingen, übernahm verschiedene universitäre Lehraufträge, leitete von 2009 bis 2017 das Stadtarchiv Bozen und war für die Südtiroler Landesmuseen als Konzeptgeber tätig. Er co-kuratierte den Dauerausstellungsparcours „BZ '18–'45: ein Denkmal, eine Stadt, zwei Diktaturen" im Bozner Siegesdenkmal und gestaltete die Ausstellungen „Mythen der Diktaturen. Kunst in Faschismus und Nationalsozialismus" (2019, Schloss Tirol, gem. mit Carl Kraus), „‚Großdeutschland ruft!' Südtiroler NS-Optionspropaganda und völkische Sozialisation" (2020/21, Schloss Tirol) und „Der Äthiopische Mantel" (2021, Villa Freischütz, gem. mit Ariane Karbe). Seine Forschungsinteressen gelten mediävistischen, zeithistorischen und postkolonialen Fragestellungen sowie der Public History.

Christine Ott, Dr. phil., studierte Germanistik, Geschichte, Erziehungswissenschaften sowie Evangelische Theologie und Religionspädagogik. Seit 2015 ist sie wissenschaftliche Assistentin/Akademische Rätin a. Z. am Lehrstuhl für Didaktik der deutschen Sprache und Literatur der JMU Würzburg. Derzeit vertritt sie eine Professur für Didaktik der deutschen Sprache und Literatur an der LMU München. Für ihre Forschung erhielt sie u.a. den Kulturpreis Bayern 2017, den Georg-Eckert-Forschungspreis 2018 sowie den Röntgenpreis der Universität Würzburg 2019. Ein Forschungsschwerpunkt liegt auf außer- und nichtschulischen Vermittlungs- und Aneignungskontexten von Sprache und Literatur sowie auf der nationalen und internationalen Bibliotheksarbeit; Vortragstätigkeit im In- und Ausland; einschlägige Publikationen i.A.: *Literacy im 21. Jahrhundert – die Bibliothek als zukunftsweisende Bildungsinstitution?* (2020); *Literatur in der/schafft Öffentlichkeit* (2020); Herausgaben u.a. zusammen mit D. Wrobel: *Außerschulische Lernorte für den Deutschunterricht* (2019) und *Öffentliche Literaturdidaktik* (2018).

Thomas Renz, Dr. phil., ist Kultur- und Sozialwissenschaftler. Seit 2020 forscht er am Geschäftsbereich Teilhabeforschung der Stiftung für Kulturelle Weiterbildung und Kulturberatung in Berlin zu Fragen der strategischen Publikumsentwicklung von Kulturorganisationen und Kulturpolitik. Von 2017 bis 2020 wirkte er als künstlerischer Leiter und kaufmännischer Geschäftsführer des Stadttheaters Peiner Festsäle. Von 2010 bis 2017 lehrte und forschte er am Institut für Kulturpolitik der Universität Hildesheim. Nach Abschluss seiner Promotion 2015 über Nicht-Besucherforschung hat er mit der ‚jazzstudie2016‘, dem ‚Report Kirche und Musik‘ und der Studie „Zur Lage des Kinder- und Jugendtheaters in Deutschland" breit diskutierte Untersuchungen zur sozioökonomischen Situation von Kulturschaffenden durchgeführt. Er ist Mitinitiator der Forschungsplattform kulturvermittlung-online.de und war an der Begleitforschung zum Programm „Kulturagenten für kreative Schulen" der Kulturstiftung des Bundes beteiligt. Er ist Lehrbeauftragter an mehreren deutschen Hochschulen und Co-Sprecher der Arbeitsgruppe Methoden im Fachverband Kulturmanagement e.V.

Susanne Rieper ist Migrationsforscherin. Im Rahmen von wissenschaftlich-theoretischen, künstlerischen und sozialen Arbeiten forscht sie zu den Themen Illegalität und Prekarität, u. a. in Zusammenarbeit mit IOM Wien, Goethe-Institut Beirut, Città Futura Riace, Sammlung Hoffmann Berlin, Museo dell'Altro e dell'Altrove Rom, Ballhaus Ost Berlin und den Universitäten Pula, Nizza, Tunis, Wien, Innsbruck und Bozen. Zuletzt wurden ihre Texte bei Edition Raetia veröffentlicht, und zwar als Beiträge zu den zwei grundlegenden Büchern über Migration in Südtirol von Kurt Gritsch und Eva Pfanzelter. Susanne Rieper lebt in Berlin.

Monika Sommer, Dr. phil., studierte Geschichte in Wien und Graz. Von 1999 bis 2003 war sie wissenschaftliche Mitarbeiterin an der Kommission für Kulturwissenschaften und Theatergeschichte der Österreichischen Akademie der Wissenschaften, 2002/03 Junior Fellow am Internationalen Forschungszentrum Kulturwissenschaften; von 2003 bis 2008 war sie als Assistentin des Direktors Wolfgang Kos federführend an der Neuausrichtung des Wien Museums beteiligt, von 2009 bis 2013 Kuratorin am Wien Museum; von 2014 bis 2016 war sie Leiterin des Kulturprogramms des Europäischen Forums Alpbach. Seit 2006 ist sie Co-Leiterin des postgradualen Masterlehrgangs /ecm für Ausstellungstheorie und Praxis an der Universität für angewandte Kunst Wien und seit Februar 2017 Gründungsdirektorin des Hauses der Geschichte Österreich.

Susanne Theil ist Lehrerin an der Martin-Kneidl-Grundschule in Grünwald. Seit mehreren Jahren ist sie an das Museumspädagogische Zentrum teilabgeordnet, entwickelt museumspädagogische Programme und bietet Fortbildungen zu Themen der Vermittlungsarbeit u.a. auch für die Bayerische Museumsakademie an. Ihr zentrales Anliegen ist die Zusammenarbeit von Schule und Museum zu intensivieren.

Alessandra Vicentini, M.A., studierte in Trient „Beni culturali" und in München Kunstgeschichte und absolvierte eine Ausbildung zur zertifizierten Kunsttherapeutin an der Arbeitsgemeinschaft für psychoanalytische Kunsttherapie München (APAKT). Von 2017 bis 2019 arbeitete sie bei der Bayerischen Museumsakademie am Projekt „Xponat. Exponate und Methoden im Museum". Seit 2020 ist sie im Museumspädagogischen Zentrum (MPZ) München für die Weiterführung von Xponat zuständig, arbeitet im Bereich Inklusion mit, und ist in der Vermittlung tätig.

Rainer Wenrich, Dr. phil., ist Professor für Kunstpädagogik und Kunstdidaktik und Mitglied des Senats an der Katholischen Universität Eichstätt-Ingolstadt. Er studierte Malerei und Kunsterziehung an der Akademie der Bildenden Künste München sowie Kunstgeschichte, Kunstpädagogik und Psychologie mit Promotion an der Ludwig-Maximilians-Universität München; außerdem legte er das 1. und 2. Staatsexamen für das Lehramt am Gymnasium ab. Er vertrat eine Professur am Lehrstuhl für Kunstpädagogik an der Akademie der Bildenden Künste München und war Lehrer für Kunst und Psychologie an verschiedenen Gymnasien sowie Fachreferent am Staatsinstitut für Schulqualität und Bildungsforschung (ISB) und stellvertretender Referatsleiter am Bayerischen Staatsministerium für Unterricht und Kultus. 2006 und 2016 wurde er in die *Classroom Zero*-Summerschool aufgenommen und forschte im *Project Zero* an der Harvard Graduate School of Education, Cambridge/MA; 2013 war er *visiting scholar* an der Columbia University, New York. Seine Forschungsschwerpunkte sind Kunstpädagogik und Kunstdidaktik, Design- und Kostümgeschichte sowie Modetheorie.

Kommunikation, Interaktion, Partizipation
Kunst- und Kulturvermittlung im Museum
am Beginn des 21. Jahrhunderts

kopaed

bisher erschienen

Band 1
Rainer Wenrich / Josef Kirmeier (Hrsg.)
Kommunikation, Interaktion und Partizipation
Kunst- und Kulturvermittlung im Museum am Beginn des 21. Jahrhunderts
München 2016, 175 Seiten, ISBN 978-3-86736-358-7, 18,80 €

Band 2
Rainer Wenrich / Josef Kirmeier (Hrsg.)
Migration im Museum
Museumsbesuche für Menschen mit Fluchthintergrund
München 2017, 180 Seiten, ISBN 978-3-86736-393-8, 18,80 €

Band 3
Rainer Wenrich / Josef Kirmeier / Henrike Bäuerlein (Hrsg.)
Heimat(en) und Indentität(en)
Museen im politischen Raum
München 2019, 267 Seiten, ISBN 978-3-86736-486-7, 22,80 €

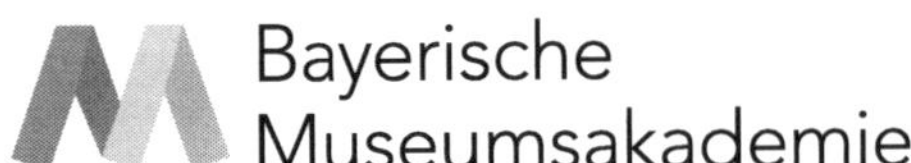